# 社会变迁与近代上海文化产业化发展
# （1840-1949）

姜虹　著

上海财经大学出版社

**图书在版编目(CIP)数据**

社会变迁与近代上海文化产业化发展(1840－1949)/姜虹著.
－上海:上海财经大学出版社,2018.12
ISBN 978-7-5642-3060-9/F·3060

Ⅰ.①社… Ⅱ.①姜… Ⅲ.①文化产业-产业发展-研究-上海-1840-1949 Ⅳ.①K295.1

中国版本图书馆 CIP 数据核字(2018)第 167638 号

□ 责任编辑 刘光本
□ 责编电话 021－65904890
□ 责编电邮 lgb55@126.com
□ 封面设计 贺加贝

**社会变迁与近代上海文化产业化发展**
(1840－1949)

姜 虹 著

上海财经大学出版社出版发行
(上海市中山北一路 369 号 邮编 200083)
网 址:http://www.sufep.com
电子邮箱:webmaster @ sufep.com
全国新华书店经销
江苏凤凰数码印务有限公司印刷装订
2018 年 12 月第 1 版 2018 年 12 月第 1 次印刷

710mm×960mm 1/16 16 印张(插页:2) 223 千字
定价:58.00 元

# 前　言

1840 年鸦片战争以后，随着西方资本主义势力的入侵，中国的社会形态开始发生深刻的变化：传统的封建社会形态逐渐瓦解，新的资本主义社会形态植入中国大地。此后，资本主义的经济体制、政治制度以及意识形态开始在中国大地上成长起来。资本主义社会形态代替传统的封建社会形态的过程，也就是近代中国社会变迁的过程。

文化的产业化发展是近代中国社会变迁的一个重要组成部分。本书以近代上海为例，探讨了社会变迁对近代中国文化产业化发展的影响。

本书共分 7 章：

第一章为绪论，主要介绍研究的主题和研究的意义、文中所使用的相关概念及内涵、先行研究综述、研究方法和资料来源等问题。

第二章探讨近代上海文化产业化发展的动力机制。传统中国是一个封建社会，人们的经济行为主要是以自给自足为目的的农业生产。文化产品的经济属性尽管已有所体现，但作为简单商品经济的一个组成部分，其数量和规模十分有限，且对人们的生产和生活没有显著的影响。鸦片战争以后，由于外国资本主义势力的入侵，人们的经济行为、生活方式乃至思想观念均发生了深刻的变化。在此过程中，文化的经济属性日益膨胀，逐步渗透到人们的日常生产和生活中，并开始发挥越来越重要的作用——文化开始朝产业化的方向发展。这种情况在上海表现得十分明显。综观近代上海文化产业化发展的历程，近代上海乃至中国的社会变迁对之有着至关重要的影响。

第三章和第四章探讨近代上海文化产业化发展的成就。业态丰富程度、产业规模、企业设施、市场规模及其对国民经济的作用，是衡量一个产业发展水平的重要标志。近代上海的文化产业已经拥有丰富的业态并具有相当的产业规模：行业部门众多，企业数量众多，产品数量众多。近代上海的文化企业也十分重视企业设施建设，如娱乐企业从吸引顾客的角度出发，注重以人为本，而新闻出版业则从提高出版质量和速度的角度出发，注重有机成本的提高。近代上海文化产业拥有一个庞大的文化市场，它的消费者数量不断增多，市场占有率日益提高，市场领域不断拓展。近代上海文化产业为社会提供了许多就业岗位，也是上海乃至国家的重要税源，对国民经济发展有着十分重要的意义。所有这些表明：近代上海文化产业化发展取得了令人瞩目的成就。

第五章和第六章探讨近代上海文化产业化发展的制约因素。近代上海文化产业化发展自一开始就遇到了战争的破坏，以及当时半封建半殖民地社会形态的束缚和影响等诸多阻力。近代中国频繁的战乱所带来的整个社会的动荡不安使近代上海文化企业和设施遭到破坏，许多文化企业被迫离开上海，文化人才也大量流失，文化的生产和经营以及消费均受到了严重的影响。在近代上海，封建思想仍然束缚着整个社会的观念，人们对女观众、女演员以及艺人的态度以及其他封建陋习深深地影响着娱乐市场的开发和艺术产品的生产。近代上海外来资本主义势力的存在及当时中国政府落后的思想观念和软弱的管理体制，一定程度上压制了近代上海文化产业化发展。

第七章为结论，总结并探讨近代上海文化产业化发展的特征和若干启示。近代上海文化产业化发展具有以下特征：第一，发展水平较高，部分行业的发展几乎与世界同步；第二，国际化程度较高；第三，成就与局限并存；第四，具有明显的阶段性特征；第五，半殖民地特征显著。从近代上海文化产业化发展的过程中，我们可以得到诸多启示：首先，文化产业发展需要一个稳定、开放的环境；其次，一定数量的文化专门人才的积聚是文化产业化发展的重要保证；再次，文化产业发展需要政府的干预和调节；最后，文化产业发展和社会的经济发展水平以及技术发展水平密切相关。

# 目　录

# 第一章　绪　论

## 一、研究主题

1840年鸦片战争以后，随着西方资本主义势力的入侵，中国的社会开始发生深刻的变化：传统的封建社会形态逐渐瓦解，新的资本主义社会形态植入中国大地。此后，资本主义的经济体制、政治制度以及意识形态开始在中国大地上成长起来。资本主义社会形态代替传统的封建社会形态的过程，也就是近代中国社会变迁的过程。而对于近代中国社会变迁的研究，无疑对我们认识历史、把握未来有着重要的意义。

文化的产业化发展是近代中国社会变迁的一个重要组成部分。

传统中国的社会形态是封建社会。在这样的一个国度里，人们的经济行为主要是以自给自足为目的的农业生产。日出而作，日落而息，勤俭持家，是人们生活的一般准则。商品经济作为人们生活的补充而存在，因此不仅数量少，且规模也很小。文化产品的经济属性尽管已有所表现，但作为简单商品经济的一个组成部分，其数量和规模更是十分有限，且对人们的生产和生活没有显著的影响。①

然而，鸦片战争以后，由于外国资本主义势力的入侵，中国传统的社会形态被打破了，新的社会形态逐渐发轫，人们的经济行为、生活方式乃至思想观念均发生了深刻的变化。在此过程中，文化的经济属性日益膨胀，逐步渗透到人们的日常生产和生活中，并开始发挥越来越重要的作用——文化开始朝产业化的方向发展。这种情况在上海表现得十分明显。

综观近代上海乃至中国文化产业化发展的历程，可以看出，近代上海乃至中国的社会变迁对之有着至关重要的影响。而就目前而言，相关研究尚显薄弱。迄今为止，我们还没有看到系统的、以近代上海抑或中国文化产业化发展为研究对象的研究成果问世。鉴于此，本书不揣浅陋，拟就此做一尝试性的探讨。

本书以近代上海为中心。

上海位于我国东部沿海地区，居我国南北海岸线的中间，北濒长江口，南临杭州湾，西部、西北部与江苏的苏州地区相连，西南部与浙江的嘉兴地区相接。上海是我国的重要港口之一，曾先后有过青龙镇的兴盛以及上海镇的繁荣。②

近代以前，尽管上海经济已经有了长足的发展，"号称南吴壮县，江海通津，内外贸易、城乡商业手工业等都很繁盛"③，但这里的社会形态仍属封建社会。在生产方式上，耕织结合的小农经济仍占主导地位，远如崇明等地"乡民朴愿力农，寸土无荒废，菽、粟以外无闻知"④，而"近镇村居颇有富厚者，良田广宅，贯朽粟陈，而勤于耕稼，不闻外

---

① 如据文献记载，元末的上海地区已经有零星的戏曲演出活动。见汤敏：《租界与晚清上海戏曲的变革》，《档案与史学》1996年第4期。

② 熊月之等：《上海——一座现代化都市的编年史》，上海人民出版社2007年版，第4—8页。

③ 嘉庆《上海县志·风俗》。

④ 乾隆《续外冈志》卷一，风俗，转引自《上海研究论丛》(一)，第48页。

事,镇居者往往羡之”[①]。在政治上,封建的清王朝在此仍然实行着封建的专制统治,上海县属是当地最高的权力机关,知县则为地方最高行政长官,总理政务、户籍、赋役、税收、缉捕、诉讼、文教、农桑等政[②],并绝对服从于中央政权。

鸦片战争以后,根据中英《南京条约》,清政府被迫实行五口通商。作为东部沿海城市,上海成为中国首批通商口岸之一。随着开埠通商,上海的社会形态开始发生显著的变化。

首先,由一座独立的封建城市向半殖民地半封建的城市转变。

1843 年 11 月 17 日,上海正式开埠通商。1845 年 11 月 29 日,上海道台宫慕久与英国驻沪领事巴富尔议定《上海土地章程》,对来沪英人的租地范围、租地方法、租金、租地管理权等做了相应的规定。借此,外国殖民主义者取得了在上海一定范围内租地、建房、居住、经商并进行市政管理的权利。此后,以此为蓝本,美国和法国等国家相继在上海建立了各自的租界。

最初,英租界位于上海县城以北的黄浦江畔,美租界在虹口一带,而法租界则位于上海北门外,南至城河浜,北至洋泾浜,西至武圣庙周家桥,东至广东潮州会馆,沿河至洋泾浜东角的广大地区。此后,上述租界不断扩张。在此过程中,英美租界合并为公共租界,并因华人大量涌入租界而形成“华洋杂居”。至 1899 年,公共租界面积达33 503亩,法租界面积达2 135亩;至 1914 年,法租界面积进一步扩张为15 150亩。于是,在近代上海出现了一个十分奇怪的现象:“一市三治”。[③]

在公共租界和法租界内,借助于领事裁判权、会审公廨、工部局、公董局、巡捕、义勇队等机构,租界当局一方面攫取了这一地区的行政

---

① 黄苇等:《近代上海地区方志经济史料选辑》,上海人民出版社 1984 年版,第 345 页。

② 张仲礼:《近代上海城市研究》,上海人民出版社 1991 年版,第 599 页。

③ 有关上海租界的发展演变情况,见岑德彰:《上海租界略史》,大东书局 1937 年版;编委会:《上海租界志》,上海社会科学院出版社 2001 年版。

权、管理权，使之成为国中之国，另一方面将资本主义的政治制度和思想观念植入其中，形成了一个较华界相对宽松而又稳定的政治环境。

其次，资本主义经济开始发轫并不断壮大。

上海开埠以后，其便利的交通条件开始日益凸显，再加上租界的庇护以及大量逃难人口的积聚，各路洋商、买办纷至沓来，资本主义经济迅速在此发展起来。具体表现在：

(1)对外贸易发展迅速

如 1844 年(上海口岸开放的第一年)共有 44 艘外国货轮装载8 584吨货物进入上海港，1849 年增加为 133 艘外国货轮和52 574吨货物，1863 年增加为3 400艘外国货轮和964 309吨货物，并有3 547艘轮船和966 890吨货物离港。[①] 1844 年上海的直接进出口贸易额为989 千镑，1849 年达2 964千镑，1851 年为14 702千元，1859 年则增加为80 148千元，是 1851 年的 5 倍还多[②]。1853 年上海取代广州成为当时中国最大的通商口岸[③]，此后这一地位不断得到强化，其进出口总额在 20 世纪以前一直占全国进出口总量的一半以上[④]，发展为全国的贸易中心。

(2)近代金融业逐渐兴起

近代金融业兴起的标志是银行的出现。银行是西方国家在近代经济发展过程中产生的一种新式金融机构，与我国传统的钱庄相比，它一般以股份有限公司的形式出现，资本比较雄厚，并采取资本主义的管理方式，以法人的资格进行经营，主要做抵押放款，可以办理票据贴现，记账方式科学，不仅风险小，方便人们的经济活动，利于自身的经营管理，而且同业间联系密切，可以支持大规模的建设项目[⑤]。

---

① 黄苇:《上海开埠初期对外贸易研究》，上海人民出版社 1979 年版，第 177—178 页，表 25—26。

② 丁日初:《上海近代经济史》第 1 卷，上海人民出版社 1994 年版，第 46、51 页。

③ 黄苇:《上海开埠初期对外贸易研究》，上海人民出版社 1979 年版，第 75—78 页。

④ 丁日初:《上海近代经济史》第 1 卷，上海人民出版社 1994 年版，第 153 页。

⑤ 姜虹:《山东经济近代化早期阶段述论(1860—1919)》，山东大学 1992 年硕士论文，第 4 页。

1847年,上海第一家近代金融机构——英国丽如洋行开业。自此以后,新式的资本主义的金融机构在上海不断涌现。截至19世纪末,先后有英国的汇隆、阿加剌、有利、麦加利、汇川、利华、利生、汇丰,法国的法兰西、东方汇理,德国的德华,日本的横滨正金,俄国的华俄道胜等银行在上海设立了分支机构。1897年中国人自办的第一家银行中国通商银行也诞生在上海①。到19世纪末,上海的银行数量居全国之首,在中国境内的外资银行的总部大多设在上海,其在全国对外贸易资金中的80%在此调拨②,全国金融中心的地位已初步形成。

(3)近代工业迅速崛起

上海开埠以后,近代化的工业生产也开始在此产生,并迅速发展。最初诞生于上海的工业企业是外资企业。早期外国资本在上海开设的工厂主要是船舶修造、食品加工及与之有关的一些服务性企业,后来又相继发展起了缫丝、轧花、制革、蛋品加工等加工工业,以及煤、水、电等公用事业。截至甲午战争前,外国资本势力在上海的资本投入量达975.2万元③。

甲午战争以后,随着中日《马关条约》的签订,外国资本势力开始大规模地对华进行资本输出,上海的外资企业进一步发展,不仅行业领域进一步扩大,企业数量进一步增多,且在棉纺织、毛纺、卷烟、饮料食品、制皂、船舶与机器、电力、煤气、自来水等行业中形成了一批具有垄断性的大型企业。至1936年抗战爆发前夕,上海外资工业资本的投入量已达4亿元,较甲午战争前增长了40多倍,平均每年增长9.2%左右④。

相对于外资企业来说,近代上海的民族工业的诞生要稍显迟滞。1865年洋务派在上海设立江南机器制造总局,拉开了近代上海民族工

---

① 有关上海金融业的发展情况,参见编委会:《上海金融志》,上海社会科学院出版社2003年版。

② 熊月之等:《上海——一座现代化都市的编年史》,上海人民出版社2007年版,第106页。

③ 张仲礼:《近代上海城市研究》,上海人民出版社1991年版,第342页。

④ 张仲礼:《近代上海城市研究》,上海人民出版社1991年版,第342页。

业发展的序幕。至甲午战争前，上海实际存在的资本在 1 万银圆以上并自置动力设备的工厂已有 31 家[①]。甲午战争后，在与“洋人争利”口号的感召之下，上海的民族资本企业得到了进一步的发展。尤其是经历了 20 世纪初至 30 年代中国民族资本企业发展的黄金时代后，上海的民族资本企业更有了长足的进步。据统计，1929 年上海采用动力生产并雇工 30 人以上的工厂已有 699 家，1933 年达到1 186家，1947 年发展到1 945家，占全国主要城市工厂总数的 54.9%[②]。

在上述因素作用下，近代上海中外工业资本的总产值一直占全国工业产值总量的一半左右，而在一些重要行业，如饮食业、皮革橡胶业、造纸印刷业以及其他一些主要的轻工业行业中，淞沪抗战以前更曾达到占全国同行业 60%－70%的水平[③]，工业中心的地位已经奠定。

最后，文化产业化发展日益明显。

因开发较早且自然条件较好，自古以来江南一带一直是我国较为富庶的区域，也是文化较为发达的地带。上海虽说亦属此区域，却因“地处海滨一隅，只是名不见经传的小县城，人口不超过 20 万”，虽“慕苏扬余风”，然“士文而近浮，农愿而近野”[④]，“风俗鄙陋”[⑤]，文物寂寂。其时，“在中华文化的殿堂中，没有上海文化的交椅，有的是齐鲁文化、巴蜀文化、岭南文化、吴越文化”[⑥]。也正因此，近代以前的上海文化经济活动非常有限，“除了一些私人堂会和会馆、公所之外，上海也偶有茶楼、茶馆，进行小型戏曲演出，但并未形成专门化的戏园”。[⑦]

伴随上海的开埠以及租界的开辟，这里的文化经济活动日益活跃

---

① 丁日初:《上海近代经济史》第 1 卷，上海人民出版社 1994 年版，第 636 页。

② 谭熙鸿:《全国主要都市工业调查初步报告提要》，中华书局 1948 年版，第 26 页。

③ 巫宝三:《中国国民所得》(上册)，中华书局 1947 年版，第 64 页插页第 1 表。

④ 应宝时修，俞樾纂:《上海县志》，同治十一年刊本，卷一，风俗。

⑤ 王韬:《瀛壖杂志》，上海古籍出版社 1989 年版，第 10 页。

⑥ 熊月之等:《上海通史》第 6 卷，上海人民出版社 1999 年版，第 590 页。

⑦ 方平:《戏园与清末上海公共空间的拓展》，《华东师范大学学报》(哲学社会科学版)，2006 年第 2 期。

起来,不仅出现了大量的戏园、戏班、剧社、电影院、电影公司、游乐场、舞厅、跑马场、跑狗场等娱乐企业,以及报刊和图书出版等新闻出版企业,而且其产量高,影响大,令世人瞩目。

就娱乐业来看,"中华人民共和国成立前,上海共有 118 家剧场、游乐场和书场,拥有7 000名左右的戏曲、曲艺工作者,在正常状态中,观众、听众日均达到 10 万人,最好时可达 15 万人,占当时上海人口的 2%—3%"[①]。

就电影来看,其发展则更为显著。早在 20 世纪 20 年代中期,上海有电影院近 40 家,占全国总数的近三分之一,票房收入约占全国总数的一半;有电影制片公司 130 余家,占全国总数的 70%以上;1926 年上海出品影片的数量首次超过百部,占国产影片总产量的 90%以上;其时上海引进的外国影片数量每年亦超过百部,位居国内各城市之首[②]。由此可见,上海已成为当时中国的电影之都——中国电影制作、发行、放映与引进的中心。

就新闻出版业来看,1931 年全国有 6 家报纸日发行量在35 000份以上,其中上海占到了 5 家之多,《申报》《新闻报》日发行都在 15 万份以上;1927—1937 年,仅上海的商务印书馆等三家出版社出版的新书就占到全国新书出版的半壁江山[③]。也正因此,海派文化作为中华民族文化圣堂中的一朵奇葩开始诞生,上海因之一跃而成为中国的又一个文化中心。

由上述可知,从全国来看,近代上海文化产业化发展的水平是非常高的。究其原因,这与近代上海的社会变迁有着极为密切的关系。近代上海文化产业化发展,不仅是近代上海社会变迁的重要组成部分,也是近代上海社会变迁的重要结果。因此,以近代上海为研究对象,揭示社会变迁对文化产业化发展的影响,无疑具有一定的代表性。

---

① 编委会:《2000 年上海文化年鉴》,上海文化出版社 2001 年版,第 234 页。

② 汪朝光:《检查、控制与指导——上海市电影检查委员会研究》,《近代史研究》2004 年第 6 期。

③ 黄樾:《文化产业研究中的"上海经验"》,同济新闻网:2005—03—28。

本书的创新之处在于:追溯了近代上海文化产业化发展的历史轨迹,并以社会变迁为视角探讨了上海文化产业化发展的原因与动力、成就与局限、阻力与病源,一定程度上揭示了上海文化产业化发展的内在机理和规律,也一定程度上弥补了当前学术界对该领域研究的不足。

本书的不足之处在于:因时间所限,在研究过程中,未能将近代上海文化产业化发展的过程分解为若干时段来进行比较研究。这正是本书在今后的岁月里需要深化加强的部分。

本书的理论意义主要表现在以下两个方面:

(1)可以更好地认识近代上海文化产业化发展的深层次原因

正如书中所述,近代上海文化产业化发展的原因是多方面的,但不论是哪方面的原因,都与近代以来上海的社会变迁有着极为密切的关系。正是近代以来上海的社会变迁,带来了文化产业化发展所需要的一切条件因素,如消费方式的转变、生产方式的转变、人口及人才的汇聚等。也正因此,社会变迁才是近代上海文化产业化发展的根本动力。

(2)可以进一步了解近代上海文化产业化发展的内在机理和一般规律

近代上海文化产业化发展是多方面因素共同作用的结果,不仅具有诸多的动力,也遇到了诸多的阻力。这些动力和阻力交互作用,共同构筑了近代上海文化产业化发展的内在机制。不仅如此,我们还看到,作为一种产业,近代上海文化产业化发展符合一般的产业发展规律,如它遵循了产业结构的升级规律、产业布局的集散规律、产业演进的时间速度规律、产业发展的政策支持规律等;同时也具有自身的特点,如它的发展需要以良好的工业化支撑条件为前提,且必须兼顾社会效益和经济效益。

本书的出版也有着很强的现实意义。20 世纪 90 年代以来,随着知识、信息经济的不断发展,文化产业在服务业乃至整个国民经济中的地位不断提升。文化产业不仅是组成第三产业的重要部门,且因其具有的巨大的关联性和整合能力而深刻影响着国家、城市的经济发展方式和竞争力。因此,世界各国都日益重视文化产业的发展。

国际大都市作为文化产业发展的前沿阵地,其文化产业发展在整个都市建设中具有十分重要的地位和意义。美国、日本、英国、新加坡、韩国等国家都十分重视文化产业发展,纽约、东京、伦敦、巴黎、新加坡、首尔等国际大都市也日益成为世界文化产业发展的摇篮,文化产业成为它们保持城市整体竞争力和发展活力不可或缺的要素之一。

近年来,我国对文化产业的重视日益加强。目前,我国已先后创立了多个国家级文化产业研究基地,连续出版了文化产业蓝皮书和竞争力报告等。2006 年我国首次制定了文化产业发展战略规划,极力推动文化产业发展①。

上海正在发展成为世界城市,但其文化产业发展还十分滞后。如 2004 年上海文化产业年产值占全市年生产总值的 6.0%,而伦敦文化产业的年产值占伦敦经济收入的 15%②。2016 年上海文化及相关产业增加值尽管已达1 861.7亿元,但仍然仅占全市年生产总值的 6.61%③。

2004 年,伦敦拥有英国 33%的表演艺术公司、70%的录音室、90%的音乐商业活动、75%的电影电视和广播收入、33%的古董代理商、46%的广告从业人员、85%的时装设计师。当时伦敦创意人员的人均产值达到2 500英镑,是英国创意产业人均产值的 2 倍④。而迄今为止,上海文化资源的这种集聚仍然是很有限的,正成为上海世界城市发展中的不利因素。因此,大力发展上海的文化产业已成为十分迫切的问题。

本书从历史的角度,探讨上海文化产业化的发生、发展、成就、局

---

① 上海市经济委员会、上海市科学技术情报研究所:《2005—2006 世界服务业重点行业发展动态》,上海市科学技术文献出版社 2005 年版,第 375—376 页。

② 中共上海市委宣传部:《加速发展上海文化产业调研报告》,2004 年 10 月,第 8 页。

③ 国家统计局:《2017 中国文化及相关产业统计年鉴》,中国统计出版社 2018 年版。

④ 上海市经济委员会、上海市科学技术情报研究所:《2005—2006 世界服务业重点行业发展动态》,上海市科学技术文献出版社 2005 年版,第 375—376 页。

限乃至阻力等问题，对今天上海文化产业的发展无疑具有十分重要的借鉴意义。

## 二、文化产业的概念及内涵

“文化产业”（culture industry）又称作“文化工业”，是法兰克福学派批判理论的代表人物霍克海默与阿多诺于1940年首次提出的①，其本意旨在批判“发达资本主义社会像一般商品生产那样生产文化产品，并建立起一整套凭借现代科技手段大规模复制、传播文化商品的娱乐工业体系”，认为这“反映了商品拜物教的强化、交换价值的统治和国家垄断资本主义的优势，具有操纵、欺骗和辩护等意识形态功能”②。

在此后的发展过程中，尽管这种批判性理论后继有人，“文化产业”作为一个概念使用却开始逐渐偏离了创作者的初衷，越来越被人们用于指称一个新出现的并且生命力十分旺盛的在国民经济中具有日益重要作用的产业部门。

作为一个新兴业态，对于“文化产业”的含义，迄今国际社会还没有一个统一的界定。几乎每个国家对之都有着自己的理解，学术界也是仁者见仁、智者见智。目前，国际上对文化产业含义比较权威的概括来自联合国教科文组织（UNESCO）。该组织从生产、交换、分配、消费的角度出发，认为“文化产业是按照工业标准，生产、再生产、储存以及分配文化产品和服务的一系列活动的行业，包括报刊业、影视音像业、出版发行业、旅游观光业、演出娱乐业、工艺美术业、会议展览业、竞技体育业和教育培训业等诸多方面”③。

在我国，对于文化产业含义的权威概括来自文化部。其在《关于支持和促进文化产业发展的若干意见》中指出，文化产业是指从事文

---

① 泰奥多·阿多诺：《文化工业的再思考》第1辑，天津社会科学出版社2000年版。
② 马丁·杰伊：《法兰克福学派史》，广东人民出版社1998年版。
③ 刘玉珠、柳士法：《文化市场学》，上海文艺出版社2004年版，第13页。

化产品生产和提供文化服务的经营性行业，是以产业为手段来发展文化事业，以文化为资源来进行生产经营，向社会提供文化产品和文化服务。它包括影视业、音像业、文化娱乐业、文化旅游业、竞技体育业、网络文化业、图书报刊业、文物和艺术品业、艺术培训业 9 大门类①。

文化产业的形成需要经历一个漫长的过程——产业化的过程，产业或企业规模由小到大，经济职能由弱到强，市场化程度由低到高，产业链不断完善，产业组织能力不断加强。

上海开埠以后即开始了文化产业化发展的进程。在此过程中，因时代所限，其文化产业的内涵与现代相比具有一定的区别。如作为现代科技发展产物的电视业和网络文化业当时尚未问世。而且，就分类方法来看，其与现代亦有所区别，且前后又有所调整。

如工部局 1935 年制定的《娱乐业管理条例》规定：娱乐业的范围包括电影院、戏院、音乐厅、弹子房、地球房、歌唱、书榭、马戏场、庙会、集市、舞场、妓院等②，上海市警察局在 1946 年 2 月公布的《上海市公共娱乐场所管理规则》中则明确规定："公共娱乐场所即指游戏场、戏院、电影院、跳舞场、歌曲书场、弹子房、球场、溜冰场、跑马场、马戏场、音乐厅等供公众娱乐之场所而言"。③

不仅如此，由于产业化发展的步伐刚刚开始，近代上海文化产业内部各部门的发展亦很不平衡。如电影业、娱乐业、报刊出版业发展相对较快，而文化旅游业、竞技体育业和广播业的发展则相对较为缓慢。

有鉴于此，在行文过程中，本书主要以娱乐业、电影业和报刊出版业为中心，兼及其他各业。

## 三、先行研究综述

社会变迁对近代上海文化产业化发展的影响是本书的研究主体。

---

① 蔡尚伟等：《文化产业导论》，复旦大学出版社 2006 年版，第 6—26 页。

② 《电声》1935 年第 4 卷第 46 期，第 1010 页。

③ 上海市档案馆档案，档案号：S319—02—00007，第 1 页。

就既有的研究成果来看，目前国内学术界专门且直接地论及这一主题的论文或著作还没有问世。

在2001年上海文艺出版社出版的由陈伯海主编的《上海文化通史》中，花健等人曾以“文化产业、文化市场”为题，对上海开埠以来的文化产业发展历程做了简要的回顾，指出：“上海开埠150多年来，新思潮的引进、东西文化的碰撞，都市文化的发轫、市民消费群体的崛起，几乎和上海文化产业和文化市场的发育同时开始。”上海近代以来的许多文化领域的创新现象，如商业性电影的放映、故事片的投拍、海上画派的崛起、文化基金会的出现等，“都交织着多重意义：它们不但具有文化观念上的突破性意义，是一部中国现代文化艺术思想史上的重要起点，而且还是上海文化市场和文化产业的重要发端，在社会组织形态和文化经济形态的意义上开创了具有现代意义的潮流”。[①]

这是目前能够看到的以产业发展为视角，对近代上海文化发展进行梳理的仅有成果。但受体裁限制，该文不仅分量太少，而且论述也相对简单，基本停留在对部分史实进行描述的阶段。

虽说学术界直接论及上述主题的研究成果尚未问世，但近代上海文化发展过程中所呈现出的产业化特征早已为学者所关注，20世纪80年代以来与之相关的研究成果时有问世。概括起来，这些相关成果大致分为以下几个方面：

1. 关于近代上海文化产业发展过程中某些行业、部门的研究

这类研究又可划分为：

(1)关于娱乐业的研究

如楼嘉军的《20世纪初期上海城市娱乐体系的演变》(《历史教学问题》2006年第4期)、《20世纪30年代上海城市文化地图解读——城市娱乐区布局模式及其特点初探》(《史林》2005年第5期)以及《上海城市娱乐研究(1930—1939)》(华东师范大学博士论文2004年)，较为详细地论述了1930—1939年间上海娱乐业的发展状况、基本特征

---

① 陈伯海：《上海文化通史》(下)，上海文艺出版社2001年版，第2052—2091页。

以及对城市发展的作用;高福进的《洋娱乐的流入:近代上海的文化娱乐业》(上海人民出版社 2003 年版),探讨了洋娱乐的流入对上海城市娱乐业发展的若干影响;罗苏文的《晚清上海租界的公共娱乐区(1860—1872)》(上海档案馆:《租界里的上海》,上海社会科学院出版社 2003 年版),以 1860—1872 年的上海租界为研究对象,探讨了公共娱乐区的形成以及娱乐消费的兴起等问题;黄益军的《略论晚清上海城市娱乐业的发展特征——兼与汉口比较》(《开封教育学院学报》2007 年第 1 期),对上海和汉口的娱乐业进行了比较研究;郑逸梅的《上海早年的戏院和演出》(《上海戏剧》1991 年第 4、6 期和 1992 年第 1、5 期)、方平的《戏园与清末上海公共空间的拓展》(《华东师范大学学报》(哲学社会科学版)2006 年第 6 期)、蓝凡的《上海早期剧场的产生与发展》(《上海大学学报》(社会科学版)1985 年第 3 期)和《风云际会的近代上海戏剧舞台》(《社会科学》2000 年第 2 期)、王辛娣的《新式剧场的建立与观演关系的改善》(《戏剧艺术》1996 年第 2 期)、李菲的《论近代上海新式剧场的沿革及其影响》(《上海师范大学学报》(社会科学版)2002 年第 5 期)、沈一梵的《旧上海游乐场的兴起》(《社会观察》2004 年第 4 期)、胡俊修的《近代上海舞厅的社会功能——以 20 世纪 30 年代〈申报〉广告为主体的分析》(《甘肃社会科学》2007 年第 1 期)、李微的《近代上海电影院与城市公共空间(1908—1937)》(《档案与史学》2004 年第 3 期)、姜玢的《20 世纪 30 年代上海电影院与社会文化》(《学术月刊》2002 年第 11 期)等,从戏院、剧场、电影院等娱乐设施的角度出发,探讨了娱乐设施的进步对娱乐业发展的影响以及借助于这些娱乐设施所形成的公共空间对市民的社会生活等方面的影响;许敏的《新剧:近代上海一种流行艺术的兴衰》(《史林》1990 年第 3 期)、宋宝珍的《文明戏的剧场状况与演出形态》(《艺苑》2007 年第 3 期)、朱恒夫的《民国十八年一月七日〈申报〉上的滩簧信息的价值》[《东南大学学报》(哲学社会科学版)2007 年第 1 期]、刘庆的《上海滑稽述论》(上海戏剧学院 2006 年博士学位论文)、宋钻友的《粤剧在旧上海的演出》(《史林》1994 年第 1 期)、程美宝的《近代地方文化的跨地域性:20 世纪二三十年代粤剧、粤乐和粤曲在上海》(《近代史研究》2007年第2期)、姚小鸥等的《〈申报〉的戏曲广告与早期海派京剧》(《传播艺术与艺术传播》2004年第6期)、张炼红的《"海派京剧"与近代中国城市文化娱乐空间的建构》(《中国戏曲学院学报》2005年第3期)、葛飞的《战前上海左翼剧团的营业性演出与"大戏院"及影业危机之关系》(《中国现代文学研究丛刊》2007年第1期)、汤敏的《租界与晚清上海戏曲的变革》(《档案与史学》1996年第4期)、李菲的《近代上海青楼演剧研究》(上海师范大学2003年硕士学位论文)、盛丰等的《上海:20世纪30年代的中国戏曲文化中心》[《复旦学报》(社会科学版)2002年第3期]、姜贞的《20世纪二三十年代好莱坞经典恐怖片在上海》(北京大学2005年硕士学位论文)以及汪朝光的《20世纪上半叶的美国电影与上海》(《电影艺术》2006年第5期)等,探讨了近代上海戏剧、电影等演出、放映活动的发展情况及其影响。

(2)关于电影业的研究

如高梨痕的《早期的上海电影界》(《20世纪上海文史资料文库》,上海书店出版社1999年版)、陆若俨的《上海早期的三家影片公司》(《20世纪上海文史资料文库》,上海书店出版社1999年版)、汪朝光的《早期上海电影业与上海的现代化进程》(《档案与史学》2003年第3期)、李道新等的《影像与影响:〈申报〉与中国电影研究之一》(《当代电影》2005年第2期)等,对早期上海电影业的发展情况进行了论述;陈青生的《"孤岛"时期的上海电影》(《电影艺术》1981年第8期)、弘石的《特殊的风景——"孤岛"电影重读笔记》(《当代电影》1998年第3期)、李道新的《沦陷时期的上海电影与中国电影的历史叙述》(《北京电影学院学报》2005年第2期)等,对抗战期间上海电影业的发展情况进行了探讨;汪朝光的《战后上海国产电影业的启示》(《电影艺术》2000年第5期)、叶宇的《作为镜鉴:从20世纪40年代〈申报〉广告看好莱坞与中国电影的关系》(《上海大学学报》(社会科学版)2006年第5期)等,对战后上海电影业的发展进行了探讨;李道新的《作为类型的中国早期歌唱片:以三四十年代周璇主演的影片为例兼与同期好莱坞歌舞片相比较》(《当代电影》2000 年第 6 期)、叶宇的《历史的另一种面貌——从〈申报〉广告看 20 世纪 40 年代中国电影的商业类型建设》(《当代电影》2007 年第 2 期)等,从电影商业类型的角度出发,探讨了近代上海乃至中国电影的商业化特征;卢晓云的《20 世纪 30 年代的中国左翼电影》(《伊犁教育学院学报》2002 年第 3 期)和葛飞的《市场与政治:1930 年代的左翼电影运动》(《文艺理论与批评》2005 年第 5 期)等,对左翼影片的诞生与发展进行了论述。

(3)关于报刊出版业的研究

如邹振环的《上海出版业百年历程》(《档案与史学》2001 年第 2 期)、陈昌文的《1895 年前外国人在沪出版机构及其经营状况考析》(《中国出版》2002 年第 2 期)、《近代上海出版业与都市的商业性文化》(《巢湖学院学报》(人文社会科学版)2002 年第 4 期)、《都市化进程中的上海出版业(1843—1949)》(苏州大学 2002 年博士学位论文)、周武的《论民国初年文化市场与上海出版业的互动》(《史林》2004 年第 6 期)、《从全国性到地方化:1945—1956 年上海出版业的变迁》(《史林》2006 年第 6 期)和吴燕的《近现代上海出版业的竞争效应分析》(《编辑之友》2006 年第 1 期)等,对近代以来上海出版业的发展历程做了探讨;洪煜的《近代上海小报与市民文化研究(1897—1937)》(上海师范大学 2006 年博士学位论文)、郭永的《小报的历史沿革及对报业大众化的意义——以上海的小报为例》(《新闻窗》2007 年第 3 期)、杨嘉祐的《半个世纪的上海小报》《档案与史学》(2002 年第 3 期)、季宵瑶的《近代上海小报的话语策略与自我定位——以 1920 年代上海〈晶报〉为个案》(《新闻大学》2006 年第 1 期)、阴艳的《〈海派方型周报〉研究》(吉林大学 2007 年硕士学位论文),以及南溪的《闲看落红说春华——抗战胜利后上海方型周刊的兴衰》(《新文学史料》2000 年第 4 期)等,对近代上海小报的发生、发展、演变及其影响进行了研究;韦少波的《辛亥革命前上海近代报刊的产生和发展》(《上海师范大学学报》1985 年第 4 期)、吴宁的《19 世纪我国办报中心转移的历史考察》(《江汉论坛》2006 年第 12 期)、张敏的《略论辛亥时期的上海报刊市场》(《史林》

2003年第2期)、梁玉泉的《清末上海的书籍市场(1898－1901)——以〈申报〉书籍广告为例》(《南京晓庄学院学报》2005年第3期)以及张敏的《从稿费制度的实行看晚清上海文化市场的发育》(《史林》2001年第2期)等,从市场发育的角度探讨了上海近代报刊出版业的发展情况;张培的《中国近代民营出版业融资问题研究》(河南大学2007年硕士学位论文),从出版史的角度,以商务印书馆、开明书店等著名出版企业的融资方式为例,探讨了我国近代民营出版企业的资金来源问题;肖新兵的《商务与中华:未遂的并购》(《出版人》2005年第14期)、吴燕的《民国初期中华书局与商务印书馆联合谈判始末》(《南京政治学院学报》2005年第6期)以及姚福申的《"四社"——旧中国报业集团化经营的一次尝试》(《新闻大学》1997年第4期)等,探讨了近代上海的两次报业联合事件;李联社的《1931年上海出版业劳资纠纷述略》(《河南大学学报》(社会科学版)2000年第2期),则探讨了近代上海出版业中的劳资关系问题。

2. 关于近代上海文化产业发展过程中的某些文化企业、文化产品的研究

这类研究主要集中在对若干近代上海的名牌文化企业和产品的研究上。就娱乐业来看,主要有沈亮的《上海大世界(1917—1931)》(上海戏剧学院2005年博士学位论文),该文以产业竞争为视角,对1917－1931年大世界游乐场的发展轨迹、经营状况进行了较为深入的分析;晓颖的《虹口大戏院的始末》(《大众电影》2004年第1期),介绍了上海第一家电影院——虹口大戏院的诞生与发展过程;曹永孚的《上海大光明电影院概况》(《电影新作》1993年第4期),介绍了上海20世纪30年代最为著名的电影院——大光明电影院的诞生及发展历程。就电影业来看,主要有王强的《文华影业公司探究》(山东师范大学2007年硕士学位论文),对文华电影公司的运作机制及其重要导演的创作特色进行了一定的研究;黄望莉的《文华电影:一次商业结构的阐释》(《当代电影》2004年第4期),"借用有关中国电影美学和经济学的性质和关系的理论模型",对文华影业的资本结构,产品结构和市场

结构的发展演变情况以及文华影业如何处理好这三者之间的关系做了详细的论述;李璠玎的《联华(公司)现象研究》(西南大学 2006 年硕士学位论文),对近代上海的著名影业公司——联华电影公司——的发展情况进行了探讨;乔晓英的《两翼研究:早期中国电影企业格局中的"艺华"和"新华"》(西南大学 2006 年硕士学位论文)和《孤岛时期的新华时代》,对近代上海的"艺华"和"新华"等影业公司的情况进行了研究;李亦中的《天一公司经营特点初探》(《电影艺术》2003 年第 1 期),对天一公司的经营策略进行了探讨。

就报刊出版业来看,商务印书馆、中华书局、申报等近代上海报刊出版业的龙头企业是人们研究的重点,相关的研究成果众多。如周武的《重创与改制:民国创立前后的商务印书馆》(《档案与史学》1998 年第 1 期)和《商务印书馆与五四新文化运动》(《社会科学》1999 年第 5 期)、林君的《论商务印书馆早期的文化产业运作(1902—1932)》(华东师范大学硕士学位论文)、房鑫亮的《国难后商务印书馆的复兴》(《探索与争鸣》2005 年第 8 期)、汪家熔的《商务印书馆及其他——汪家熔出版史研究文集》(中国书籍出版社 1998 年版)、史春风的《原创性选题——商务印书馆早期经营管理的灵魂》(《出版发行研究》2001 年第 10 期)、李德征的《五四时期的商务印书馆》(《文史哲》1989 年第 3 期)、张丽明的《商务印书馆早期成功因素探析》(《学习月刊》2006 年第 10 期)、应中伟等的《商务印书馆核心能力的特征及其构成》(《企业经济》2005 年第 4 期)、刘兰的《商务印书馆馆办期刊研究》(河南大学 2003 年硕士学位论文)、郭太风的《日本的文化侵略与中国出版业的命运——以商务印书馆为例》(《史林》2004 年第 6 期)、李映辉的《论商务印书馆早期成功之道》(《长沙大学学报》2003 年第 3 期)、王建辉的《上海商务印书馆编辑薪水和作者稿酬问题》(《出版发行研究》2002 年第 8 期)、王晋玲的《清时期〈申报〉馆古籍出版述论》(《常熟理工学院学报》2005 年第 1 期)、魏玉山的《百战不殆的秘密——新中国成立前商务印书馆、中华书局成功原因浅析》(《编辑之友》1995 年第 1 期)、吴永贵的《中华书局的成功经营之道》(《编辑学刊》2002 年第 3 期)、章雪峰的《绝大之恐慌——中华书局史上的“民六危机”》(《出版人》2005年第9期、第10期)和《供给足而呼应灵——概说中华书局的分局》(《出版史料》2005年第3期)、张翮的《1912－1949年中华书局的经营研究》(河南大学2007年硕士学位论文)等论文或著作,从不同的角度对商务印书馆和中华书局的发展历程、经营管理情况以及成功经验等进行了探讨;屈萍的《“义”与“利”的艰难兼顾:论晚清时期〈申报〉的经营管理之道》(湖南师范大学2007年硕士学位论文)、范继忠的《早期〈申报〉与近代大众阅报风习浅说》(《新闻与传播研究》第11卷第3期)和《晚清〈申报〉市场在上海的初步形成(1872－1877)》(《清史研究》2005年第1期)、鲁旭的《试论〈申报〉的经营策略与特色》(中国社会科学院研究生院2001年硕士学位论文)、姚小鸥等的《〈申报〉与近代上海剧场》(《郑州大学学报》(哲学社会科学版)2004年第2期)、李强的《〈申报〉商业广告宣传策略研究(1927－1937)》(首都师范大学2007年硕士学位论文)、袁英珍的《〈申报〉经营管理的史量才时期》(《湖南大众传媒职业技术学院学报》2005年第1期)、付德雷的《〈申报〉与戏曲传播》(东南大学2006年硕士学位论文)、沈荟的《文章报国与商业利益并存——浅析〈申报〉〈大公报〉的信誉经营》(《新闻爱好者》2004年第9期)、文娟的《试论早期申报馆的小说出版事业及其影响》(《中文自学指导》2007年第3期)、罗国干的《美查时期〈申报〉的经营之道》(《广西大学学报》(哲学社会科学版)2006年第3期)、包礼祥的《美查〈申报〉馆的出版思想》(《江西财经大学学报》2004年第4期)、齐心的《略论〈申报〉的经营管理策略》(《安阳师范学院学报》2005年第3期)、马光仁的《抗战时期的〈申报〉》(《抗日战争研究》1995年第2期)、李丽颖的《〈申报〉与中国新闻史之最》(《兰州学刊》2001年第5期)、谢丽佳等的《史量才时期〈申报〉的经营理念对当今报业的启示》(《湖北省社会主义学院学报》2002年第1期)、于鑫的《史量才主持时期〈申报〉经营管理研究》(河北大学2006年硕士学位论文)等论文,对《申报》的发展历程及经营管理等问题进行了探讨。此外,对于开明书店、《点石斋画报》等的研究也相对较多,有王知伊的《开明书店和他的作者群》(《编辑学刊》1987 年第 4 期)、王国红的《开明书店与“开明精神”》(《中国编辑》2006 年第 3 期)、王久安的《开明书店的成功之路》(《出版发行研究》1994 年第 2 期)、张沛的《开明书店出版理念与实践》(河南大学 2007 年硕士学位论文)、华水的《试论开明书店的特色》(《编辑学刊》1987 年第 4 期)、俞月亭的《我国画报的始祖——〈点石斋画报〉初探》(《新闻与传播研究》1981 年第 5 期)、张毅志的《中国近代著名的画报——〈点石斋画报〉》(《图书馆学刊》1989 年第 3 期)、刘畅的《〈点石斋画报〉研究》(吉林大学 2007 年硕士学位论文)、陈镐汶的《〈点石斋画报〉探疑》(《编辑学刊》1994 年第 5 期)、裴丹青的《〈点石斋画报〉和中国传媒的近代化》(《安阳师范学院学报》2005 年第 3 期)、熊月之的《〈点石斋画报〉案与“苏报案”》(《档案与史学》2000 年第 5 期)、李频的《耐心与匠心:〈点石斋画报〉开拓和占领市场的法宝》(《出版科学》1998 年第 2 期)、姜吉玲等的《论〈点石斋画报〉的经营管理》(《东南传播》2007 年第 8 期)等众多的研究成果。其它如张桂兰的《〈万国公报〉的创办与沿革述略》(《韶关学院学报》2005 年第 10 期)、涂晓华的《上海沦陷时期〈女声〉杂志的历史考察》(《中国现代文学研究丛刊》2005 年第 3 期)、汪幼海的《〈字林西报〉与近代上海新闻事业》(《史林》2006 年第 1 期)、梁小建的《〈生活〉周刊的改刊过程及意义研究》(北京印刷学院 2006 年硕士学位论文)、贾金利的《〈礼拜六〉杂志编辑思想评析》(河南大学 2005 年硕士学位论文)等论著,也分别从各自的角度对近代上海文化产业发展过程中出现的一些企业、产品进行了研究。

3. 关于近代上海文化产业发展过程中相关个人的研究

这类研究又可分为两类:

一类为群体性的研究,如刘磊的《中国早期报人社会地位的演进》(《传媒》2002 年第 7 期),将早期从事报业工作的编辑、记者等人的社会地位的变迁做了整体的描述;徐剑雄的《晚清上海女伶》(《上海师范大学学报》(哲学社会科学版)2005 年第 6 期),对晚清时期女伶在上海出现和发展的原因、基本情况做了简要的论述;刘强等的《粤人在近代上海的文化活动》(《史林》2005 年第 4 期),对粤人在上海的文化经营活动进行了研究；万笑男的《冉升的明星？堕落的女性？——1920年代上海的电影女明星》（华东师范大学2007年硕士学位论文）和张金芹的《另类的摩登：上海的舞女研究（1927－1945）》（华东师范大学2007届硕士学位论文）则对近代上海文化产业发展过程中出现的两个特殊的群体（电影女明星和舞女）的生存状况进行了研究。

另一类则为个体性研究，主要对近代上海若干著名文化企业家的经营思想、管理理念及其对近代上海乃至中国出版业的贡献进行了探讨，如赵宗颇的《一个企业家的气质——商务印书馆创办人夏瑞芳》（《上海师范大学学报》1999年第4期）、谢振声的《商务印书馆草创时期的鲍咸昌》（《出版史料》2003年第3期）、荣远的《张元济教科书编辑与出版经营思想研究》（河南大学2005年硕士学位论文）、汪家熔的《大变革时代的建设者——张元济传》（四川人民出版社1985年版）、刘洪权的《王云五与商务印书馆的古籍出版》（《出版科学》2004年第2期）、郭太风的《王云五简论》（《史林》2000年第4期）、高生记的《王云五的出版理论与实践》（《山西师范大学学报》（社会科学版）2002年第2期）、邓咏秋的《王云五的出版家素质》（《出版科学》2003年第3期）、吴迪的《王云五：半生年华献“商务”》（《编辑学刊》1998年第5期）、贺平涛的《王云五——一个需要重新认识的出版家》（苏州大学2003年硕士论文）等，对商务印书馆的创始人以及后来的管理者进行了研究；安静的《陆费逵编辑出版思想研究》（河南大学2007年硕士学位论文）、申作宏的《陆费逵的同业竞争策略》（《出版发行研究》2005年第4期）、吴迪的《陆费逵与中国现代出版业》（《编辑之友》1998年第6期）等，对中华书局的创始人及主要领导者陆费逵进行了研究；程丽红的《安纳斯脱·美查与中国近代报业史》（《长春大学学报》2005年第5期）、张宇航的《史量才与中国现代报业经营》（吉林大学2007年硕士学位论文）、庞荣棣等的《史量才用人之道》（《新闻记者》1990年第6期）、代雅静等的《史量才经营报纸思想探源》（《东南传播》2007年第3期）和《经营报纸——史量才报刊思想研究》（兰州大学2007年硕士学位论文）等，对《申报》的创始人美查及后来的管理者史量才进行了研究；芦莉菲的《邹韬奋媒介经营管理思想研究》(河北大学 2006 年硕士学位论文)、孙景峰的《邹韬奋的出版广告思想与实践》(《出版发行研究》2000 年第 10 期)等，对《生活》周刊的主持人邹韬奋进行了研究。瞿长虹的《以王韬为例——论报刊思想与报人社会性的关系》(吉林大学 2006 年硕士学位论文)、钱永林的《命运悲惨的一代越剧红伶——筱丹桂》(《戏文》2007 年第 4 期)、沈寂的《游乐场里的京剧女伶——记孟小冬和露兰春》(《上海戏剧》2007 年第 10 期)也分别对近代文化产业发展过程中出现的若干著名人物进行了研究。

4. 关于近代上海文化产业化发展过程中的若干政策、制度的研究

这类研究又可分为以下两个方面：

(1)对中央政府相关政策的研究。如汪朝光的《影艺的政治：1930 年代中期中央电影检查委员会研究》(《历史研究》2006 年第 2 期)、《民国电影检查制度之滥觞》(《近代史研究》2001 年第 3 期)、《30 年代初的国民党电影检查制度》(《电影艺术》1997 年第 3 期)以及尹兴的《民国电影检查制度(1911－1937)》(西南大学 2006 年硕士学位论文)等论文，对中央电影检查委员会成立的背景、过程及成立后的工作以及民国电影检查制度的形成进行了研究；蔡铭泽的《三十年代国民党新闻政策的演变》(《新闻与传播研究》1996 年第 2 期)、江沛的《南京政府时期舆论管理评析》(《近代史研究》1995 年第 3 期)、李霞的《南京国民政府时期新闻法制及其影响》(《江苏警官学院学报》2006 年第 3 期)、刘娜的《南京国民政府出版政策研究》(山东师范大学 2006 年硕士学位论文)、马光仁的《旧中国新闻立法概述》(《上海社会科学院学术季刊》1990 年第 3 期)等，对民国时期中央政府的新闻出版政策、法律法规进行了研究。

(2)对上海地方政府的管理行为方面的研究。如汪朝光的《检查控制与导向——上海市电影检查委员会研究》(《近代史研究》2004 年第 6 期)，论述了上海市电影检查委员会成立的过程及其所做的工作，揭示了其所具有的进步意义和存在的局限；马军的《1948 年：上海舞潮

案——对一起民国女性集体暴力抗议事件的研究》(上海古籍出版社2005年版)以及马军、白华山的《两界三方管理下的上海舞厅业——以1927—1943年为主要时段的考察》(《社会科学》2007年第8期)等论文,则对近代上海地方行政机构对舞厅业的管理及所引发的问题进行了研究。此外,我国台湾地区的胡平生撰写的《抗战前十年间的上海娱乐社会:1927—1937:以影剧为中心的探索》(台湾学生书局2002年)对抗战爆发前的上海娱乐业做了探讨。

除上述论著外,其他相关研究成果散见于熊月之等的《上海通史》第6卷晚清文化和第10卷民国文化(上海人民出版社1999年版),以及《上海百年文化史》(上海科学技术文献出版社2002年版)等著作中。

就海外的研究来看,相关研究成果也十分丰富。如[美]玛丽·坎珀的《上海繁华梦——1949年前中国最大城市中的美国电影》(《电影艺术》1999年第2期,汪朝光译),对美国电影在上海的发行放映以及上海市民的态度等问题进行了分析;(日)佐藤忠男的《尴尬的妥协与艰难的抗争——从"孤岛"沦陷到二战结束时期的上海电影》(《社会观察》2005年第6期,钱杭译)、毛建的《1930—1940年代上海文学与电影的新感觉》(香港科技大学2002年博士论文)、[美]洪国军的《电影史:1930年代上海殖民地和后殖民地时代的现代性与1982年以来新台湾人的电影院》(Hong, Guo-Jun, "Cinematograph of history: Post/colonial modernity in 1930s Shanghai and new Taiwanese cinema since 1982 (China)", the dissertation of university of California, Berkeley, 2004)、[美]莎丽·史特文森的《上海电影(1937—1945):被占领的银幕:影星、爱好者和国家》(Stephenson, Shelley, "The occupied screen: Star, fan, and nation in Shanghai cinema, 1937—1945 (China)", the dissertation of the university of Chicago, 2000)、孙少义的《半殖民地上海中的文学和电影(1927—1937)》(Sun, Shao-yi, "Urban landscape and cultural imagination: Literature, film, and visuality in semi-colonial Shanghai, 1927—1937 (China)", the dissertation of university of Southern California,1999)等,对半殖民地社会形态下上海电影业的情况进行了分析;[美]王一满的《1920—1990 年代上海、香港和好莱坞间的影像移动:电影再造与民族电影的再阐述》(Wang, Yiman,"Moving the image between Shanghai, Hong Kong and Hollywood from the 1920s to 1990s: Reformulating film remaking and national cinema", the dissertation of Duke university 2003),对 20 世纪 20 年代以来上海电影的发展状况与香港、好莱坞电影做了比较研究;[美]江进的《妇女和公众文化:30—40 年代民国时期上海妇女越剧之理论和政治》(Jiang, Jin, "Women and public culture: Poetics and politics of women's Yue opera in republican Shanghai, 1930s—1940s (China)", the dissertation of Stanford university, 1998)、[美]卡尔顿·本森的《从茶室到收音机:30 年代上海文化中之故事演讲和商业化》(Benson, Carlton,"From teahouse to radio: Storytelling and the commercialization of culture in 1930s Shanghai", the dissertation of university of California, Berkeley, 1996)、克里斯汀·哈里斯的《新女性:1930 年代上海电影文化中的形象、主体分析》(Harris,Kristine,"The new woman: Image, subject, and dissent in 1930s Shanghai film culture", Republican China, Vol. 20 (April 1995))等论著,对上海的娱乐业发展进行了分析;[美]弗罗伦斯·钱的《商务印书馆与现代中国出版》(Chien,Florence,"The commercial press and modern Chinese publishing: 1897—1949",the dissertation of University of Chicago,1970)、法兰西远东学院院长戴仁先生的《上海商务印书馆(1897—1949)》(Drège,Jean Pierre, La commercial Press de Shanghai,1897—1949,College de France,1978)、新西兰的叶宋曼瑛女士的《从清代改革家到 20 世纪出版家——张元济的生平与事业》(香港商务印书馆 1992 年版)等,从各自的视角,对近代上海报刊出版业的发展情况进行了探讨。

总体而言,上述研究仅仅是针对近代上海文化产业的某些方面进行的,不仅较为零散,而且对于部分领域的研究仍显薄弱,无法反映近代上海文化产业发展的全貌，从而也就无法很好地总结其演变特征，揭示其发展规律。但无疑，它们为本研究的展开奠定了良好的基础。

## 四、研究方法和资料来源

如前所述，到目前为止，学术界对"社会变迁与近代上海文化产业化发展"这一课题的研究还十分有限。造成此局面的原因主要有以下方面：

1. 文化产业的研究起步较晚

尽管近代以来文化产业化发展的实态即已存在，但世界上对文化产业的研究却是在20世纪70年代以后展开的，而我国相关研究的起步则更晚，是在20世纪90年代以后，随着世界文化产业研究的不断发展才出现的，迄今只有20余年的历史。因此研究尚不全面在所难免。

2. 实用主义思想的影响

文化产业作为一个新兴的产业部门，在国家经济建设中正在发挥越来越重要的作用，得到了政府的高度重视。于是，在政府的介入下，学者们在研究过程中，更多关注的是文化产业的发展状况和经验总结，忽视了对历史上的文化产业发展的研究。实际上，对于近代中国文化产业发展的研究有着十分重要的意义，它不仅可以为现代的文化产业发展提供经验教训，甚至可以为其提供某种规律性的理论性指导。

3. 学科的限制

对于"社会变迁与近代上海文化产业化发展"的研究属于交叉学科，需要借助文化学、经济学、历史学、管理学、社会学等多个学科的知识来进行。这的确是一件十分复杂而又辛苦的工作，因此也阻碍了一部分研究者的介入。

有鉴于此，本书力图突破既有的观念或学科的限制，对此课题进行初步的探讨。本书拟采取的研究方法主要有：

(1)理论分析法:鉴于研究对象的特殊性,本书采用了多学科交叉的研究方法,即在运用历史学的研究方法对本期内的上海文化产业化发展的相关资料进行分析整理的同时,还借鉴了社会学、政治学、经济学、管理学以及城市地理学等学科的有关理论和研究成果对之进行解析。

(2)定性与定量相结合的分析法:通过扎实的资料整理和数据搜集,以定量与定性相结合的方法,描绘出近代上海文化产业化发展的基本历程。

(3)对比方法:通过与国内其他城市或全国甚至世界其他国家或城市的发展情况相比较的方法,正确识别近代上海文化产业化发展的水平和地位。

(4)系统分析法:充分利用系统理论,将近代上海文化产业化发展放在大系统中加以识别,进而找出其发展的原因以及制约因素。

本书赖以展开的资料主要来自以下几个方面:

档案资料:包括上海档案馆已刊、未刊的若干档案资料。

报刊资料:包括《申报》《电声》等报纸和期刊资料。

其他资料:包括《上海县志》以及其他上海地方文献资料,一些政府、机构发表的调查报告和统计资料,相关的专题资料以及时人的文集等,详见文后征引文献部分。

# 第二章　近代上海文化产业化发展的动力机制

## 第一节　由简朴到奢靡:居民消费方式的转变

早在1840年以前,上海即已"号称南吴壮县,江海通津,内外贸易、城乡商业手工业等都很繁盛"。随着经济的发展,当时一些豪富绅商的消费开始走向奢华。但上海民间的消费风习仍属"质朴",吃、穿、用等生活消费依然崇尚节俭实惠。"商贾不衣锦,中产家妇女无金珠罗绮"①是当时社会的真实写照。

然而,随着上海1840年以后的开埠通商,所有这一切都发生了变化,崇尚奢侈的消费之风逐渐在上海盛行起来②。

---

① 嘉庆《上海县志·风俗》;黄苇等:《近代上海地区方志经济史料选辑》,上海人民出版社1984年版,第346页。

② 对于近代上海流行的崇尚奢侈的消费之风,在樊卫国、李长莉的论著中均有论述。见樊卫国:《近代上海的奢侈消费》,《探索与争鸣》1994年第12期;李长莉:《晚清上海社会的变迁——生活与伦理的近代化》,天津人民出版社2002年版。

## 一、饮食大摆豪宴，衣饰趋时好异

自19世纪六七十年代开始，上海开始出现大摆豪宴的奢侈消费现象。“万钱不惜宴嘉宾，朝上同新暮复新。同嗜甘鲜贪口腹，哪知滋味菜根真。”[①]这是19世纪70年代沪上流行的一首竹枝词，它所描写的正是当时上海滩富商大贾在高档酒楼里一掷千金、大摆豪宴的情景。对此，有人更进一步形容：“何曾日食万钱，人犹讥其太奢，然万钱仅得今之十千耳。沪上之吃花酒者，一席十二三番，闹阔者日翻数台不止，则其费岂止万钱……即寻常在酒馆请客，一席之费也得八九元。”[②]不仅富商大贾如是，就连中等人家也是如此，“虽中人以下之人”，但“茶馆酒楼，无不有其踪迹”[③]，“海味山珍任品题，新新楼上夕阳西。一筵破费中人产，忘却糟糠尚有妻”[④]。更令人瞠目的是，这种情况竟然“虽不至日日如是，而大本行家，与夫硕腹巨贾，竟有无日不上馆子者”[⑤]。

在大摆豪宴的同时，沪上人们的衣饰也开始日趋华丽、追逐时尚，甚至为此而不惜金钱。当时沪人衣服“不唯其旧唯其新，不唯其朴唯其华，斗丽争华者层见叠出。一裘也，而所费数百金；一葛也，而所费数十金”[⑥]。而在追逐时尚方面，沪人更是趋之若鹜，即使“一衫、一履、一扇、一带，亦均嫌故态之不入时，而相率学步”[⑦]。如19世纪70年代上海曾流行仿自北京优伶的浅色之衣，着天津制绣花鞋，其时“蜜色、竹根青之衣，相属于道，履之不厌其丑”[⑧]。洋场四围之行人“着花鞋者

---

① 《洋场咏物诗》，《申报》1872年8月12日。

② 《龙湫旧隐稿》：《前洋泾竹枝词》，《申报》1872年6月13日。

③ 樊卫国：《近代上海的奢侈消费》，《探索与争鸣》1994年第12期。

④ 《龙湫旧隐稿》：《前洋泾竹枝词》，《申报》1872年6月13日。

⑤ 《岁除论》，《申报》1880年2月8日。

⑥ 《岁除论》，《申报》1880年2月8日。

⑦ 《说习》，《申报》1878年5月22日。

⑧ 《说习》，《申报》1878年5月22日。

十之七八，凡云头锻帮，或双梁靴尖，则十之二三”①。而且，不仅“翩翩少年美姿容而日游罗绮丛中者”如此，“甚而五六十岁之老人亦如是”②。也正因此，“沪地服饰习尚的变更最为繁盛，成为时尚流变的晴雨表”③。

## 二、讲排场、尚虚荣，所用之物崇洋媚外

就当时的情况来看，在上海生活的人们除少数是积有厚资的富商大贾外，大多数人仍是辛苦谋生之辈④。然而，在当时奢靡社会风气的影响下，人们竞相仿效，于是即使辛苦谋生之辈的日常消费也开始走向奢华，其主要表现就是讲排场、尚虚荣。

如那些做小本生意的人和以教馆卖文为生的寒士文人，“开小肆而学阔绰，就一馆而爱风雅”“身不名一钱而东西南北头头是道”，如“饮酒则庆兴、泰和，而景阳馆、长春楼则不往；看戏则丹桂、金桂，而富春园、久乐园则不往；招酒佐宴宾朋则书寓、长三，而么二伎、花烟间则不往”⑤。“夫上海一隅不知日消耗几万金矣。以一人之银钱而论，统核不过充每日每时中之一刻或几分钟之消耗，此犹就大贸易者言之。若夫数千金而开小肆，数百金而就一馆，苟欲强作解人，恣纵于欢场之内，则仅每日每时中之数秒已耳”⑥，于是欠账、赊账、借债成为他们的生活常态。所谓“至三节而总汇焉，至年底而总结焉”⑦，“然大贸易者尚不见艰于年槛，而开肆就馆者已知其避于债台也”⑧。

一些下层庶户也不能免于此种风气。他们或左支右绌，或微有积

① 《说习》，《申报》1878 年 5 月 22 日。
② 《说习》，《申报》1878 年 5 月 22 日。
③ 樊卫国：《近代上海的奢侈消费》，《探索与争鸣》1994 年第 12 期。
④ 《岁除论》，《申报》1880 年 2 月 8 日。
⑤ 现身说法人：《过年说》，《申报》1876 年 1 月 15 日。
⑥ 现身说法人：《过年说》，《申报》1876 年 1 月 15 日。
⑦ 现身说法人：《过年说》，《申报》1876 年 1 月 15 日。
⑧ 现身说法人：《过年说》，《申报》1876 年 1 月 15 日。

余，但“婚嫁丧葬，专尚外观”，甚至“家无担石，鲜履华衣”[①]。更有一些贫穷之人“金玉其外，败絮其中”，以假充富人而纵情于花天酒地之中。据1891年《飞影阁画报》载，某人在街上曾亲眼看到一阔少样男人“面容俊秀，举止风流，身穿缟素衣裳，意气扬扬，甚自得也”，却有戏园之人向其索要所欠戏资九角，争执中戏园之人“上前直剥其衣”，而被剥去外衣后，其“百结悬鹑尽情毕露”，才知道该“阔少”原来是假扮的[②]。

近代上海居民讲排场、尚虚荣之风盛行，还表现为所用之物崇洋媚外。鸦片战争以后，新奇而质优的舶来货和仿洋制品开始大量涌入上海。各类新奇商品“绚丽夺目”，得到了人们的由衷青睐。诚然，对当时的人们来说，崇尚洋货及其仿制品有其一定的合理性，即洋货新鲜奇特，可以使上层的豪门巨富的生活更加舒适；洋货价廉物美，可以使中下层市井平民的生活更加方便。但也正因此加剧了沪上对洋货崇尚的心理。

随着沪上崇尚奢侈消费之风的盛行，人们亦开始将之作为自己“出风头的物件”和“荣光的标志”。一旦有新货到来，“喜新厌故者流弃其已有，群相购置”。如“自欧美肥皂行销中国后，遂无有皂英者……光、宣之间，西式提箱仿造于沪地，于是旅客多购用之”。“上而缙绅之家，下至蓬户瓮牖，莫不乐用洋灯，而旧式之油盏灯淘汰尽矣。”[③]

## 三、流连烟、赌、娼等消费场所

近代上海的奢靡消费还体现在烟、赌、娼等场所的异常繁荣上。

同治、光绪年间上海的烟馆已随处可见，赌馆也“林立于街巷庙场”，且“赌式纷杂”，整日“喧闹不息”，而“秦楼楚馆”等更“密集于曲巷幽道，临风悬牌，驰目可见”[④]。最为繁盛的当属妓院等淫乱场所。据

---

① 樊卫国：《近代上海的奢侈消费》，《探索与争鸣》1994年第12期。
② 吴友如绘：《飞影阁画报》1891年2月第十三号，戎字一，“一朝败露”。
③ 樊卫国：《近代上海的奢侈消费》，《探索与争鸣》1994年第12期。
④ 樊卫国：《近代上海的奢侈消费》，《探索与争鸣》1994年第12期。

资料记载，1864 年沪上两大租界的 1 万户华人中，有 668 户为妓馆，而 20 世纪初租界华人女性人口中娼妓竟占到 12.5%，甚至还有西洋、日本的卖笑妇混杂其间，曾被人称为“女闾之盛，甲于天下”①。

上海豪商富绅随意挥霍、争趋奢靡的情景，在这些地方得到淋漓尽致的展现。“千金买笑”在当时的上海时有所闻。正所谓“酒绿灯红按玉箫，有人骑鹤斗缠腰。饥寒满路凭谁问，不惜千金付阿娇”②。而“染有烟赌嫖恶习的不仅有醉生梦死的富闲阶层和逢场作戏的文人骚客，也有相当数量的劳作小民”③。

更让人惊诧的是，近代上海的这种奢靡之风即使在其经济发展萎靡不振时，亦不曾改观。如 19 世纪 70 年代末 80 年代初，因受橡胶风潮的影响，上海商务曾一度不振，商家多有破产者，但崇尚奢侈之风并不见好转。以致时人评论说：“昔之上海谋利尚易，今之上海谋生渐难。以谋生渐难之时，而饮食起居、日用品服御仍不能屏去浮华，稍归朴实，又何怪乎倒闭之业日益多，而穷死之人日益众也。”④

近代上海居民消费方式的转变，究其原因是多方面的：既有封建王朝没落的颓势在内，也有新的资本主义上升的因素作用其中。但不论原因如何，其均为上海文化产业化发展提供了动力源泉，它为文化产业中的一个重要组成部分——娱乐产业——的兴起和发展提供了巨大的潜在市场。近代上海的娱乐产业——戏剧、电影、舞厅、跑马场、跑狗场、弹子房等——的兴起和迅速发展，正是得益于上海所具有的巨大消费潜力。

---

① 高福进：《“洋娱乐”的流入》，上海人民出版社 2003 年版，第 34 页。
② 《龙湫旧隐稿》：《前洋泾竹枝词》，《申报》1872 年 6 月 13 日。
③ 樊卫国：《近代上海的奢侈消费》，《探索与争鸣》1994 年第 12 期。
④ 《岁除论》，《申报》1880 年 2 月 8 日。

# 第二节　由农业到工业:资本主义生产方式的兴起

传统中国的社会形态是封建社会。在这样的国度里,人们的经济行为主要是以自给自足为目的的农业生产。商品经济作为人们生活的补充而存在,因此不仅数量少,且规模也很小。上海开埠后,以追逐利润、产业化经营为根本特征的资本主义生产方式逐渐在此发生和发展起来,为上海文化的产业化发展带来了新的驱动力。

## 一、文化生产领域的变革

资本主义这种全新的生产方式的到来,使近代上海的文化生产领域发生了显著变化,具体表现在以下几个方面:

1. 生产以营利为目的

资本主义生产方式的一个最大特征就是追求利润的最大化。如前所述,在封建时代,中国社会也存在着文化产品的生产和经营活动,但当时生产和经营的目的更多的还在于养家糊口以及自娱自乐。而随着资本主义生产方式的兴起,文化产品的生产和经营开始走出了传统的色彩,赚钱、赚更多的钱成为经营者生产经营文化产品的最大目标。近代上海读者最多、影响最大的中文报纸《申报》的创办就是一证。

《申报》创办于 1872 年 4 月 30 日,创始人为英国商人安纳斯脱·美查(Ernest Major)。对于创办目的,《申报》坦称是为谋利而开办①。

① 《论本馆作报本意》,《申报》1875 年 10 月 11 日。

戈公振也曾说:“美查虽为英人”,而《申报》“以盈利为前提”[①]。而努力发展营利性报纸的重要收入来源——广告业务,则更直接地表明《申报》以营利为目的的办报宗旨。

创办伊始,《申报》就刊登广告业务,创刊号刊登的广告有10余条之多[②]。在《申报》的发展过程中,广告始终是其极为重要的业务之一。为获得更多的广告业务,“《申报》人曾倾心设计广告形式,完善广告内容,从广告的图画文字到排版色彩再到措辞创意皆精心完成,效果在众刊中首屈一指,因而倍受人们的青睐”。[③]《申报》通过版面设计,将部分广告安排在当日所刊文章的提要旁;增设以刊载本埠新闻为宗旨的《本埠增刊》,每日出版,并在封面上登载广告;创刊制作精美的《图画周刊》随报附送,由一家德国人开设的印刷厂以橡皮影写版印刷,并与其签订合约,不许接第二家报纸印刷,其上亦刊载广告。此外,《申报》努力为广告客户提供各种便捷的贴心服务,如派人上门接稿、为顾客送拍纸薄和铅笔等赠品等。[④] 由于《申报》具有很大的发行量,在当时的中国具有很大的影响力,再加上上述措施的作用,“于是各种广告纷至沓来,使得《申报》成为数量最多、品种最全的广告大户”[⑤]。《申报》也因之获得了不菲的收入。

近代上海的其他一些文化企业的开办也大多具有明确的商业目的,如《字林西报》《新闻报》、商务印书馆等均是如此,而各类舞厅、电影院、跑马场、跑狗场、弹子房等娱乐企业更是不在话下。

2. 规模化生产

为取得利润的最大化,近代上海的这些文化企业的经营者们还努力扩大企业的规模,拓展企业的经营范围。

如《申报》起初只在上海本埠销售,1873年初在杭州设立了第一

---

① 戈公振:《中国报学史》,三联书店1955年版,第131页。

② 《广告》,《申报》1872年4月30日。

③ 胡俊修:《从〈申报〉广告看近世上海社会生活的变迁》,《历史档案》2003年第4期。

④ 徐百益:《“申”“新”两报广告之争》,《中国广告》1998年第3期。

⑤ 胡俊修:《从〈申报〉广告看近世上海社会生活的变迁》,《历史档案》2003年第4期。

个分销处，以后又相继在宁波、苏州、南京、扬州、北京、天津等地设立分销处。1881 年 2 月《申报》的分销处已达 17 处，1887 年分销处达 32 处。此后，《申报》在继续在全国各地设立分销处的同时，开始向海外发行。到 1907 年，日本、英国、法国等地也出现了《申报》的分销处。随着分销范围的扩大，《申报》的发行量也逐渐增加，日销售额由最初每天 600 份增加到 1881 年的2 000份左右，到 1897 年每天销数已达 7 000—8 000 份，1907 年更增加到 1 万余份①。

1882 年，字林洋行聘请戴谱笙、蔡尔康等利用原有印刷设备续办中文报纸《沪报》(《字林沪报》)，并创办《字林沪报・晚报(1895)》和作为该报文艺副刊的《消闲报》(1897—1900)，以扩大报纸在读者群中的发行量②。在该报的影响下，《申报》《新闻报》等报纸的增刊、副刊纷纷问世。至 20 世纪 30 年代，《申报》不仅有日刊，而且还有每周增刊、月刊等，日发行量达 15 万份以上③。

娱乐企业也是如此。近代上海出现了一大批以经营多种娱乐活动为主的娱乐场所——游乐场，场内一般辟有各种游艺、消闲的项目，如滑稽、双簧、大鼓、评弹、说书、相声、评剧、本滩、杂耍、电影、剧场、商场、茶室、弹子房、溜冰场等，吸引了大量的客人到这些地方游玩。当时上海较为著名的游乐场有虹口娱乐场、楼外楼、新世界、大世界、天外天、绣云天、小世界、神仙世界、先施乐园、永安天韵楼、新新世界、大新世界等④。

3. 注重服务

近代上海的文化企业经营者非常注重以服务来争取观众，早在光绪年间上海戏园的服务已明显优于北京。

当时上海的四大戏园——天仙、丹桂、留春、咏霓环境幽雅，看戏

---

① 徐载平、徐瑞芳:《清末四十年申报史料》，新华出版社 1988 年版，第 73 页。

② 汪幼海:《〈字林西报〉与近代上海新闻事业》，《史林》2006 年第 1 期。

③ 黄樾:《文化产业研究中的“上海经验”》，同济新闻网 2005-03-28。

④ 高福进:《“洋娱乐”的流入:近代上海的文化娱乐业》，上海人民出版社 2003 年版，第 114 页。

已有包厢,而“楼上两旁除包厢外,楼中及楼下池座,俱列方桌,被以红缎桌围。每桌排列单靠椅六张,定为六客”,井然有序,同时“客俱盖碗茶,瓜子四碟,戏半并出热点四盆,手巾频频,伺应周到”,令观众“弥觉舒适”,而其代价不过在“戏价外略付手巾小账数十文,无他需索也”①。

而当时北京的情形则大相径庭,“京中各戏园,虽悬挂茶园幌子,然并不为客备茶,更无手巾之说。客须自带茶叶,交与看座冲水,须付水钱数文,而茶壶茶碗,则殊龌龊不堪入口。座位则长凳粗桌,等于沪上之起码座”。②

当然,在北京看戏也有优于上海之处,就是“戏资甚廉,每座一律京钱一串三,合南方制钱一百三十文”,而沪上戏价则“或三角、或四角”,且“戏剧亦较沪上高明多多”③。尽管时人感叹:“两相比较,一方戏佳而座不佳,一方座佳而戏不佳,吾宁取戏而不取座”④,但我们仍有理由相信,上海戏园的此种经营理念一定为其带来了不少客源。

4. 市场化运作

近代上海的文化企业经营已开始向市场化运作方向发展,具体表现在以下几个方面:

(1)注意产品的多样化与市场细分

产品的多样化是指企业在生产一二种主要产品的同时,还生产若干其他种类的产品;市场细分则是指企业根据消费者群体的不同特征将市场细分为若干个不同的子市场,并在这些子市场提供不同的产品和服务。不论是产品多样化生产还是对市场进行细分,其目的都是深耕消费者的需求,扩大市场占有率。

在近代上海,文化企业运作已经开始注意产品的多样化,如前文提到的《申报》等沪地报刊纷纷创办晚报、副刊、增刊、月刊等行为,以及多种娱乐活动兼容并营的游乐场的出现,其实就是产品多样化的一

① 拙庵:《近三十年来海上剧场之变迁记》,《申报》1927年1月1日。
② 拙庵:《近三十年来海上剧场之变迁记》,《申报》1927年1月1日。
③ 拙庵:《近三十年来海上剧场之变迁记》,《申报》1927年1月1日。
④ 拙庵:《近三十年来海上剧场之变迁记》,《申报》1927年1月1日。

种表现。

除此而外，经营者还十分注意市场细分。晚清时期，上海戏园的座位已出现包厢、池座、起码座等多种形式，以供不同层次的观众选择，当然不同的座位票价是不一样的[①]。

20世纪二三十年代上海电影市场出现的分级倾向也是市场细分的一种。当时的电影放映分为头轮、二轮及三轮等层次。头轮即首映，首映之后是二轮，如此类推，电影院亦因此分为若干级别，而不同级别的电影院大多又分布在不同的区域，面向不同的服务对象，其票价也不尽相同。

如首轮及二轮外国片电影院多在市中心的英美法租界里，服务对象主要是经常光顾这里的外国人、高级白领、官绅士商和富贵的太太小姐们，价格要高得多；而国产片影院和三轮影院则多在东部，即日本人聚居区和华人聚居地，服务对象主要是居住在这些地区的从事普通职业的普通市民，价格则要便宜很多。此外，沪东、沪西、闸北工厂区和火车站、沿江码头地带以及老城厢地区也有少量的国产片电影院或四五轮影院，主要服务对象则是那里居住的工人和小商小贩等，票价则更加便宜。[②]

(2)文化中介人——“案目”的出现

“案目”亦称案码，是“旧时戏院里专管推销戏票者”[③]，在文化市场上扮演着重要的角色。

京剧来到上海后，上海的戏园业日益兴盛，竞争亦日趋激烈，“推销戏票成为戏园经营的重要一环”。过去，“京班戏园只收茶资，不卖戏票”，“张贴戏园广告和由案目人员上门定座是戏园宣传和组织观众的主要方式”[④]。于是，案目作为早期的票务工作者，开始成为戏园经

① 拙庵：《近三十年来海上剧场之变迁记》，《申报》1927年1月1日。

② 《上海影戏院内幕种种》，《电影周刊》第44期，1939年7月12日。

③ 中国戏曲志编辑委员会：《中国戏曲志》(江苏卷)，中国ISBN中心1992年版，第793页。

④ 北京市艺术研究所、上海艺术研究所：《中国京剧史》上卷，中国戏剧出版社1999年版，第258页。

营所仰仗的一个非常重要的群体。据资料记载，旧时的上海戏园中一般有案目20人，他们“头脑灵活，善于辨貌观色，能结交各行业的头面人物及寓公绅士”“白天走访老观众，送上戏单，还用小恩小惠结识公馆里的下人，敦请帮忙向东家做些宣传”，开演前则“雁行鹄立在戏园门前，腋下挟着一卷戏单，兜揽生意，招呼熟客”。①

每位案目要向戏园老板交100元押柜金，其收入也不是固定的薪金，而是“在出手戏票后交账时一律做九折计算”后所剩下的盈余部分。由于戏园的戏票全部掌握在案目手中，因此他们“于戏园经营关系极大”，甚至左右了戏园演出剧目和演员的选择。如戏园老板在向北京邀请名角的时候一般要先听听案目的意见，“并要为案目演一台义务戏”，以免其“捏紧戏票不卖，使座上稀稀拉拉”，进而影响戏园的形象和票房。② 而因戏园挂牌成功与否又与案目的自身利益有着极大的关系，故“他们常常按当时的社会时尚和观众喜好邀角儿和选剧目，甚至不惜以退押柜费来要挟戏园老板”③，从而把市场和剧院有机地联系了起来，故被称为晚清上海戏园中的“具有资本主义经营倾向的文化中介人”④。

(3)“名角挑班”制度的形成

“京剧形成之初，沿袭徽班体制，演员个人位居于群体之中，无论是每场演出中戏码的排列次序，演员之间、演员与乐师之间，都没有个人的突出地位。”⑤戏班在演出之前，“没有戏报，也不贴广告”，更“无报可登，每日演什么戏，事前绝对不发表”。⑥ 随着上海京班演出商业化的不断发展，戏园的经营方式与北京相比也发生了显著的变化。以

① 中国戏曲志编辑委员会:《中国戏曲志》(上海卷)，中国ISBN中心1992年出版，第714页。

② 中国戏曲志编辑委员会:《中国戏曲志》(上海卷)，中国ISBN中心1992年版，第714页。

③ 蓝凡:《风云际会的近代上海戏剧舞台》，《社会科学》2000年第2期。

④ 蓝凡:《风云际会的近代上海戏剧舞台》，《社会科学》2000年第2期。

⑤ 北京市艺术研究所、上海艺术研究所:《中国京剧史》上卷，中国戏剧出版社1999年版，第148—149页。

⑥ 齐如山:《伶界小掌故》，《京剧谈往录三编》，北京出版社1990年版，第471、429页。

往，“北京的京班和戏园是各自独立的单位，戏园除在一定时间内为戏班提供演出场所外，两者之间没有必然联系”。它们经济相互独立，盈亏自负。而“上海的京班戏园则不同，它是戏班与戏园合为一体的演剧实体”，京剧艺人来上海演出是受雇于戏园的。为了在激烈的竞争中取得胜利，上海戏园业主开始打破传统，“广邀名角来充实自己的演出力量”，进而吸引顾客。在此背景下，“名角挑班制”应运而生。

“名角挑班制”也称“明星制”，是一种“以名演员及其所演的代表剧目为号召”的一种戏班体制。在“名角挑班制”下，“在剧目安排上，主要演员总是演最后一出戏（谓之‘大轴’），主要演员总是演主角，其他演员为其配戏”，观众“在看演出时首先挑选要看某某演员的某某剧目”①。在此制度下，演员的个人影响力开始凌驾于戏班之上，进而成为戏园大肆宣传的对象。大众传媒又为此种现象的进一步发展起到了推波助澜的作用。演出之前，戏园都要在报纸上刊登广告，大肆宣传主要演员及其剧目。

如1913年12月17日丹桂第一台在《申报》刊登的梅兰芳、王凤卿来此演出的广告中，不仅将二人的名字以大字排出，而且称王凤卿为“著名汪派须生”，梅兰芳为“南北第一青衣”，并称《四郎探母》为王凤卿“得意之作”，《朱砂痣》为其“生平最得汪派正宗之杰作”，梅兰芳所演剧目则是“久已脍炙人口”等，以做号召②。

名角挑班制对扩大京剧市场起了一定的作用，也是戏剧市场化运作的一个重要表现。

5. 追逐技术

先进的技术是企业实现规模化生产以生产大量价廉物美商品的前提，因此追逐技术是资本主义生产方式与生俱来的特性。在近代上海，无论是报刊出版业还是娱乐业、电影业，都十分关注新技术的应用。

---

① 北京市艺术研究所、上海艺术研究所：《中国京剧史》上卷，中国戏剧出版社1999年版，第149页。

② 《申报》，1913年12月17日。

(1)报刊出版业与新技术的采用

为了开辟市场,以保证报刊、图书的销量,上海报刊出版企业均十分注重先进技术的引进和已有技术的改良。申报馆自创办伊始就采用机器印刷,其所使用的凸版手摇轮转印刷机“每时可出数百张”报纸,嗣后又“以蒸汽引擎及自来火引擎代人力,速率较前增高一倍”;1911 年再购买双轮转机,报纸“出数每小时增至两千张”;1916 年采用日本制造的法式滚筒印刷机,每小时报纸的出数达到八千张。① 墨海书馆创办后不仅采用铅铸活字排版,而且使用铁制印书车床印刷,“一日可印四万余纸”。② 美华书馆则“造字刻板”“悉以化学”之法为之,亦同样采用机器印刷。③ 徐家汇土山湾印刷所和点石斋印书局采用石板印刷术印刷书籍,先以手摇为动力,后改用自来火做引擎④。所有这些,都不同程度地促进了报刊出版业的印刷速度和质量的提高。

(2)娱乐业和电影业与新技术的采用

近代上海的娱乐产业和电影产业对于新技术的追逐亦十分热衷。如 1926 年有声电影问世后,上海的娱乐业和电影业开始讨论有声影片的放映与制作等问题。1929 年 1 月 7 日,夏令配克影戏院开始安装从美国进口的有声电影放映设备,并第一次上映美国有声影片《飞行将军》。此后,上海的高级影院纷纷安装有声电影放映设备,放映有声影片⑤。20 世纪 30 年代大光明电影院为追求最佳放映效果,不惜重金从美国进口 RCA 公司生产的最新有声电影放映机。据资料记载,该设备的音响效果极佳,“发音纯粹,绝无杂声”⑥。

1929 年,天一公司开始研制有声影片,并于 1930 年初以蜡盘录音

---

① 贺圣鼐:《三十五年来中国之印刷术》,载张静庐辑注:《中国近代出版史料初编》,上杂出版社 1953 年版,第 268—269 页。

② 王韬:《瀛壖杂志》,上海古籍出版社 1989 年版,第 119—120 页。

③ 王韬:《瀛壖杂志》,上海古籍出版社 1989 年版,第 120 页。

④ 贺圣鼐:《三十五年来中国之印刷术》,载张静庐辑注:《中国近代出版史料初编》,上杂出版社 1953 年版,第 270 页。

⑤ 吴贻弓:《上海电影志》,上海社会科学院出版社 1999 年版,第 514 页。

⑥ 上海通社:《上海研究资料续集》,上海中华书局 1939 年版,第 553 页。

法拍成中国第一部有声短片《钟声》。该片尚未问世即毁于火灾，却表明上海电影业不断求新的精神和对先进技术的追求。1930年明星公司在法国百代唱片公司协助下，克服重重困难，摄制完成了蜡盘发音片《歌女红牡丹》。几乎同时，友联公司亦以一鸣有声电影公司的名义拍摄了蜡盘发音的《虞美人》[①]，开创了中国电影发展的新时代。此后，中国电影开始进入有声影片时代。

6. 股份制的资本募集形式

股份公司是在西方资本主义发展过程中出现的一种企业组织形式，一般由两人以上集资组成，以便集中分散的资金举办个人独资无力经营的现代化企业，或扩大企业规模，以增强企业在市场上的竞争力。随着资本主义生产方式的引入，上海文化企业的资金也大多采用集资方式获得。

如报刊出版业的《上海新报》《申报》等主要中文商业性报刊是由外国商人募集资金进行合股经营[②]，其中《上海新报》由字林洋行开办，《申报》为美查等四位英国商人合股开办[③]；一些著名的出版机构均为集资建成，如商务印书馆是夏瑞芳、鲍咸恩、鲍咸昌、鲍咸亨和高凤池等人集资3 750元创办的[④]，中华书局是由陆费逵会同戴克敦、沈知方和陈协恭等人筹集2.5万元创办的[⑤]。

娱乐业如前文提到的案目所缴纳的押柜费，其实就具备了某种意义上的股份制性质，戏园老板因此一下子便有了上千元乃至上万元的经费，解决了戏园的流动资金问题，而案目则从戏园的出票中收取折扣。可见，“案目”与戏园老板的关系已不仅仅是雇佣和被雇佣的关系，而是带有了某种“股份”关系[⑥]。

步入20世纪，新出现的娱乐场所亦大多为股份制形式建立起来

---

① 吴贻弓：《上海电影志》，上海社会科学院出版社1999年版，第514页。
② 马光仁：《上海新闻史》，复旦大学出版社1996年版，第40页。
③ 马光仁：《上海新闻史》，复旦大学出版社1996年版，第40页。
④ 孔令仁等：《中国老字号》第10卷，高等教育出版社1998年版，第333页。
⑤ 周武：《论民国初年文化市场与上海出版业的互动》，《史林》2004年第6期。
⑥ 蓝凡：《风云际会的近代上海戏剧舞台》，《社会科学》2000年第2期。

的。如当时最著名的游乐场大世界是上海闻人黄楚九与朋友集资 80 万元、组织大发公司向公平洋行租地建造的[①],上海首家京剧剧场大舞台则是时任上海英租界巡捕房包探头目的童子卿与旧货商吴站清和商务印书馆等合资建造的[②],上海当时著名京剧剧场天蟾剧场则是由黄楚九、经润三、孙玉声联合将上海第一家游乐场“楼外楼”的一部分改为剧场的[③],卡尔登大戏院则是由英商组建的天津某中国影戏院公司投资兴建的[④],兰心大戏院则由上海运动事业基金董事会筹款建造[⑤],共舞台则由京剧艺人王鸿寿筹资创办[⑥],南京大戏院则由广东人何挺然筹资建造[⑦],美琪大戏院也是由何挺然筹资建造(由美商联怡股份有限公司投资)[⑧],而永安天韵楼游乐场则是由永安公司投资创办[⑨],等等。

电影业也是如此,如幻仙影片公司是张石川、管海峰等集资创办的,长城画片公司是旅美华侨梅雪俦、刘兆明、程沛霖、李文光、李泽源等集资创办的,民新影片股份有限公司是黎民伟、李应生等集资创办的,明星影片公司是张石川、郑正秋、周剑云、郑鹧鸪、任矜苹等利用大同交易所歇业时剩的几千元开办的。其他(如联华、艺华、电通、新华等)影业公司亦为股份制企业[⑩]。

---

① 孔令仁等:《中国老字号》第 10 卷,高等教育出版社 1998 年版,第 25 页。
② 孔令仁等:《中国老字号》第 10 卷,高等教育出版社 1998 年版,第 30 页。
③ 孔令仁等:《中国老字号》第 10 卷,高等教育出版社 1998 年版,第 58 页。
④ 孔令仁等:《中国老字号》第 10 卷,高等教育出版社 1998 年版,第 100 页。
⑤ 孔令仁等:《中国老字号》第 10 卷,高等教育出版社 1998 年版,第 110 页。
⑥ 孔令仁等:《中国老字号》第 10 卷,高等教育出版社 1998 年版,第 128 页。
⑦ 孔令仁等:《中国老字号》第 10 卷,高等教育出版社 1998 年版,第 178 页。
⑧ 孔令仁等:《中国老字号》第 10 卷,高等教育出版社 1998 年版,第 195 页。
⑨ 上海社科院经济研究所:《上海永安公司的产生、发展和改造》,上海人民出版社 1981 年版,第 59 页。
⑩ 吴贻弓:《上海电影志》,上海社会科学院出版社 1999 年版;高梨痕:《早期的上海电影界》,《20 世纪上海文史资料文库》,上海书店出版社 1999 年版。

## 二、文化消费群体的培育

资本主义的生产方式也改变着人们的生活方式，从而为上海的文化产业化发展带来了大量的消费者。

1840 年以后上海开始向工业化、商业化城市转变，先后出现了大量的中外资本主义工商贸易企业，从而衍生出了众多新的职业人群，如资本家、产业工人、职员等，而他们正是近代上海文化产业化发展的主要消费者。

1. 新兴的资本家群体与文化消费

近代上海形成了一批以买办、进出口商、新型工商业主为主体的富裕阶层，即新兴的资产阶级。在新的生产方式下，他们聚富敛财的速度远高于传统的地主和商人。随着其财富的积累，他们开始产生了新的消费需求——获得发展和自我表现的消费需求。

从理论上说，工业社会就是一个消费社会，人们通过不断的消费刺激着生产，而不断的生产又刺激着进一步的消费，从而促进整个社会的发展。在此过程中，富裕的生活成为某种“成功”与“声誉”的象征。上海开埠后，社会逐步向工业社会转型，人们的价值观、人生观也开始发生转变。新兴的资产阶级作为这一社会的代表自然成为新的价值观的倡导者，具体表现则是其消费行为的转变，如更加注重享受生活。

另一方面，资产阶级也在利用疯狂的消费来反抗旧的社会——封建社会。正如人们所知，封建社会的传统是重农抑商，商业一向被人们称为末业，而从事商业活动的人则被称为“舍本逐末”，其社会地位处在士农工商中的最末位，行为也受到了严格的限制。如清朝对服饰器用有着一套详密的典制规范，不仅官吏的服戴车轿、住宅建筑等有着严格的等级划分，而且对民间的衣装服式、制作用料、色彩图纹及器用屋宅等也有明文规定。在日常生活中，人们各安其分，不得妄违。而在庶民中，商贾受到的掣肘相对更多，比农家的地位亦不如。如典制明确规定，“凡农家许著绸、纱、绢布，商贾之家止许著绢、布……不许著绸纱”①。

商贾为庶民中富有者，却受限制最多，这不能不令其感到不满，再加上商人阶层天生的消费属性，因此，在天高皇帝远的地方“越分”消费时有发生。不过，由于封建社会的商品生产本身少之又少，且这种“越分”毕竟是暗地里和零星的，因此并不具有广泛的社会意义。资本主义经济发展代表了时代的潮流，新兴的资产阶级因之逐渐壮大。他们渴望得到与其经济实力相应的社会地位，于是他们妄用禁物，“炫耀过市”，自觉或不自觉地以这种衣饰器用的僭越来表达希望提升其社会地位与人格形象的心理渴望。而上海租界所拥有的治外法权又为他们提供了保护伞。为此，他们的生活极度奢靡。前文所述的上海奢靡消费的主体很大一部分就是这一人群。

2. 新兴的产业工人群体与文化消费

随着资本主义生产方式的发展，近代上海出现了大批以出卖劳动力为生的产业工人。

近代上海的产业工人大多由农民转化而来。中国的传统社会是小农社会，人们遵循日出而作、日落而息的生活准则。在这样的生活环境中，人们日常的消闲娱乐通常为喝茶谈天等，一般是在家庭或家族之内以及乡邻之间展开，只有在农闲或年节之时，或大户人家有婚丧喜事之际，才会有迎神庙会等村社公共娱乐活动，比如请戏班来做临时性的演出等。②

然而，鸦片战争以后，在战乱、灾荒、农村自然经济的逐渐解体以及城市资本主义生产方式的兴起等诸多因素的影响下，许多原来的农民开始离开家乡来到城市，他们或来到码头等地成为苦力，或进入工厂成为工人，或进入各种店铺成为店员，开始靠出卖自己的劳动力为生。这种现象在上海尤为突出。据统计，20 世纪 20 年代上海仅在织

① 徐珂：《清稗类钞》第 13 册，中华书局 1986 年版，第 6185 页。

② 李长莉：《晚清上海社会的变迁》，天津人民出版社 2002 年版。

染、食品、机械、化学、杂业、公用、铁路等业就职的产业工人即达19万人，抗战前后这一数字更上升为50万人之多①。

随着由农民到工人身份的变化，他们的生活方式也开始发生变化：

第一，他们原来的亲缘、地缘关系被打破了，旧有的娱乐方式的纽带断裂了，他们不得不接受新的娱乐方式来充实自己的生活。

第二，他们的生活节奏加快了，枯燥的程式化机械工作占据了他们生活的大部分时间，而且日复一日，他们心理的饥渴已经无法用过去简单的聊天喝茶来满足了，他们需要新的娱乐方式来放松、缓解。

第三，他们开始从自给自足的农民转变为商业社会中的一员，他们的劳动换回的是货币，他们需要用货币去购买一切生活用品，自然也包括精神产品。

第四，他们是一个庞大的阶层，他们的需要达到了一定规模，这种规模自然也刺激了生产的规模化。

第五，他们的工作十分辛苦，但新的工作方式使其每天或每个星期开始有固定的闲暇时间，这一时间需要充实。而上海的经济发展又使工人的收入相对高于国内的其他城市，从而有了文化娱乐消费的可能。

“20世纪二三十年代上海是全国最发达城市，当时工人阶层收入，两口之家年收入200～300元，他们每年有6角多的文娱开支(可以听一次戏，逛一次大世界，或看一场电影)，据说此与欧美、日本相比，‘亦不多让’。”②这表明，近代上海的普通工人具有一定的娱乐消费能力。也正因此，“在沪西一带的，每逢礼拜六和礼拜天，不少的人约起弟兄们或小姊妹们买一角一张的票，到沪西大戏院、高升大戏院、天乐大戏院去看江北戏”，也有一些人去听歌、看电影或逛游乐场③。

---

① 张仲礼:《近代上海城市研究》，上海人民出版社1990年版，第728页。

② 高福进:《“洋娱乐”的流入:近代上海的文化娱乐业》，上海人民出版社2003年版，第22—23页。

③ 朱邦兴等:《上海产业与上海职工》，上海人民出版社1984年版，第104页。

3. 新兴的职员群体与文化消费

职员也是伴随着近代上海资本主义发展而出现的一个新阶层。他们由洋行雇员、进出口商店伙计、新式学堂教员以及政府、银行、海关、电报、邮局、铁路等系统的工作人员组成。据统计，20 世纪 30 年代上海有此类人口近 20 万人[①]。这些人一般受过良好的教育和训练，且有着较高或较为稳定的收入，因此文化需求也相对更高。如有人曾将 20 世纪 30 年代上海舞厅的舞客分为富豪阔绅、小开少爷、办公人员、大学生、商界人、白相人和舞艺研究者七种人员[②]，其中的办公人员和商界人可视为来自此一阶层。

## 第三节 由男尊女卑到男女平等：社会观念的变迁

传统中国是男尊女卑的封建社会，且男女有别、男女授受不亲等狭隘的思想观念根深蒂固。女性活动的空间被挤压得十分狭小，所谓“大门不出，二门不迈”。她们不能到茶馆、酒楼、戏园等娱乐场所消闲娱乐，不能外出工作，更不能从事娱乐演出活动。

如在道光年间，北京仍然以“有伤风化”为由，严禁女性前往戏园观剧，“妇女欲听戏者，必探得堂会时，另搭女桌，始可一往”，即便如此，“然洁身自好者，尚裹足不前”[③]。直到光绪庚子之前，北京仍然将女性看戏视为“不规矩的行为”，“所以彼时内城绝对不许开戏馆子。妇人女子绝对不许看戏……”[④]。在乾隆年间已流行于上海农村的花

① 参见《上海市年鉴》(1937)、《上海市工人人数统计》(1934)、《上海产业与上海职工》等。

② 《电声》1937 年第 12 期，第 584 页。

③ 徐珂：《清稗类钞选》(文学、艺术、戏剧、音乐)，书目文献出版社 1984 年版，第 397 页。

④ 齐如山：《齐如山回忆录》，中国戏剧出版社 1992 年版，第 338 页。

鼓戏，因有女演员并和男子同台献演，被正统思想描述为“不逞之徒于旷野搭台演戏敛钱……演习种种俚歌淫态”，并因“男女混杂，有伤风化”一再遭到饬禁[①]。女性甚至被剥夺了与男子平等受教育的权利，因为人们相信“女子无才便是德”。

由是，占总人口一半左右的女性娱乐市场一直处于沉寂状态，而女性对于表演艺术活动的独特感悟以及应有的创造性作用也处于被埋没状态。随着上海的开埠以及洋人的到来，上海的社会开始发生了显著的变化，此种社会现象被逐渐打破。女性开始参与到上海文化产业化发展的过程中来，并做出了自己的贡献。

## 一、文化消费中女性的参与

上海女性出入娱乐场所肇始于光绪初年，而最初前往戏园观戏的女性则主要是青楼女子。她们或为客人邀请，或作为请客之人邀请他人，共同走进了戏园，对此时人多有记载。如王韬在《瀛壖杂志》中曾言，咸丰年间上海戏园中“携妓观剧者纷如也。翠袖红裙，环坐几无隙地”。徐珂在《清稗类钞》中则谓，上海租界戏园中“客之召妓同观者，入夜尤多。红笺粉出，翠袖姗来，么弦脆管中，杂以鬟影夜香，左顾右盼，真觉会心不远”。而妓女请客观戏时更是十分排场，“必排连两几，增设西洋玻璃高脚盘，名花美果，交映生辉”。

狎妓冶游，曾是中国传统士大夫的生活方式，并不新鲜，由妓女请客观戏却是近代以来的新事物。这表明，上海租界出现的这种妓女观戏现象同以往相比已有了不同的韵味。随着近代上海城市生活的全面展开，“妓女的社会角色逐渐趋于多样化与职业化”，她们不再像过去那样仅仅作为男性的玩物和消遣对象存在，而是开始凭借自己特殊的身份参与到了城市的社交等生活中去。“妓女是社会上的特殊群

① 上海地方志办公室：《月浦志·月浦里志·杨行志·杨行乡志》，上海社会科学院出版社2006年版，第190—191页。

体，往往游离于社会道德的约束之外”[①]，因而正是这一阶层率先冲破了封建道德的藩篱。这从一个侧面反映了当时上海社会风气的松动。

随后突破封建道德藩篱的束缚进而走入戏园等文化娱乐场所的女性消费者，则是富商大贾的家眷。随着资本主义的兴起和商业经济的繁盛，上海日益发展为中国的经济中心，越来越多的富商大贾开始聚集于此。这些富商大贾的“家属妻女多系有钱有闲、道德约束较少的妇女群”，在商业化的城市生活的熏陶下，她们“积极投身社会生活，追求开放自由的生活方式”。“以往只许男人出入的娱乐场所，也成为她们经常光顾的地方”[②]。到19世纪70年代，上海不仅“戏馆林立”，而且“每当白日西坠，红灯夕张，鬓影钗光，衣香人语，沓来纷至，座上客常满，红粉居多”[③]，妇女看戏已十分普遍。

民国时期，男女平等思想更加普及。尽管此一时期的上海女性仍然以家庭妇女为主，但她们和过去相比已有了显著的不同，即拥有了更多的自由。女子出入戏园、影院不再是颇具争议的事情了，而成为新派生活的象征，于是女性观众群进一步扩大。

女性观众走入戏园等娱乐场所，不仅扩大了娱乐市场，改变了传统社会中戏曲观众队伍主要为男性的结构特征，也提高了娱乐产业自身发展水平。由于过去的戏剧中是“老生武生占着优势”，而“男看客听戏的经验，已经有他的悠久的历史，对于老生武生的艺术，很普遍地能够加以批判和欣赏”。女性观众则不同，由于“女看客是刚刚开始看戏，自然比较外行，无非来看个热闹，那就一定要先拣漂亮的看。像谭鑫培这样一个干瘪老头儿，要不懂得欣赏他们的艺术，看了是不会对他发生兴趣的”[④]。此一说法尽管有失偏颇，但某种意义上也反映了当时的事实，即女性观众有着特殊的审美心理，也许她们无法深入理解

① 汤敏:《租界与晚清上海戏曲的变革》,《档案与史学》1996年第4期。

② 陈永祥:《从“男女合演”的论争看清末民初上海社会观念的变迁》,《广东社会科学》2005年第6期。

③ 《邑尊据禀严禁妇女入馆看戏告示》,《申报》1874年1月7日。

④ 梅兰芳:《舞台生活四十年》第1集,中国戏曲出版社1987年版,第114—115页。

传统戏剧中考究的唱腔，但对人物的造型、服饰以及舞台背景的设置却有着特殊的审美感受。也正因此，导致戏剧演出更加注意外在美的强调，如舞台布景的改革等。正因此，“大批的女看客涌入戏馆，引起了整个戏剧界急剧的变化。”①

## 二、文化生产中女性的参与

中国最早的职业女性是走进西式工厂里的女工和到富人家帮工的女佣。她们的出现更多的在于外国资本主义势力入侵所带来的农村经济的破产，与男女平等观念的普及还没有直接的关系。但之后即出现了教会学校培养的女医生、女护士、女教师等，她们的出现是西方男女平等思想观念的代表。此后，随着资产阶级维新思想在中国的进一步传播，女性就业的范围进一步扩大，女性开始步入商界、政界等领域，文化产业领域亦为其中之一。

大约从 19 世纪 90 年代起，随着女性报刊的问世，上海开始出现女编辑、女记者等职业，如当时的《女学报》就约有 30 位女编辑、女记者。民国后甚至出现了活跃在文化产业领域的女企业家，如国民参政会参政员、《新夜报》社长、国民出版社总经理、诚明文学院教授金振玉就是其中代表性的一员。20 世纪沪上还出现了以写作为生的职业女作家，最为著名的有张爱玲、丁玲等。她们的出现对于女性报刊、文学的发展有着十分重要的意义。

女编辑、女记者、女作家的职业对于女性的教育背景有着很高的要求。由于当时中国能够接受教育的女性还十分有限，且因传统观念的限制，社会对女性就业还持排斥的态度。因此从事上述职业的女性十分稀少。女性在文化产业领域的就业更多地反映在进入门槛不高、男性竞争较弱的娱乐业中。其最主要的表现就是戏剧、电影中女演员和舞厅中伴舞女郎——舞女的出现。

---

① 梅兰芳:《舞台生活四十年》第 1 集，中国戏曲出版社 1987 年版，第 114 页。

事实上，早在前近代社会女演员就已经出现了。如唱曲的女伶古已有之，清代中叶上海农村流行的花鼓戏中就出现了女演员并和男子同台献演[①]。但是，她们毕竟人数有限，且因这些艺术形式有悖于当时的主流思想，为社会风气所不容，遭到了清政府的一再饬禁[②]。

上海开埠后，这些艺术形式获得了充足的发展。如咸同年间，原在上海市郊流行的花鼓戏流入到租界之内，并逐渐繁荣。成书于1776年的《沪游杂记》曾这样描述上海租界花鼓戏演出的盛况："一角彩旗斜挂处，小小茶楼，忽打冬冬鼓。未出画屏声早度，销魂最是莲花步。新样时妆新乐府，岚芎欢情，争睹婆娑舞。呆女痴男观似堵，宵阑不必行多露"[③]。1884年出版的《申江名胜图说》中的"聚丰园买醉拥名花"一图，描述了时人"酒酣耳热之余"邀约妓女演奏"徐度东乡调一曲"的情景[④]。东乡调即花鼓戏。由此可见，听花鼓戏在当时已被视为租界胜景之一。至1899年，花鼓戏在租界茶楼演出的已有8个戏班，茶资也由原来的40文涨到了60文[⑤]。民国以后，花鼓戏改名申曲，经过改良后更加流行。至20世纪30年代，"上海各游戏场日夜都有申曲节目"，在播音台上"申曲已开始驱逐说书、滑稽等而获得最多的广播时间"。[⑥]

除花鼓戏外，女弹词是又一项女性从事的演出活动。"评话始于柳敬亭，然皆须眉男子为之。"直到道咸年间，"始尚女子"。最初，这些女弹词"多在城中土地堂、罗神殿，日午宵初，聊为消遣"。此后，随着租界的繁荣，其开始走入租界，并不断发展。[⑦] "书场者弹唱章回小说之书……有杂以妓者，号女先生，有全系妓者"，"向只一二人，近今多

① 上海地方志办公室：《月浦志・月浦里志・杨行志・杨行乡志》，上海社会科学院出版社2006年版，第190—191页。

② 政府对花鼓戏的饬禁情况参见本书第六章的相关论述。

③ 葛元煦：《沪游杂记》，上海书店出版社2006年，第259页。

④ 《申江名胜图说》，光绪十年刊本，第39—40页。

⑤ 罗苏文：《近代上海都市社会与生活》，中华书局2006年版，第135页。

⑥ 上海通社：《上海研究资料》，中华书局1936年版，第566页。

⑦ 王韬：《瀛壖杂志》卷五，上海古籍出版社1989年版，第106页。

至十数人”，这是女弹词在租界发展的真实写照。书场中的这些女子“每人抱一琵琶，并不说书，但唱京二簧调而已，一人一曲，或丐客点戏，以点戏多为荣。入座听唱每客不过百文，点戏则一曲一洋”。①

晚清时期上海著名的弹词女艺人先后有徐月娥、汪雪卿、袁云仙、吴素卿、朱幼香、俞翠娥、吴丽琴、朱丽卿、陆琴仙、陈芝香、金玉珍、张翠霞等。这些弹词女艺人“其声如百啭春莺，醉心荡魄，曲终人远，犹觉余音绕梁”，“每一登场，满座倾倒”。② 光绪年间，上海有女弹词的书场“皆设于四马路中”，有小广寒、颜玉楼、洗心泉、也是楼、枕源趣、天乐窝、大观园、贯珠阁、冠芳楼、满庭芳 10 家之多，“临时门前有人高呼听书两字，招人入座”，“座上客常满焉”③。

同光年间，上海租界地区开始出现京剧女演员。京剧由“徽调、汉调、昆曲、梆子互相交流、结合、融化”而来，是 1840 年前后形成于北京地区的新剧种。④ 咸同年间，徽班大量南下，京剧开始在上海逐渐发展起来。最初，京剧“没有女演员，各行当角色全部由男演员扮演”；来到上海后，“随着京剧艺术的发展和城市经济的繁荣”，文化市场发生了很大的变化，京剧女艺人开始出现，京剧女班亦即“坤班”开始形成，时人已将京剧称为“京班髦儿戏”。⑤

光绪中期前后，上海租界已有很多女伶京班，较有名的有谢家班、林家班、朱家班、清桂班、双绣班、居之安班、仇如意班等。它们有的是专业性戏班，有的则妓、戏兼营，“不单承应官绅富商宅第堂会，还开始在徐园、张园等处园林舞台公开献艺”，“不但能演短小的文戏、折子戏”，还能演一些武戏，“文武昆乱间杂，备受主顾们青睐。”⑥

---

① 《申江时下胜景图说》卷下，民国刊本，第 5 页。

② 王韬：《瀛壖杂志》卷五，上海古籍出版社 1989 年版，第 106 页。

③ 《申江时下胜景图说》卷下，民国刊本，第 5 页。

④ 北京艺术研究所、上海艺术研究所：《中国京剧史》（上），中国戏剧出版社 1999 年版，第 76 页。

⑤ 北京艺术研究所、上海艺术研究所：《中国京剧史》（上），中国戏剧出版社 1999 年版，第 282 页。

⑥ 北京艺术研究所、上海艺术研究所：《中国京剧史》（上），中国戏剧出版社 1999 年版，第 282—283 页。

1894 年(光绪二十年),上海第一家京剧女班戏园——美仙茶园成立,此后霓仙、群仙、女丹桂和大富贵等京剧女班戏园亦相继开设。"自此,上海的髦儿戏班有了固定的演出场所,女演员们正式登上城市戏园的舞台,同男伶戏班的男演员们争取同等地位"。1900 年(光绪二十六年)后随着上海文化市场的进一步发展,"除上海地区原有的髦儿戏班外,天津的陈家武班、宁家班,苏州的王家班,杭州的云家班等各地有名的京班髦儿戏班"纷纷应邀来沪演出①。

时人在谈到髦儿戏演出的盛况时曾言:"一群少女女氍毹,悦在神仙洞府居;且喜有声兼有色,登场足极视听娱"②;沪上北里"每当夜来登场,戏锣初响,莺喉变微,蝉鬓加冠,扑朔迷离,雄雌莫辨,淋漓酣畅,合座倾倒,"③;"群仙戏馆"则"日夕演唱,颇有声于时。"④

进入 20 世纪,新剧诞生,上海出现了女子新剧团。"新剧"又叫"文明戏",是话剧的前身。1907 年中国留日学生"受东洋戏剧运动的影响",在日本东京组织春柳社,排演新剧。同年,在其影响下,上海成立了第一个中国新剧剧团——春阳社⑤。自此以后,新剧开始在上海发展起来。最初,新剧均为男子参演,并无女子参与其中。1912—1913 年,随着新剧的发展,上海开始出现女子新剧剧团,如第一女子新剧社、爱华女子新剧社和坤范女子新剧社等。与男子新剧剧团相比,这些女子新剧剧团的发展较为艰难,"她们都没有自己的剧场",如第一女子新剧社"每星期一至星期五在民鸣社专演日戏,以后则转到游戏场演出"。⑥ 但是,她们的存在活跃了上海的文化市场。

---

① 北京艺术研究所、上海艺术研究所:《中国京剧史》(上),中国戏剧出版社 1999 年版,第 283—284 页。

② 叶仲钧:《上海鳞爪竹枝词·髦儿戏》,载顾炳权编著:《上海风俗古迹考》,华东师大出版社 1993 年版。

③ 王韬:《瀛壖杂志》卷五,上海古籍出版社 1989 年版。

④ 徐珂:《清稗类钞》,中华书局 1986 年版,第 5052 页。

⑤ 杨村人:《近代中国艺术发展史》(戏剧卷),上海良友图书印刷公司 1936 年版,第 4—5 页。

⑥ 高黎痕:《谈解放前上海的话剧》,上海市文史馆、上海市人民政府参事室文史资料工作委员会编:《上海地方史资料》(五),上海社会科学院出版社 1986 年版,第 134 页。

“沪人观剧，雅好热闹，第求叫嚣狂嚷，不问剧情优否，各剧社遂利用之，口以热闹之剧求里社之悦。”在此观剧心理的推动下，当时上演女子新剧的爱提西剧场盛况空前，“红男绿女，联袂偕来，黄童白叟，接踵而至，一时爱提西剧场之外，车水马龙，往来如织；爱提西剧场之内，人山人海，万头相昂”①。

女演员的发展在越剧中更为显著。越剧原是浙江嵊州市名叫“的笃班”的一种地方小戏，最初演员全部为男性。20 世纪初该戏进入上海，逐渐吸收京剧、绍剧的表演形式，改进表演技术，改称“绍兴文戏”。此后，随着上海女演员的出现和发展，绍兴戏出现了女子科班。到 1930 年代后期，原来的男班逐渐消亡，该戏逐渐转变为全部以女演员来表演的剧种，涌现了一大批优秀女演员，其中又以筱丹桂、尹桂芬、徐玉兰、袁雪芬等“十姐妹”最为著名②。

20 世纪 40 年代袁雪芬邀请新文化工作者参加编导，并对舞台装置、化妆、服装及音乐进行了全面改革，正式将之改称“越剧”。1946 年，袁雪芬等在上海演出根据鲁迅小说《祝福》改编的《祥林嫂》，令人耳目一新，越剧声名自此鹊起，并有与京剧一争高下之势③。

1896 年 8 月 11 日，上海徐园“又一村”放映了“西洋影戏”④，是为电影走入上海乃至走入中国的开始。随着电影的发展，中国的电影公司开始迅速发展起来。1927 年出版的《中华影业年鉴》统计，1925 年前后中国在上海、北京、天津、镇江、无锡、杭州、成都、汉口、厦门、广州、香港、九龙等地共有 175 家电影公司，仅上海一地就有 141 家⑤。

如此众多的电影公司无疑彰显了上海在近代中国作为电影之都的地位，也因之造就了众多的女电影演员。近代中国电影史上的著名女演员几乎均成名于上海，如蝴蝶、黎明晖、宣景琳、阮玲玉、王莹、舒

① 振公：《女子新剧团之历史》，《戏剧丛报》第 1 期，1915 年。
② 参见嵊县文化局编：《早期越剧发展史》，浙江人民出版社 1983 年版。
③ 参见嵊县文化局编：《早期越剧发展史》，浙江人民出版社 1983 年版。
④ 《申报》副刊广告栏，1896 年 8 月 11 日。
⑤ 程季华主编：《中国电影发展史》第 1 册，中国电影出版社 1981 年版，第 54 页。

绣文、陈波儿、白杨、秦怡等[①]。据资料记载，当时女主角的日工资为4～7元，或月支200元，甚至高于男演员的薪资水平[②]。

上海的舞厅出现于20世纪20年代初期，至30年代全市有据可考的舞厅达50余家。即使经过抗战的摧残，到1945年以后，上海有据可考的舞厅仍有29家之多。为吸引舞客，这些舞厅不仅在装修上极尽奢华之能事，且均竭力延长开放时间。如它们将营业场次分为早舞、午舞、茶舞和夜舞4种，早舞从上午9时到12时，接下去是午舞，下午3点起为茶舞，夜舞从7时开始可跳至半夜[③]。作为舞厅招徕顾客的重要手段的舞女也应运而生。

上海最初的职业舞女主要是由因十月革命被迫逃至中国的俄国贵族女子以及基于本国当局对舞场取缔甚严不得不来沪谋生的日本女子充任。1927年后，随着舞厅业的发展，全市舞女人数显著增多，华籍女子开始走入舞厅，并逐渐占据优势[④]。据1946年的统计，上海正式注册登记的舞女达3 000多人。[⑤]

女演员出现后，男女合演逐渐发展起来。在女性走入文化生产领域后的相当长一段时间内，上海戏剧舞台主要实行男女分演，因为政府认为男女合演"有伤风化，悬为厉禁"[⑥]。上海戏剧舞台出现男女合演，肇始于1895年左右广东路的一家广东戏院[⑦]，此后上海京剧界也出现了男女合演[⑧]。

上海京剧界男女合演的出现最初主要缘于经济上的考虑。由于

---

① 忻平：《上海职业妇女》，见忻平等：《民国社会大观》，福建人民出版社1991年版，第495—499页。

② 杜云之：《中国电影史》，台湾商务印书馆1978年版，第77页。

③ 马军：《1948年：上海舞潮案》，上海古籍出版社2005年版，第11页

④ 马军：《1948年：上海舞潮案》，上海古籍出版社2005年版，第11页

⑤ 章义和：《旧上海的舞厅和舞女》，见忻平等：《民国社会大观》，福建人民出版社1991年版，1000—1003页。

⑥ 纯莼：《坤伶兴衰史》，《戏剧月刊》第1卷第5期，1928年。

⑦ 徐凌云述、管际安记：《上海的旧式戏园——"茶园"》，中国戏曲志上海卷编辑部编：《上海戏曲史料荟萃》1986年第1期，第85页。

⑧ 钝根：《论男女合演》，《申报》1914年9月20日。

女子开始演戏的历史毕竟较短，又“自甘居男子之后，唱功武艺不得望男子”[①]，因此群仙、丹桂等京剧女班戏园“虽知互相砥砺，然总不如共舞台之营业发达，即素抱廉价主义之丹桂（丹桂茶园之正厅，售价不过一二角）与类似科班之群仙，亦奄奄一息，势将不可收拾”。因此，女演员有了搭班男班的需要。而在男班看来，女演员搭班所付工资低廉，不仅可以节约开支，而且可以吸引那些“看而不听”的顾客，是一件一举两得的事情[②]，男女合演开始发展起来。“迨至清光绪季年，公共租界大新舞街丹凤茶园主人王君援泰西戏班男女合演之例，禀呈公廨及工部局，始经请得照会，准予弛禁”，男女合演开始得到了官方的许可。[③]民国后，上海新剧也开始出现男女合演现象，如1914年苏石痴创立的民兴社就常有男女合演[④]。20世纪20年代以后，电影业中男女演员合作拍片的现象更成为电影产业中的常态。

女演员的出现及其团体的不断壮大，改变了以往中国的戏曲舞台由男性独占的局面，使观众的戏曲文化娱乐为之一新。

## 三、女性参与文化生产活动的动因

从客观上来说，女性参与文化产业的生产活动既是文化产业自身发展的必然要求，也是女性为图生存所做的无奈选择。

1. 文化产业发展需要女性参与

在传统时代的戏剧界中，男性拥有绝对的垄断地位。如京剧中，从编剧、演员到乐师、化妆师都是由男性来担任，剧中的女性角色（即所谓旦角）亦由男性来反串。此种演出团体当然有它的优点，这就是男性“曾受教育，胸中稍藏墨水之旦角，每演高尚之剧，辄能运用其聪

---

① 钝根：《论男女合演》，《申报》1914年9月20日。

② 纯莼：《坤伶兴衰史》，《戏剧月刊》1928年第1卷第5期。

③ 海上漱石生：《上海梨园变迁志》，《戏剧月刊》1930年第2卷第2期。

④ 高黎痕：《谈解放前上海的话剧》，上海市文史馆、上海市人民政府参事室文史资料工作委员会编：《上海地方史资料》（五），上海社会科学院出版社，1986年，第134页。

明，发挥其意见，为剧中人抬高身份，为编剧者增长价值，万非智识浅陋程度幼稚之女子所能胜任”[①]。

但是，以男性出演女性角色，其缺点亦显而易见，即一定程度上降低了艺术表现力。“男子演旦角尤不如女子之自然”，且“女儿心事细微柔密，又非男子所能体贴得到，更非男子所能代言，是则不如其自演之工而切”，故女子演剧，“旦角当然视女子为优也”[②]。尤其是近代，随着女性观众市场的打开，由女性演绎女性的感情世界已成为女性观众的内在要求。

因此，从此种意义上说，传统戏剧需要女演员，女性参与文化生产是戏剧自身发展的需要，是文化产业自身发展的需要。

2. 谋生需要对女性参与文化生产的推动

传统中国是男尊女卑的封建社会，女性活动受到了正统教化伦理的诸多约束。即使是在近代以前，由于生活的逼迫，也常有一些穷苦人家的女子被迫突破这些约束，走出家门，从事生产劳动。如早在乾隆时期，上海地区就有“妇女馌饷外，耕耘车灌，率与男子共事，故男女皆自立”的记载[③]。

鸦片战争以后，随着资本主义商品的大量输入，中国农村自给自足的自然经济开始破产，再加上战争的破坏，大量人口流入城市觅食。而作为新兴工商业城市并有租界之特殊地位的上海，则更成为这些人的理想之地。正是这些因素导致近代上海人口数量急剧攀升。

据约略统计，1855—1865 年仅上海租界的人口就净增 11 万之多，原来地僻荒凉的租界已是“肩摩趾接，居室则嚣杂湫隘，荒地亩则百余

① 剑云：《品菊余话·新剧杂话(一)》，周剑云主编：《鞠部丛刊》，上海交通印书馆 1918 年版，第 82 页。

② 菊园：《俳优轶事·女新剧家志》，周剑云主编：《鞠部丛刊》，上海交通印书馆 1918 年版，第 24、23 页。

③ 黄苇、夏林根：《近代上海地区方志经济史料选辑》，上海人民出版社 1984 年版，第 333 页。

金”[①]。到1900年，上海人口超过100万，1915年后超过200万。到了1930年，上海人口已超过300万，成为远东第二、世界第五大城市。1947年，上海人口更达到500万，成为世界上的特大城市[②]。

如此众多的移民中，自然包括了大量的女性成员。为生活所迫，她们中的许多人承担起了养家糊口的重任。然而，由于文化水平和社会观念的制约，她们的职业选择十分有限，一部分给人帮佣，一部分进工厂做女工，一部分则走入了文化娱乐场所。

以舞女为例，据1947年8月统计，当时上海登记在册的舞女有1 776人，其中上海籍424人，南京籍64人，北平籍26人，天津籍5人，汉口籍16人，江苏籍491人，浙江籍474人，安徽籍36人，福建籍14人，广东籍136人，山东籍6人，四川籍7人，湖南籍26人，湖北籍14人，俄国籍18人，意大利籍3人，犹太籍6人，朝鲜籍10人[③]。

“她们都是一班没有机会受教育的失学女子，平均的教育程度是初小三年级不到，可是家中都有寡母、弱弟等。即使有父兄，也是贫病交煎，及不能养家的流浪汉。她们要是去做女工，根本没有那么多的工厂可以容纳她们，而且微薄的工资也不够养活她们自己。”[④]为了生存，她们被迫成为舞女。

如舞女金莉萍是个中学生，为了分挑家庭重担，对父母佯称在外兼做家庭教师，白天在学校读书，晚上到舞厅伴舞；舞女李菁，丈夫出门谋生，多年杳无音讯，家有老母、子女靠她赡养，只得靠伴舞为生；舞女王敏，丈夫长期失业，衣食无着，一家人漂泊于上海，她被迫当了舞女，而当她年老色衰时，又被迫让未成年的女儿也做了一名舞女[⑤]。

如果说进入娱乐产业谋生的女子中的大多数还是为生活所迫，并

---

① 《创建上海江宁土邑公所碑》，载《上海碑刻资料选辑》，上海人民出版社1980年版，第399页。

② 邹依仁：《旧上海人口变迁的研究》，上海人民出版社1980年版，第123页。

③ 《禁舞声中舞业一统计》，《新闻报》1947年8月25日。

④ 嘉谟：《舞女及舞厅》(1)，《申报》1946年10月30日。

⑤ 章义和：《旧上海的舞厅和舞女》，见忻平等：《民国社会大观》，福建人民出版社1991年版，第1000—1003页。

不是男女平等思想作用的直接结果的话，那么社会观念对这些职业本身的接纳则是男女平等思想在此得以发展的反映。

## 第四节　文化人才的汇聚

如前所述，开埠以后，因各种原因，上海聚集了大量的外来人群。在这些人群中，也包括众多的近代上海文化产业化发展所需要的文化人才。

### 一、传统戏曲人才的汇聚

1840年后，大量从事传统戏曲演出活动的人员来到上海。他们或因躲避战乱而来，或受戏园或同行的邀请而来，原因不一而足。

早期来沪的著名艺人有：

周钊泉（同治、光绪年间在世），字补枝，江苏苏州人。昆剧演员，兼善乱弹。有“全能小生”、海上小生第一之称。来沪时间不详。初隶三雅园，后入桐记丹桂和天仙茶园。

邬拾来（1840－1930），浙江奉化人。滩簧演员。专攻丑角，擅长扮小丑，演草衣戏。1880年始来上海演出。

邱阿增（生卒年不详），名增寿，江苏苏州人。昆曲演员。工五、六旦，隶大雅班。清同治初年（1862－1864）在沪，后改入京班，曾搭天仙茶园。

葛子香（芷香）（生卒年不详），江苏苏州人。昆曲演员。以旦角闻名，擅演六旦戏，初隶大章班，清光绪初在沪改入大雅班。光绪六年（1880）返苏。

谈雅芳（生卒年不详），江苏苏州人。昆曲演员。工六旦，同治年间（约1862－1874）在沪。

姜善珍(生卒年不详),江苏苏州人。昆曲演员。工副、丑。隶三雅园,后改入京班,曾搭天仙茶园。

郑长泰(1837—1909),河北故城人。京剧演员。自幼拜外号黄毛的梆子艺人为师,习直隶梆子,应武生行,兼能老生及旦、净、丑各行。光绪九年(1883)应上海咏霓茶园邀请,率徒陈丽卿来沪演出,以《金刀阵》一剧闻名,并成为咏霓的当家武生,后搭天仙茶园,此后除曾短期离沪外,长期在老天仙演出。

李永福(1845—1933),直隶大兴(今北京市大兴区)人。京剧盔箱师傅。同治六年(1867)受同行相邀来沪。先后在丹桂、天仙等茶园为许多演员扮过戏,且对盔帽头饰有许多改进创新。

孙春恒(小名六儿)(1846—1884),京剧老生演员,天津人(一说北京人)。同治中年首次到上海,隶丹桂茶园,未能享名。同治末年再度来沪,以《请宋灵》《七星灯》等剧一炮打响,遂在丹桂茶园挂头牌,名盛一时。当时在上海剧坛与孙菊仙、周春奎齐名,有"菊仙《牧羊圈》、春奎《五雷阵》、春恒《请宋灵》"之说。

赵嵩绶(1850？—1915),安徽人(一说苏州人)。据传幼年曾在太平军中小科班习艺,工老生,昆、徽兼擅,生、旦、净、丑均能。倒嗓后改习场面。同治初年,与诸寿卿、谢沁泉、薛瑶卿、吕少卿等同到上海。先后任清音班鼓师,天仙茶园总管事、鼓师及编剧,与当时上海琴师陈阿金并称南方琴鼓圣手。有文化,善编剧,天仙茶园所编新戏大多出自他与王鸿寿之手。所编新戏关目清楚,情节紧凑,唱做并重,尤以灯彩戏最具特色。光绪二十六年(1900)创办上海最早的京剧科班——"小金台",学员百余人。民国元年(1912)当选为上海首届伶界联合会副会长。

王鸿寿(1850—1925),江苏南通人(一说安徽安庆人)。艺名三麻子,初隶徽班,后隶京班。清同治末年到沪,入久乐茶园。曾开办玉仙茶园,还先后担任春桂茶园、南洋第一舞台和歌舞台的总管或经理之职。擅长编剧,曾编演过许多脍炙人口的剧目。

沈韵秋(1853—1926),原名二立,北京人。京剧演员。出身梨园世家，先从罗巧福习花旦，后师任七习武生。同治十年(1871)前后随师来沪，演出于金桂茶园。

李春来(1855—1925)，字起山，河北高碑店人(一说新城人)。11岁入北京丰台喜春台梆子科班学艺，初习武丑，后改武生。17岁出科后唱京剧，在天津、北京等地演出。光绪元年(1875)21岁时抵上海，首演于丹桂茶园，继而又入升平轩、留春等戏园与孙菊仙、黄月山等合演。光绪十年(1884)回京奉母，在京期间与梆子老生郭宝臣组织和顺班。光绪十三年(1887)回到上海并定居。长期活跃于上海京剧舞台，开创了早期武生三大流派之一的李派，并成为南派武生鼻祖。盖叫天的艺术即脱胎于李派，周信芳13岁时也曾执弟子礼向他问艺。曾与人合办过桂仙、丹桂、春桂等茶园，后隶大舞台，1919年加入大世界乾坤剧场。

孟七(生卒年不详)，名福保，山西太原人(一说山东人)。京剧演员，工武净，老徽班出身。清光绪初年来沪，演出于老天仙并兼任后台武管事，曾与王鸿寿、潘月樵、周来全等同台。尤善编排武打的套路。

汪笑侬(1858—1918)，原名德克金，字润田，号仰天，又名舜，号孝农，别属竹天农人，北京人。京剧演员。光绪后来沪，先后入丹桂、春仙茶园。善编剧，曾编写许多著名曲目。光绪三十年与陈去病、柳亚子等人发起创办中国第一份戏剧刊物《二十世纪大舞台》。

张润泉(1860—1922)，小名阿牛，江苏吴县(今属苏州)人。京剧鼓师。清光绪年间到沪，曾在金桂轩、丹桂等茶园和新舞台等处担任鼓师。熟谙音律，精通曲牌，文武昆乱皆擅。

熊文通(1861—1933)，安徽石牌(今怀宁)人。同治六年(1867)，随父熊金桂来沪，后定居上海。初工花脸，后改唱老生。积极参加京剧改良运动，曾以新剧家著名。为《二十世纪大舞台》发起人之一，并与汪笑侬一起为改良京剧奔走呼号。

林步青(1862—1918)，江苏丹阳人。苏滩演员。表演以幽默见长，称为“林派”，创立上海第一个专业苏滩班子“林家班”及上海苏滩行业组织“集成社”。清光绪末年曾在丹桂茶园、新舞台演出。

刘永春(1862－1926)，字鉴衡，直隶大兴(今属北京)人。京剧演员，铜锤花脸。清光绪二十七年(1901)南下上海定居。

沈月泉(1865－1936)，又名玉泉，祖籍无锡，世居苏州。曾居沪上，为拍曲先生。

周凤林(1866－1917)，江苏苏州人，字桐荪，亦作桐生、桐森。昆乱兼唱，工旦角。清光绪四年(1878)随大雅班来沪，初隶三雅园，后改入京班大观园，并相继加盟天仙、天福、丹桂等京班戏园。光绪十七年购下丹桂茶园，组建桐记丹桂茶园。

夏月珊(1868－1924)，原名昌树，艺名小庚弟，安徽怀宁人。京剧演员。同治十二年(1873)在升平轩茶园开始登台表演。光绪年间曾辅佐长兄月恒主持的附设于丹桂茶园之科班。光绪三十年(1904)左右接办丹桂瑞记茶园，其后与潘月樵等合办丹桂胜记茶园。光绪三十四年与夏月润、潘月樵创办中国第一座近代剧场"新舞台"。曾倡导戏剧改良，并投身辛亥革命。

潘月樵(1869－1928)，名宗岳，原名万胜，江苏扬州人。京剧演员，艺名小连生。光绪十年(1884)来沪，入天仙茶园。光绪三十年加入丹桂茶园，光绪三十四年与夏氏兄弟一起创办"新舞台"，并参加辛亥革命。[①]

……

《中国戏曲志》上海卷中记载的本期内活跃在上海戏曲界的艺人有193人，其中上海籍或出生于上海的艺人仅20人，如若加上籍贯不详的5人，亦只有25人，仅占总数的13%左右。[②] 由此可见，正是外地艺人的大量来沪，才使近代上海的戏剧产业逐步发展起来。

---

① 有关此一时期来到上海的传统艺人的基本情况，参见编委会：《上海文化艺术志》，上海社会科学院出版社1999年版；胡晓明：《近代上海戏曲系年初编》，上海教育出版社2004年版。

② 编委会：《中国戏曲志》(上海卷)，中国ISBN中心1996年版，传记部分统计。

## 二、新式文化人才的汇聚

近代以来，上海出现了大量具有新的知识结构的新式文化人才。与传统时代的文人相比，他们具有渊博的西学知识，不再把传统的重义轻利视为不可动摇的准则，也不再把读书做官视为实现人生价值的唯一取向。正因此，他们能够凭借新的知识，服务于新式的报馆、书局以及戏剧、电影等文化机构，从而进一步推动了近代上海的文化产业化发展。

近代上海最早出现的新式文化人才是外国来华人员。

鸦片战争尤其是租界开辟以后，越来越多的外国人来到了上海。据工部局调查，1870 年公共租界的洋人已有1 600多人；1895 年更增加到4 600多人。[①] 这些人中有行政官员，也有传教士、商人和医生等其他各行各业的人。他们的知识结构、思想观念以及生活方式迥异于中国传统的知识分子。尤其是其中的传教士群体，他们学识渊博，可以称为西方的知识分子。为了传播基督教福音以及西方的一些思想文化，也为了一定程度上满足刚刚出现在中国的西人群体的文化需要，这些传教士在上海进行了一系列的新式文化活动，进而成为上海早期最主要的新式文化人才。

以传教士为主的这些来自西方的新式文化人才，在近代上海进行的新式文化活动主要集中在新闻和出版、教育、图书翻译等领域。

就其所进行的新闻和出版活动来看，主要有傅兰雅编辑《上海新报》《格致汇编》，林乐知主编《万国公报》，伟烈亚力编辑《六合丛谈》《远东释疑》，范约翰创办《小孩月报》，福开森主持《新闻报》，美查创办《申报》《点石斋画报》，奚安门创办《北华捷报》，鲍克主笔英文《上海汇报》，开乐凯主笔英文《文汇报》，欧希发行兼主笔英文《捷报》，琼司创办上海第一家英文晚报《晚差报》，包尔创办英文《泰晤士报申报》，肖

① 汪幼海：《〈字林西报〉与近代上海新闻事业》，《史林》2006 年第 1 期。

洛克创办英文《上海社会》月刊，比埃主笔上海第一份法文报纸《上海新闻》，雷墨尔、孟烈士特、弗雷德特、范德莱特主笔法文报纸《中法新汇报》，内维拉、芬克主编《德文新报》，以及麦都思创办墨海书馆，姜别利、韦利、巴特勒、马提尔、霍尔特、费启鸿就职于美华书馆，李提摩太主持广学会工作，范约翰创办广学会、美华书馆，等等。

就其所进行的新式教育活动来看，主要有傅兰雅执教格致书院，林乐知执教广方言馆并创办中西书院，晁德莅创办徐汇公学，郎格拉特创办圣芳济学校，范约翰创办清心书院，施约瑟创办圣约翰书院，卜舫济担任圣约翰书院校长，格兰德创办禆文女塾，海淑德创办中西女塾，李琪担任华童公学校长，宝隆创办同济德文医学堂，万应远创办浸会大学堂，福开森协助办理南洋公学。此外还有外国教习在广方言馆执教，外国画师在土山湾孤儿院教授西洋绘画，等等。

就其所进行的图书翻译活动来看，主要有傅兰雅、林乐知、玛高温、伟烈亚力、艾约瑟、慕维廉、韦廉臣、李提摩太和卜舫济等人，他们曾在上海译书多种。①

然而，就人数来看，这些来自西方的新式文化人才毕竟是有限的，更多的新式文化人才还是来自国内。来自国内的近代上海新式文化人才又可分为两个部分：一是旧式知识分子由传统向现代的转化，二是新式教育培养出来的新式文化人才。

鸦片战争以后，随着西方文化的侵入，上海知识分子的既有知识结构、价值观念受到了极大的冲击，其中的一部分人因此走入新式文化活动之中，如在《万国公报》和广学会工作的蔡尔康，在《申报》馆、《新闻报》馆工作的黄式权，在梅溪书院、南洋公学教书的张焕纶等。但就数量来看，人数很少。

自 19 世纪 50 年代开始，上海聚集了大批由外地来沪的旧式知识分子，他们或因躲避战乱而来，或因家乡遭灾逃荒而来。在上海居住

① 对于来自西方的新式文化人才在上海的活动，参见熊月之：《略论晚清上海新型文化人的产生与汇聚》，《近代史研究》1997 年第 4 期。

的过程中，他们中的一部分人一方面为生活所困，一方面受到西方思想文化的浸染，更因科举中第无望，投身到新式文化活动之中，进而开始了由旧式知识分子向新式文化人才的转变。如在墨海书馆工作的王韬、李善兰，在《万国公报》和广学会工作的沈毓桂、任廷旭，在圣约翰书院教书的颜永京，在《申报》馆、《新闻报》馆工作的钱昕伯、袁翔甫、高太痴、韩邦庆等，在《点石斋画报》工作的吴友如、张志瀛等，在江南制造局翻译馆工作的徐寿、华蘅芳、徐建寅、赵元益，在广方言馆教书的舒高第、顾文藻、黄致尧、刘彝程，以卖画为生的任伯年、胡远，以及自办小报、靠文字换钱为生的李伯元，在《申报》工作的蒋芷湘，等等。

但这些人的转变还是被迫的。在他们身上，既有新的观念、新的知识，也有旧的习气、旧的传统；他们中的大部分人，甚至工作是新式的，但生活是旧式的，以至念念不忘回到旧的生活中去，追求功名利禄。

19 世纪 90 年代以后，随着西学的进一步传播，以及戊戌维新的思想启蒙，越来越多的中国传统知识分子，包括上层人士，开始意识到封建思想及其体制的弊端。他们不再把科举中第作为一生的追求，不再视“君子耻于利”为人生的坐标。为了传播新的思想，为了富强国家，他们开始利用己之所长，积极从事新式文化活动。其中具有代表性的人物有梁启超、汪康年、张元济、蔡元培、严复、夏曾佑、王修植、张謇等，他们或为进士，或为翰林，甚至有的还是状元，均投身到了各种各样的新式文化活动之中，均将其发展的地域锁定为上海。如翰林张元济、蔡元培，心甘供职于商务印书馆；状元张謇在 1906 年带头发起组织中国图书有限公司，从事编译、印刷、发行图书工作；等等。①

近代随着资本主义势力的入侵以及中国社会的变迁，新式教育也逐渐在中国大地发展起来。新式教育是相对于中国传统教育而言的。

---

① 对于上海新式文化人才的形成，参见熊月之：《略论晚清上海新型文化人的产生与汇聚》，《近代史研究》1997 年第 4 期。

它以传播西方近代科学知识以及文化精神为目的，在教育理念、教学内容、教学方法和管理方式等方面都与中国的传统教育有着很大的不同。

如在教育理念上，新式教育更加注重实用，注重学生的全面发展；在教学内容上，新式教育不再以经史子集、八股文章为内容，而是开设了数学、外语、历史、地理、化学、体育等课程，有的学校还开设了工艺、印刷、耕织等课程，一些女校还开设了纺织、缝纫、园艺、烹调等课程，与社会实际联系更加密切，更具有实用性，因此，培养出来的人才迥异于传统时代的知识分子，他们不仅知识全面，而且逐步摆脱了封建思想的束缚。

1839 年 11 月 4 日，英国传教士马礼逊在澳门创办马礼逊学堂，是为中国新式教育的开始。1844 年中法《黄浦条约》签订，其第 22 款规定：在上海等通商五口，法国人可以租地建房，造礼拜堂、医人院、学房、坟地等。以此为蓝本，1845 年双方再次签订了《上海土地章程》，并规定：外国商人租地以后，可以建造房屋，造礼拜堂、医人院、周急院、学房、会馆等。[①] 据此，外国人获得了在中国的通商口岸开办学校的权利，第一批新式学校随之建立起来。

1860 年后，随着中国通商口岸的进一步增多以及对洋人进入内地传教和游历的解禁，外国人开办的新式学校不仅进一步增多，而且深入到内地。外国人开办的学校以教会学校为多，大多以传教或为资本主义侵略服务为目的。但在此过程中，他们却又确确实实传播了西方先进的近代思想和科学文化，从而为中国培养了一批新式知识分子。

为反抗外国资本主义势力的入侵，挽回利权，同时也在西方先进文化和科学技术的感召下，大约自 19 世纪 60 年代始，国人自办的新式学校也开始出现，并日益增多。至 20 世纪初，清政府废除科举，实行新的学制，新的教育体制更在全国建立起来。所有这一切亦为中国

---

① 熊月之等：《上海：一座现代化都市的编年史》，上海书店出版社 2007 年版，第 158 页。

培养了一批新式知识分子。几乎在国人自办新式学校的同时，一批有识之士为救亡图存，漂洋过海，出国留学，他们学成回国后更成为中国新式知识分子中的精英。

正是在上述原因作用下，近代上海出现了一大批新式文化人才。据估计，戊戌变法时期上海拥有的新式文化人才约1 200人，1903 年增加到3 000人左右，1909 年增加到4 000人左右。① 大量文化人才的积聚为上海的文化产业化发展提供了人才方面的保证。

民国以后，随着留学生的学成回国，近代上海的专业性新式文化人才日益增多。如当时中国有不少留学生曾在国外学习和研究电影的制作技术，以及编、导、演的创作艺术。据 1927 年出版的《中华影业年鉴》统计，从影的留学生有 34 人之多。回国后，他们中的许多人来到上海这个宽松的环境里，以期施展自己的才华。如 1917 年商务印书馆拍摄的新闻纪录短片《商务印书馆放工》《商务印书馆全景》等，其摄影工作即由留美学生叶向荣担任；后来其成立的活动影戏部中，主持业务的是从美国伊利诺电影专科学校毕业归来的沈浩。②

此外，国光影片公司的张非凡，长城画片公司的李泽源、梅雪俦，神州影片公司的汪煦昌，百合影片公司的周克，大中华影片公司的陈寿荫，震旦影片公司的徐琥，孔雀影片公司的程树仁，联华影片公司的孙瑜，也都是归国留学生。洪深留学美国期间也以戏剧为专业。③

## 小　结

鸦片战争以后，随着西方资本主义势力的入侵，中国的社会形态发生了深刻的变化：传统的封建社会形态逐渐瓦解，新的资本主义社

① 熊月之：《略论晚清上海新型文化人的产生与汇聚》，《近代史研究》1997 年第 4 期。
② 程树人：《中华影业年鉴》，1927 年版。
③ 吴贻弓：《上海电影志》，上海社会科学院出版社 1999 年版。

会形态开始植入中国大地。此后，资本主义的经济体制、政治制度以及意识形态开始在中国大地上成长起来。资本主义社会形态代替传统的封建社会形态的过程，也就是近代中国社会变迁的过程。在这一过程中，独立主权的丧失与大变革时代所普遍具有的社会动荡伴随始终，而近代上海文化产业化发展的动力亦蕴藏其中。

就宏观层面看，近代上海文化的产业化发展源于上海开埠后所出现的社会性质的改变。当上海乃至中国沦为半封建半殖民地社会时，租界设立后所带来的与传统社会迥异的管理方式和生活方式，使上海文化产业化的发生和发展有了可能，而资本主义生产方式的传入、近代上海城市经济的发展以及大量人口和新式人才的积聚，又使这种可能变为现实；就微观层面看，人们生活方式、思想观念的改变无不推动着近代上海文化产业化的发展。

# 第三章　近代上海文化产业的主要业态与规模

## 第一节　娱乐业的兴起与发展

1935 年上海公共租界工部局制定的《娱乐业管理条例》规定，上海娱乐业的范围包括电影院、戏院、音乐厅、弹子房、地球房、歌唱、书榭、马戏场、庙会、集市、舞场、妓院等①。上海市警察局 1946 年 2 月公布的《上海市公共娱乐场所管理规则》则指出："公共娱乐场所即指游戏场、戏院、电影院、跳舞场、歌曲书场、弹子房、球场、溜冰场、跑马场、马戏场、音乐厅等供公众娱乐之场所而言。"②

由此可见，近代上海娱乐业内部的行业部门十分丰富，而且在新陈代谢的过程中，一些丑陋的部分（如妓院等）被淘汰出局，一些新的娱乐项目（如溜冰场等）不断加入。就近代上海娱乐业的经营来看，则

① 《电声》1935 年第 4 卷第 46 期，第 1010 页。

② 上海市档案馆档案，档案号：S319－02－00007，第 1 页。

主要集中在戏院、电影院、游乐场、舞厅、书场、弹子房、球场、溜冰场、跑马场、跑狗场、马戏场、音乐厅等场所，其中又以戏院、电影院、舞厅和游乐场等最为繁盛。

## 一、由茶园到剧场：戏院的变迁

1. 茶园与戏园的兴起

戏院在清末民初之际亦称茶园或戏园，是近代上海最早发展起来的一个文化娱乐产业业态。

近代以前，上海的文化经济活动非常有限，除了一些私人堂会和会馆、公所外，尽管偶有在茶楼、茶馆进行的小型戏曲演出，但专门化的戏园尚未出现①。

一般认为，1851 年开张的三雅园是上海第一家营业性质的戏园。当时，三雅园位于上海县署西首一顾姓大族家中，上午卖茶，下午兼做戏园，以演唱昆曲为主②。因其时上海的娱乐风气未开，故生意十分清淡，曾被人戏称为“五台山”，即五张台子只卖了三个座客。③ 1855 年三雅园为清兵镇压小刀会起义时焚掠所毁④，上海的戏园经营暂告一段落。1864 年昆剧艺人陆吉祥与人合资，在英租界石路（今福建中路近广东路）花墙市屋边，“以市屋平地为台馆”，重建“三雅园”（自称“老三雅园”，人称“石路三雅”，以别于前）⑤，上海的戏园经营活动开始恢复。其后，上海又出现过几家昆曲茶园，但因昆剧的式微，其影响十分有限。

上海戏园的真正发展开始于满庭芳茶园和丹桂茶园的建立。

---

① 方平：《戏园与上海公共空间的拓展》，《华东师范大学学报》（哲社版），2006 年第 6 期。

② 胡晓明：《近代上海戏曲系年初编》，上海教育出版社 2003 年版，第 31 页。

③ 张古愚：《上海剧场变迁纪要》，中国戏曲志上海卷编辑部：《上海戏曲史料荟萃》第一辑。

④ 胡晓明：《近代上海戏曲系年初编》，上海教育出版社 2003 年版，第 31 页。

⑤ 民哀：《南北梨园略史》，《菊部丛刊·歌台新史》，交通图书馆 1918 年版。

1867年春，英籍华人罗逸卿在法租界石路南靖远街创办了一家仿京式茶园满庭芳。为取得与以往不同的效果，他特地从天津置办“锦绣行头”，并邀来一批京班艺人演出。这是租界开设的第一家戏园，也是京剧首次进入上海，因此极大地吸引了上海市民的目光，开业后盛况空前，尽管楼上楼下皆票价一元，但“都人士簪裾毕集，几如群蚁附膻”[①]。因此，“满庭芳”一词甚至发展为其所在区域的代名词。

就在满庭芳开业后不久，一家更大更豪华的戏园——丹桂茶园也出现在租界之内。丹桂茶园的创始人是浙江商人刘维忠。满庭芳戏园开业时，他正因在太平天国运动期间曾向太平军出售军火而被地方政府追究，隐姓埋名，避居于北京的戏班之中。当得知满庭芳生意火爆的消息后，他决定返沪并设法销案，经营戏园。1867年冬，丹桂茶园在宝善街大新街口（今广东路近湖北路）处开张。由于刘维忠与京班交往甚深，因此戏园先后请来了诸多京中名角，如老生刘铜骡子、夏奎章、熊金桂、周长春、周长山，架子花脸董三雄、宁天吉，青衣王桂芳，花旦浪双喜、冯三喜，武生胖羊儿、张三等，铜锤花脸大奎官，武旦王桂喜以及著名的鼓师程章圃（著名京剧演员程长庚的儿子）等。[②]

刘维忠还从广东定置戏装如银鼠出风袍靠（以备冬天之用）等。由此可见，丹桂戏园无论就规模、演员阵容、内部设施来看，都明显强于满庭芳，票价却低于满庭芳，只售八角，颇为时人所青睐。开业后门庭若市，“桂园观剧”亦被列为沪北十景之首。[③] 此后，尽管经历了几十年的沧桑巨变，丹桂几易其主，但品牌始终得以保存，“丹桂”一词更成为上海戏园的代名词。

满庭芳茶园以及丹桂茶园的成功，极大地刺激了时人投资戏园行业的欲望，一时间上海租界内戏园迭起。至19世纪80年代上海租界内已有大小戏园30余所[④]，至1911年上海先后出现过的营业性戏园

---

① 黄式权：《淞南梦影录》卷二，上海古籍出版社1989年5月版。
② 黄式权：《淞南梦影录》卷二，上海古籍出版社1989年5月版。
③ 黄式权：《淞南梦影录》卷二，上海古籍出版社1989年5月版。
④ 黄懋才：《沪游脞记》，《铁香室丛刻续集》第六种。

有近 120 家之多[①]，正所谓"大小戏园开满路，笙歌处处似元宵"[②]，"梨园之盛，甲于天下"。而在所出现过的戏园中，除满庭芳、丹桂外，又以金桂轩（1870 年）、大观（1877 年）、鹤鸣（1877 年）等最为著名。此外，丰乐园（1873 年）、升平茶园（1881 年）、宝善茶园（1883 年）、留春茶园（1886 年）也是当时比较有影响的戏园。

2. 新式剧场的出现

在上海的旧式戏园中，"戏台是方形的一座"，方台上有左右二柱；在前台和后台之间，"隔着一层板壁"，"壁中间挂着红绿幔，缀着狮子滚绣球、二龙抢珠及和合二仙等图案"；两侧则分别为上场门和下场门，上场门标有"出将"、下场门标有"入相"等语，布局不仅呆板且有碍观众观看演出的视线。座位则"设着方桌，很占地方"。[③]

进入 20 世纪，随着欧风西雨的东渐，一种新的戏剧艺术形式——"新剧"（话剧的前身）在上海逐渐兴起。受其影响，对传统戏剧进行改良的呼声不断高涨，上海戏园逐渐向新的舞台化剧场方向转变。最先开始这一转变的则是建成于 1908 年的新舞台。

宣统年间，上海进步士绅沈缦云、姚伯欣以及张逸槎等，"有鉴于十里洋场的歌台舞院，踵事增华，车水马龙，昼夜热闹，颇思繁荣华界市面，和租界争胜"。他们在十六铺购置土地，"预备先从开办戏院着手"，期望"饮食店及其他铺子自然随之而兴"，"届时市场接比，居户喧阗"。由于他们并非梨园中人，对戏剧一无所知，遂找到具有新思想的戏剧家夏月珊和潘月樵等人共同商议。夏月珊和潘月樵等人认为，"创业必须创新，旧式戏院，任你聘了名角儿，也没有多大吸引力，不如建筑新型的舞台，一新观众的耳目"。[④] 正是在此思想引导下，一家不

---

① 据《上海其他戏曲演出场所一览表（茶园剧场）》，《中国戏曲志・上海卷》，中国 ISBN 中心 1996 年版，第 665—675 页。

② 养浩主人：《戏园竹枝词》，载顾炳权编著：《上海风俗古迹考》，华东师范大学出版社 1993 年版。

③ 郑逸梅：《新舞台和潘月樵》，《上海掌故》，上海文化出版社 1982 年版，第 27—28 页。

④ 郑逸梅：《新舞台和潘月樵》，《上海掌故》，上海文化出版社 1982 年版，第 27 页。

同于传统戏园的新式剧场——新舞台诞生了。

新舞台首先“把方的戏台改为圆形”，去掉了“碍眼的柱子”，装置了活动布景[①]。这些布景分硬片、软片、附片等多种形式。“软片即挂片，备有亭台殿阁、山林瀑布、园圃池塘、书斋绣阁等画片，按戏中情节挂之。硬片则“镶以木框，临时设备附片，附放在左右两面，以遮蔽后台”。由此可见，新舞台不仅视野开阔，而且形象逼真，生动活泼，“既有山林旷野，也有曲院洞房，配合剧情，增加了观众的现实感和优美感”。[②] 除此而外，新舞台还在顶部上空建一木桥，即“天桥”，“遇演雪景等剧，剪纸作雪片，由桥上散下”；在台心下层挖一地窖，用以盛水，“旁设有自来水龙头”，“凡演水景等戏”，只要把水龙头打开，“真水滔滔不绝”，“如演侠客等剧，演员可由地窖内上升”；还设置了转台设备，舞台中心可以转动，“有些戏，前半台为厅堂，背半台为房间，或上半台演的是郊外，后半台则是村镇，演出时不需闭幕，只需电灯一关……台即旋转”。[③] 在座位安排上，新舞台将方形茶桌改为“长排的联椅，容纳了好多的观众”。[④]

在经营方式上，新舞台也进行了诸多改革。如在旧式戏园中，茶房“因泡茶不取茶资，又无额外进益，故园主不收押柜金，按人发给工资”，戏园备有请客单以及招妓女来观剧的局票，“由观客写就后，打杂者按地址前往邀请，按请客单路程之远近，再向主人略索车资”。新舞台废除了此种旧习惯，改用新方法，“泡一碗茶收费一角”，“茶房乃付押柜金，并穿有号码之号衣，小账一律不收，请客票、局票皆废除”。[⑤] 由之，旧式戏园中嘈杂混乱的现象得以改观，观、演两方面的条件均得

---

① 郑逸梅：《新舞台和潘月樵》，《上海掌故》，上海文化出版社 1982 年版，第 28 页。

② 郑逸梅：《新舞台和潘月樵》，《上海掌故》，上海文化出版社 1982 年版，第 28 页。

③ 王仲钧、胡仲聆：《上海戏园琐话》，编委会：《上海地方史资料》（五），上海社会科学院出版社 1986 年版，第 200—201 页。

④ 郑逸梅：《新舞台和潘月樵》，《上海掌故》，上海文化出版社 1982 年版，第 28 页。

⑤ 王仲钧、胡仲聆：《上海戏园琐话》，编委会：《上海地方史资料》（五），上海社会科学院出版社 1986 年版，第 201—202 页。

以改善。[①]

新舞台是上海乃至中国第一家近代化的新式剧场，它的建成标志着我国戏剧演出场所由传统戏园向近代剧场形式的转变。此后，上海新建的戏剧演出场所基本上采取了这种新的建筑形式，并纷纷以舞台命名，如文明大舞台（1909 年）、歌舞台（1910 年）、共舞台（1910 年）、新新舞台（1912 年）等，直至 20 世纪 20 年代以后为更加先进的大戏院、剧场等演出场所所替代。在此过程中，戏剧演出场所不断增加。据不完全统计，20 世纪 30 年代上海的戏曲演出场所有 100 多所，观众席位达 10 万个以上。[②] 而剧场的规模亦不断扩大。如 1927 年建成的大新舞台，占地2 000多平方米，建筑面积6 200多平方米，其中演出使用面积达3 600多平方米，观众席有 4 层，一共3 900多个座位。[③]

随着新式舞台的流行，旧的茶园、戏园等演出场所逐步退出历史舞台，而戏剧艺术本身不断走向繁荣，越剧、话剧、申曲等艺术形式逐渐崛起，随之剧场的经营亦逐步走向专业化。据上海市政府 1937 年统计，当时上海有平剧场 5 家、越剧场 40 家、江淮剧场 22 家、申曲场 14 家、话剧场 1 家[④]，共计 80 余家。其时北京、天津、武汉、广州等地的戏院数量分别为 17 家、14 家、5 家和 10 家，远低于上海的水平。此后，在经历了战争的洗礼以及其他新的娱乐样式的冲击后，上海戏院的数量有所减少。1947 年上海的剧场数量仍达 67 家之多，1950 年这一数字复增加为 77 家。[⑤]

---

① 许敏：《晚清上海的戏园与娱乐生活》，《史林》1998 第 3 期。

② 刘厚生：《戏曲精英·序言》，见上海政协文史资料委员会编：《戏曲精英》（上），上海人民出版社 1989 年版。

③ 熊月之等：《上海通史》第 10 卷，上海人民出版社 1999 年版，第 208 页。

④ 上海市政府统计处编：《上海市统计总报告》（1937 年），警卫（一），第 39 页。

⑤ 上海档案馆档案，档案号：S320－01－00003，第 1－8 页；档案号：S320－04－00004，第 7—16 页。

## 二、由兼营到专营:电影院的出现

电影院是随着电影的传入而在上海逐渐发展起来的一种新式娱乐经营机构。

1895年电影在法国诞生后,迅速走向世界。而上海作为当时中国接受西方文化的最前沿地带,很快便见到了它的身影。1896年8月11日,西方商人在位于上海闸北西唐家弄(今天潼路814弄35支弄)的徐园“又一村”放映西洋影戏[①],这是电影走入上海乃至中国的开始。自此以后,电影开始在上海日益走红,并逐渐从戏园、茶园等娱乐场所招徕顾客的一种手段发展为具有自己独立放映空间的一种新的娱乐样式。

上海第一家专门的电影放映场所是幻仙戏院[②],但其规模甚小,设备亦十分简陋,且存在时间较短,尚不能称为真正的电影院。目前学术界较为公认的上海首家电影院,是西班牙商人雷玛斯(A. Ramos)创建的虹口大戏院。1903年雷玛斯来到上海,开始了在这里的电影放映生涯。他先在福州路青莲阁茶社楼下“赁屋开映”,其时设备非常简陋,“白布一方,便是银幕,映机一具仅够敷衍”,时间亦只有十五分钟,但价格非常便宜,“不过数铜圆”,于是“路人过者,偶尔入览,稍感兴趣,竟成嗜好”[③]。在经过了一段时间的积累后,1908年雷玛斯购下虹口乍浦路海宁路口的溜冰场场地,用铁皮搭建了一个独立的电影放映场所,内设250个座位,取名虹口大戏院。[④]

随着雷玛斯的成功,电影院作为一种新的娱乐经营机构开始在上海迅速发展起来。据不完全统计,清亡之前上海已有电影院3家,座

① 《申报》1896年8月10日广告。
② 郑君里:《现代中国电影史略》,《电影创作》1989年第2期。
③ 郑君里:《现代中国电影史略》,《电影创作》1989年第2期。
④ 甬力:《我国第一座影院今何在》,《上海电影史料》第5辑,第100页。

位2 250个,1926 年上述数字相应增加为 17 家,近14 000个座位。[①] 1927 年上海拥有的电影院已达 39 家(包括各种游乐场的影戏院),占全国电影院总数的 25%。[②] 进入 20 世纪 30 年代,上海的电影院数量更是飞速发展。据 1930 年美国商务局统计,当时上海的电影院数量(包括各种游乐场的影戏院在内)已达 53 座之多,占全国电影院总数的 22.7%,远高于其他城市所拥有的影院数量(见表 3—1)。而据上海市政府统计处统计,到 1937 年抗战爆发前,上海不包括各游乐场所所设的电影院在内的电影院有 44 家之多。[③] 这是上海经历了"1・28"战火以后的数字,鉴于战争中众多电影院被毁,可以借此判断上海电影院的发展是非常之快的。

**表 3—1　　1930 年国内各城市电影院数目及座位容量一览表**

| 城市 | 戏院 | | 座位 | |
|---|---|---|---|---|
| | 数目 | 全国占比(%) | 数目 | 每家影院平均数(个) |
| 上海 | 53 | 22.75 | 37 110 | 700 |
| 厦门 | 12 | 5.15 | 6 750 | 563 |
| 广州 | 17 | 7.30 | 14 300 | 841 |
| 烟台 | 4 | 1.72 | 3 750 | 938 |
| 大连 | 10 | 4.29 | 8 654 | 865 |
| 福州 | 9 | 3.86 | 6 400 | 711 |
| 汉口 | 15 | 6.44 | 7 450 | 497 |
| 长沙 | 11 | 4.72 | — | — |
| 重庆 | 1 | 0.43 | — | — |
| 成都 | 1 | 0.43 | — | — |
| 宜昌 | 1 | 0.43 | — | — |

① 《影戏院总表》,程树仁编:《中华影业年鉴》,中华影业年鉴社 1927 年版,第 33 章第 1—37 页。一说为,当时上海的电影院已有 23 家,见王瑞勇:《上海影院变迁录》,《上海电影史料》第 5 辑,第 82—88 页。

② 程树仁:《中华影业年鉴》,中华影业年鉴社 1927 年版,影戏院总表,第 1 页。

③ 《上海市统计总报告》(1937 年),警卫一第 39 页。

续表

| 城市 | 戏　院 | | 座　位 | |
|---|---|---|---|---|
| | 数目 | 全国占比(%) | 数目 | 每家影院平均数(个) |
| 哈尔滨及附近 | 26 | 11.16 | 12 110 | 466 |
| 沈阳 | 8 | 3.43 | 1 410 | 176 |
| 安东 | 4 | 1.72 | 1 350 | 338 |
| 南京 | 4 | 1.72 | 2 000 | 500 |
| 镇江 | 1 | 0.43 | 300 | 300 |
| 杭州 | 3 | 1.29 | 1 400 | 467 |
| 苏州 | 4 | 1.72 | 1 000 | 250 |
| 汕头 | 3 | 1.29 | 2 500 | 833 |
| 天津 | 10 | 4.29 | 8 820 | 882 |
| 北平 | 8 | 3.43 | 6 100 | 762 |
| 济南 | 7 | 3.00 | 3 800 | 1 266 |
| 青岛 | 8 | 3.43 | 5 160 | 645 |
| 香港 | 13 | 5.58 | 8 350 | 642 |
| 合计 | 233 | 100 | 138 914 | 634 |

资料来源:《上海市年鉴》(1935)，V—第58页。

与其他城市相比，上海电影院不仅数量众多，而且企业的单体规模也较大。如1930年上海电影院共有座位37 110个，平均每个影院拥有的座位数为700余个，这一数字不仅高于当年634个的全国平均水平，也在全国各城市中名列前茅。不仅如此，20世纪二三十年代上海还出现了一批能容纳上千名观众的大型电影院。如建成于20世纪20年代的卡尔登大戏院有座位909个，中央大戏院有座位1 177个，光陆大戏院有座位1 000个；1930年建成的南京大戏院的座位达1 450个，黄金大戏院的座位达1 800个；1932年建成的融光大戏院的座位达1 900个；1933年建成的大光明电影院的座位更达1 986个。[①] 在此影

① 《上海市年鉴》(1937)。

响下，上海电影院的平均座位拥有量也不断上升，并于20世纪30年代中叶以后达到990个左右的较高水平。①

## 三、由轻利到重利：舞厅的发展

舞厅是伴随着西方社交舞蹈——交谊舞的传入而开始在上海出现的一种新式娱乐经营机构。

上海开埠后大量外国人来到上海，一些西方的娱乐样式也随之传入，交谊舞即为其中之一。最初，它作为正式宴会后的余兴节目，流行于外侨社区，后因中国官员及买办在宴请外宾时亦仿效之，以"敬礼西人"，遂开始向华人社区蔓延。上海最早的较为固定的跳舞场所为外白渡桥旁的礼查饭店(Astor House)以及国际饭店附近的卡尔登大戏院(Carlton Ltd)(今长江剧场)。其时，每逢星期六和星期日晚间，这些地方都要举行交谊舞会。但不对外售票，甚至不允许中国人入内(少数与外国人亲近的买办除外)。民国初年，上海"一品香"旅社也开始模仿这种形式举办交谊茶舞，参加者多为达官贵人。这是上海最早的公开性交谊舞场所。但它不售专门的舞票，因此也不能算作正式的营业性舞厅。②

1927年下半年，巴黎饭店的黑猫舞厅(Black Cat)问世，自此拉开了上海营业性舞厅发展的序幕。黑猫舞厅由于迎合了上海社会趋新求异的社会风气，满足了一般专学时髦的男女青年的需要，因此生意兴隆，很快引起了国人的竞相仿效。一时间，上海舞厅层出不穷，舞场数量相应增加。至1928年，上海已有营业性舞厅15家之多③，舞场30余家之多(见表3—2)。

---

① 根据屠诗聘：《上海市大观》，上海中国图书馆志公司1948年版，下一，第40页有关资料计算。

② 蓝凡：《旧上海的舞厅》，载《民国春秋》1988年第1期。

③ 《上海指南》，1928年版。

表 3—2 上海舞场名录(1928年)

| 名 称 | 地 址 | 名 称 | 地 址 |
|---|---|---|---|
| 大华饭店(Majestic Hotel) | 静安寺路 | 上海跳舞场(Flying Bat) | 西藏路 |
| 卡尔登(CarltonLtd) | 静安寺路 | 金龙(Golden Dragon) | 北四川路 |
| 新派利(Pla Nation Ltd) | 静安寺路 | 爱亭(Eden) | 北四川路 |
| 派利(Plaza Hotel) | 法公馆马路 | 东方(Easter) | 北四川路 |
| 小总会(Little Club) | 静安寺路 | 檬姆(Mumm) | 朱葆三路 |
| 利查饭店(Astor House) | 外白渡桥 | 立道饭店(Lador) | 宁波路 |
| 月宫饭店(Moon Palaile) | 北四川路 | 密采里(Hotel de France) | 爱多亚路 |
| 巴黎饭店(Black Cat) | 西藏路 | 东华(Palaise de Oriental) | 霞飞路 |
| 爵禄饭店(Chaoloh) | 西藏路 | 益利(Eddi ) | 百老汇路 |
| 新新舞场(Grey Hound) | 西藏路 | 新罗协(New Royal) | 朱葆三路 |
| 安乐宫(Palaise Café) | 二洋径桥 | Premier | 二洋径桥 |
| 纳吉舞场(Lodge) | 靶子场 | Parisde Dance | 静安寺路 |
| 闲乐宫(Hollo) | 北四川路虬江路 | Delmonte | 静安寺路 |
| 绿鸟(Blue Bird) | 北四川路 | St. George | 静安寺路 |
| 金星(Golden Star) | 北四川路 | Cafe Alcazar | 静安寺路 |
| 桃花宫(Cafe Variete) | 西藏路 | Charleston | 静安寺路 |

资料来源:《舞星艳影》,大华艺术社 1928 年 4 月。

20 世纪 30 年代是上海舞厅业发展最为迅速的时代。由于跳舞之风盛行,其时上海的营业性舞厅日益增多。据统计,1930 年上海正式登记注册的舞厅达 39 家①,较 1928 年增长了 160%。此后,在激烈的市场竞争中尽管一些企业被淘汰了,但亦有新的企业诞生。综观 20 世纪三四十年代的上海,其舞厅的数量始终保持在 30 家左右的水平,即使经历了抗日战争的炮火洗礼,这一数字也没有发生根本性改变。如 1936 年上海正式登记注册的舞厅数量为 28 家②,1938 年为 28 家③,1939 年为 33 家④,1946 年为 29 家⑤,1948 年为 29 家⑥。

① 上海地方协会编:《上海市统计》,上海商务印书馆 1931 年版。

② 上海市政府统计处编印:《上海市统计总报告》,1937 年版,警卫一,第 39 页。

③ 上海档案馆档案,档案号:S320-04-00005,第 274 页。

④ 郑逸梅:《上海通》(新编),1940 年版,第 95—96 页。

⑤ 马军:《1948 年:上海舞潮案》,上海古籍出版社 2005 年版,第 8 页。

⑥ 上海市档案馆档案:《上海市舞厅商业同业公会总结报告》,档案号:S321-04-00001,第 5 页。

**表 3—3　　上海舞厅名录(1946年)**

| 名　称 | 地　址 | 名　称 | 地　址 |
| --- | --- | --- | --- |
| 大东(The Great Eastern Ballroom) | 金华路26号 | 时懋(Smart Hall) | 西藏中路377号 |
| 中央 | 广东路555至561号 | 金山 | 汉口路674号 |
| 扬子(Yangtse) | 云南中路287号 | 远东(Far Eastern) | 西藏中路88号 |
| 大华(Emba-ssador) | 中正东路741至743号 | 圣太乐 | 西藏中路250号 |
| 仙乐(Ciros Dancing Palace) | 南京西路444号 | 国联 | 广西路54弄5号 |
| 大沪(Majestic Cafe & Ballroom) | 南京西路248号 | 新都会 | 贵州路28号 |
| 高士满(Cosmo Club) | 南京西路577号 | 胜利 | 北京东路760号 |
| 维也纳(Paradise Ball-room) | 西藏中路437号 | 新华(Casanova Ballroom) | 中正东路541号 |
| 米高美(M.K. M) | 西藏中路447号 | 维纳司(Venus) | 马当路25号 |
| 丽都(Lido Garden Ballroom) | 北京西路、泰兴路口 | 高峰 | 西藏南路大世界内 |
| 百乐门(Paramount Ballroom) | 愚园路218号 | 伟达 | 林森中路993号 |
| 新仙林(New Zealand) | 江宁路65号 | 华都 | 中正东路57号 |
| 大都会(Metropole Garden&Ballroom) | 江宁路56号 | 皇宫 | 广东路440弄9号 |
| 小都会 | 南京西路70弄2号 | 大路(The Road Ball-room) | 宁波路525号 |
| 立德尔(The Little Club) | 南京西路278号 | | |

资料来源:马军:《1948年:上海舞潮案》,上海古籍出版社2005年版,第8页。

诚然,上述数字是否真正涵盖了近代上海曾经拥有过的舞厅数量尚值得商榷[1]，但已足以展示近代上海舞厅的行业规模。

近代上海的舞厅不仅数量众多，且内部设施和结构不断完善。在此过程中，企业规模亦不断扩大。最初，上海舞厅的内部设施比较简单，一块铺有地板的几十平方米的舞池，一个贴墙站立的音乐台，一圈呈U字形摆开的木背靠椅（舞女的座位）以及其后面的一张张小圆桌和椅子（舞客的休憩之地），即是其全部。

20世纪30年代以后，随着舞业的繁盛和市场竞争的加剧，舞厅的经营者开始越来越注意内部设施的完善以及环境氛围的讲究。这在新建的舞厅中表现得尤为突出。如20世纪30年代建成的大沪、大东、辣斐、国际、维也纳、大都会、丽都等舞厅均设备豪华，气势恢宏，规模远胜于前，"不仅在音乐台、天花板、墙壁装饰、灯光调配上不惜工本，争奇斗胜，而且附设夏季的露天花园舞场、高尔夫球场、游泳池等供舞迷消费"[2]。而1932年开业的百乐门舞厅更是其中的典范，不仅舞池宽大，可供数百人乃至近千人同时起舞，而且还特别安装了当时颇为先进的"弹簧地板"，配备了冷暖空调[3]。其时，上海舞厅的经营时间也较长。各家舞厅大约自上午9时起即开始营业，直至半夜结束，开业时间长达10余小时。

---

① 在研究近代上海的舞厅业时，学者们注意到这样一个事实：在拥有许多规模较大、设施较为完备、营业手续相对健全的舞厅的同时，尚存在大量的、小规模的、时开时闭的、没有经过正式注册的舞厅。这部分舞厅的数字到底是多少，尚无权威的数字可查。1934年出版的《电声》周刊曾载文认为，当时"上海舞场大小不一，总计在一百以上"（参见《电声》周刊，1934年第3卷，第31期，第638页）。但这一数字也遭到学者们的质疑。如张伟认为，从20世纪20年代至40年代，根据有记载的舞厅名称和地址进行判断，上海大大小小的舞厅数量应在70家以上（见张伟：《沪读旧影》，上海辞书出版社2002年版，第47页）；而美籍学者李欧梵则认为1936年上海各种形式的舞厅数量超过300家（参见李欧梵：《上海摩登——一种新都市文化在中国》，北京大学出版社2001年版，第28页）；旅日学者刘建辉也认为，在30年代的上海"以百乐门舞厅为首的代表夜间娱乐生活的大小舞厅最兴旺时达300多家"（参见刘建辉：《魔都上海——日本知识人的"近代"体验》，上海古籍出版社2003年版，第106页）；章义和则认为1946年上海的舞厅有100余家（参见章义和：《旧上海的舞厅和舞女》，见忻平等：《民国社会大观》，福建人民出版社1991年版，第1000—1003页）。

② 林明敏：《几番沉浮话舞场》，载《上海万象》，上海翻译出版公司1989年版，第268页。

③ 李向民：《中国文化产业史》，湖南文艺出版社2006年版，第348－349页；熊月之：《上海——一座现代化都市的编年史》，上海书店出版社2007年版，第296页。

综上所述,可以认为,近代上海的舞厅业发展水平是相当高的,不仅国内的其他城市无法与之相比,即使香港、东京等亚洲同一时期的大城市也无法望其项背。据资料记载,当时香港真正对外经营的舞厅并不多,有名的也仅有中华、星空和大华3家,且“这种舞场都极狭小,设备也简陋,简直等于上海一元十跳的小舞场”[①];而东京“虽拥700万人口,面积大于上海数倍,而舞业之盛,则向不如上海”[②]。

## 四、由单一娱乐到多元享乐:游乐场的崛起

游乐场是20世纪初在上海发展起来的一种以经营多种娱乐活动为内容的综合性的新型娱乐场所,场内一般辟有各种游艺、消闲的项目,如滑稽、双簧、大鼓、评弹、说书、相声、评剧、本滩、杂耍、电影、剧场、商场、茶室、弹子房、溜冰场等。

近代上海的第一家游乐场是诞生于1912年的“楼外楼”(或称“屋顶花园)。其时,上海名士孙玉声自日本游览回沪,有感于日本东京、西京在高楼大厦的屋顶开辟出花园、附设游艺杂耍等“雅兴”和乐趣,力促上海闻人、新新舞台老板黄楚九和地皮大王经润三共同投资,在五层楼的“新新舞台”屋顶上加盖一层,建造了一个多种娱乐活动汇聚其中的游乐场所,并取名为“楼外楼”。建成后的“楼外楼”四周摆满鲜花,当中建有喷泉,各摊位上设置各种游乐项目,如上海滩簧、说书、评弹、戏法等,还有冷饮室和茶座,上边盖有令上海人备感新鲜的玻璃棚,且配有电梯,游客可以乘电梯直达屋顶。

尽管当时的“楼外楼”规模并不大,但由于此种经营形式尚属首创,且其从国外进口的几面哈哈镜和“电梯”在国人眼里十分新奇,再加上有新新舞台的客源优势,散戏后,观众如有兴趣,便可转到楼上,因此开张之后,门庭若市,生意十分兴隆,一时间“游客如潮,日夜客

---

① 《娱乐》1935年第2期,第22页。
② 《电声》1937年第2期,第185页。

满，经济效益可观”。[①]

“楼外楼”的成功吸引了众多商人的目光，这种新型的娱乐企业样式很快风靡上海。“新世界”“大世界”“天外天”“绣云天”“小世界”“神仙世界”“先施乐园”“永安天韵楼”“新新世界”“大新世界”等游乐场相继建成。[②] 至抗战爆发前，上海市中心区的游乐场数量已有 9 家左右，远高于国内其他城市的水平。[③]

相较于其他城市而言，上海的游乐场不仅数量众多，且单体规模也很大。仅以其中最为著名的“新世界”“大世界”和“永安天韵楼”等加以说明。

“新世界”位于静安寺路（今南京西路）、西藏路口（泥城桥桥南之堍）处，建于 1915 年，创办人亦为黄楚九和经润三等人。“楼外楼”的生意兴隆，使原投资人黄楚九和经润三信心大增，决定另建一处规模更大的游乐场。“新世界”是一座三层楼房，其内除辟有诸如滑稽、双簧、大鼓、评弹、说书、相声、评剧、本滩、杂耍、电影等各种游艺、消闲项目外，还单独辟有京剧场、商场、茶室、弹子房、溜冰场等，甚至还建造了类似于西方的跑马场、跑狗场之类的娱乐项目跑驴场。建成后的“新世界”光怪陆离，极具魅力，且票价低廉，只有两角，因此吸引了大量的消费者，每天都是人山人海，盛况空前。[④] 随着“新世界”的建成，“楼外楼”的经营宣告结束。

“大世界”位于法租界的敏体尼荫路和爱多亚路的交汇之处（今西藏南路延安东路转角处），建于 1917 年，也是由黄楚九和朋友合资建造的。“新世界”游乐场建成后生意兴隆，但随着创办人之一经润三的

---

① 李向民：《中国文化产业史》，湖南文艺出版社 2006 年版，第 346 页。

② 高福进：《“洋娱乐”的流入——近代上海的文化娱乐业》，上海人民出版社 2003 年版，第 114 页。

③ 据统计，20 世纪 30 年代广州的游乐场数量为 3—5 家，天津则为 6 家，武汉为 3 家，北京为 1 家。见《电声》1936 年第 5 卷第 49 期，第 1331 页；《电声》1938 年第 9 期，第 444 页；《娱乐》1935 年第 2 期，第 22 页；上海市政府统计处：《上海市统计总报告》（1937 年），警卫一，第 39 页；剑青：《上海向导》，上海经纬书局 1937 年版，第 88 页。

④ 高福进：《“洋娱乐”的流入——近代上海的文化娱乐业》，上海人民出版社 2003 年版，第 114 页。

去世，其内部纷争迭起。不堪其累的黄楚九遂决定撤股，并和朋友集资80万元，建造了新的“大世界”游乐场。建成后的“大世界”游乐场规模庞大，占地6 000平方米，面积直达今天的云南南路。

最初，游乐场的建筑为法国古典式3层楼房，内部筑有中国园林景致，如风廊、花畦、寿石、山房、雀屏、鹤顾、小蓬山、小庐山等胜景，以及招鹤、题桥、穿畦、登云等亭。1928年游乐场进行了翻建，加楼为4层，分设共和亭、共和台、共和楼、共和阁及共和厅，建筑总面积进一步扩大为14 700平方米，外观改成爱奥尼式的红柱与奶黄色的楼窗，构成中西结合的塔楼式古典建筑，气势更为壮观。

“大世界”游乐场，不仅外观宏伟，内部设施亦十分先进，不仅设有多处剧场，演出各地戏曲曲艺、中外歌舞音乐、古今魔术、杂技、木偶、皮影、气功、武术等，设有电影院日夜放映电影，还设有各类体育、智力游艺活动室、舞厅，以及轮转自如、可使游客乘坐在空中环游一周的高空飞船等，并附设有茶室、餐厅、旅馆、小卖部、服务处等。

“大世界”的营业时间平时自中午12点起，星期日自上午9点起，至午夜12点止，门票2角，游客可以任意去各剧场和游艺室。因规模空前，各项游乐设施先进，且票价低廉，开业后营业十分火爆，每日游客达万人次左右，成为当时上海乃至全国最大的综合性游乐场所，其周围的市面亦因此逐渐走向繁华。①

“大世界”的成功曾成为全国娱乐界的典范，也成为一些城市竞相模仿的目标。如天津劝业场游乐场就是在上海大世界的效应推动下仿之建造的②。

“永安天韵楼”游乐场位于永安百货公司楼上，建于1918年，是近代上海著名百货企业永安公司的附属企业。在“楼外楼”“新世界”以及“大世界”等游乐场的成功示范下，上海的一些百货公司也相继开办了类似的附属企业——室内游乐场。“永安天韵楼”是其中最为著名

---

① 林明敏：《大世界——上海著名游乐场》，见孔令仁等：《中国老字号》第10卷，高等教育出版社1998年版，第25—28页。

② 周俊旗：《民国天津社会生活史》，天津社会科学院出版社2002年版，第167页。

的一家。1918年，澳洲华侨郭氏兄弟集资200万元港币，在上海开办了永安百货公司。该公司以“经营环球百货为主，同时兼营其他附属事业”为理念，自一开始就创办了“天韵楼”游乐场等附属企业。

作为附属企业，“天韵楼”游乐场没有独立的资本，经营资金由永安公司拨给，高级职员也由其指派，经营管理上的重要问题也由公司决定，但独立计算盈亏。①

1933年永安公司扩建，“天韵楼”游乐场的经营面积也相应扩大，遂成为上海四大百货公司附设的游乐场中面积最大的一家。扩大后的“天韵楼”游乐场由老大楼的3—7层和新大楼的5—6层以及新大楼的屋顶花园等几个部分组成，内有戏院2个、电影院2个、歌场和书场7个、茶室3个，共14个经营单位，其中电影院每天放映电影4次，剧场每天有演出活动2场，歌场或书场每天则有3场或4场演出活动。②

“永安天韵楼”游乐场每天的营业时间自下午1点始至午夜结束，长达11个小时，而且门票价格低廉，“每个人在场内所有的娱乐费用为三角五分钱”，因此吸引了大量的市民前往。据统计，20世纪30年代“天韵楼”游乐场每天的游客人数在5 000人以上，周末更可以达到9 000人次以上。③ 1938年5月，迎合时代潮流，“天韵楼”又开设了一家溜冰场——“永安跑冰场”，并以“美国进口地板和芝加哥跑冰鞋”相号召，一时吸引了大量游客，从开放到1939年6月的14个月内，营业总额达15万余元。④

除上述企业外，近代上海还有众多的书场、弹子房、溜冰场、跑马场、跑狗场、回力球场等娱乐企业，在此不一一赘述。

所有这些共同构成了近代上海繁荣的娱乐产业内容，并使上海成

① 上海社科院经济研究所：《上海永安公司的产生、发展和改造》，上海人民出版社1981年版，第20页。

② 上海档案馆馆藏档案：U1—4—0002407，第26—28页。

③ 楼嘉军：《上海城市娱乐研究（1930—1939）》，2004年华东师范大学博士论文，第157页。

④ 上海社科院经济研究所：《上海永安公司的产生、发展和改造》，上海人民出版社1981年，第159页。

为中国最时髦、最前卫的所在。

## 第二节　电影业的兴起与发展

### 一、电影业的起步

电影进入上海后，电影制作也开始在此逐渐兴起。1898 年美国爱迪生公司派出的一个摄影师在周游世界时来到上海，并在此拍摄了《上海警察》和《上海街景》两部短纪录片，这可以视作上海有电影制作活动的开始。此后，又相继有一些外国人来到中国进行电影制作活动，如：1901 年美国沃威克公司的摄影师约瑟夫·罗森塔在上海拍摄了《上海南京路》的短纪录片；1908 年意大利人劳罗在上海拍摄了诸如《上海第一辆电车行驶》《上海租界各处风景》等纪录片和风光片。① 但上述电影制作活动基本上隶属于外国公司，作品的数量亦少得可怜，且主要是用于其国内放映，因此还不能算作上海电影事业的开始。

上海电影业的真正开始是在 1909 年。该年美国电影商人布拉斯基(Benjamin Brodsky)自美国购置设备，来沪开办了一家电影公司，并为之取名亚细亚影戏公司，公司地址在香港路 1 号。② 这是上海乃至中国的第一家电影公司，自此上海的电影事业开始起步。亚细亚影戏公司成立后，因经营不善，于 1912 年转让给了上海南洋人寿保险公司的经理、美国人依什尔等人。③ 1913 年时任美化洋行广告部买办的张石川联合郑正秋等人，组织新民公司，承包了亚细亚影戏公司的全部摄制活动，自此开始了国人涉足电影制作的脚步。他们相继拍摄了

---

① 汪朝光：《20 世纪上半叶的美国电影与上海》，《电影艺术》2006 年第 5 期。任仲伦：《电影双城记》，上海辞书出版社 2007 年版，第 324 页。

② 布拉斯基：《布拉斯基自述》，《中国时报》1995 年 6 月 4 日。

③ 程季华：《中国电影发展史》第 1 卷，中国电影出版社 1981 年版，第 16 页。

国人制作的第一部短片《难夫难妻》以及其他一些影片，共计 10 部左右[①]。1914 年，第一次世界大战爆发，胶卷供应无着，亚细亚影戏公司宣布歇业，张石川等人的制片活动亦宣告停止(见表 3—4)。

**表 3—4　　近代上海部分电影制片机构简况**

| 公司名称 | 成立时间 | 创办人 | 发展简况 |
|---|---|---|---|
| 亚细亚影戏公司 | 1909 年 | 美国人宾杰门·布拉斯基(Benjamin Brasky) | 曾拍摄短片《西太后》和《不幸儿》，时值辛亥革命的前夜，影片不受群众欢迎。1912 年公司和部分财产转让给上海南洋人寿保险公司的美国人依什尔和萨弗(T. H. Suffert)，二人邀请上海洋行广告部买办张石川担任顾问。1913 年，张石川、郑正秋、杜俊初、经营三等组织新民公司承包了该公司的编、导、演业务，由公司提供资金和技术，同年拍摄了郑正秋编剧并与张石川联合导演的中国第一部短故事片《难夫难妻》以及纪录上海民众声讨袁世凯、革命军攻打制造局和吴淞炮台实况的新闻片《上海战争》。之后，公司相继拍摄了《活无常》《五福临门》《二百五白相城隍庙》《脚踏车闯祸》《一夜不安》《老少易妻》《死人偷洋钱》等近 20 部短故事片，内容多属庸俗无聊或滑稽打闹之类。1914 年第一次世界大战爆发，德国胶片来源断绝，亚细亚影戏公司即告歇业，新民公司也随之解体。其主要演职员有郑正秋、张石川、钱化佛等。 |
| 幻仙影片公司 | 1916 年 | 张石川、管海峰等集资创办 | 位于徐家汇，租用意大利侨民阿·劳罗(A. E. Lauros)的器材和摄影场拍片。摄制的影片《黑籍冤魂》，以同名文明戏为蓝本，由张石川、管海峰任导演，张利声、徐寒梅等主演，抨击鸦片流毒，具有警世作用，是中国故事片创作短片到长片的过渡性作品。该片摄制完成后，公司因资金短缺而歇业。 |

① 张石川:《自我导演以来》,《明星》(半月刊)第 1 卷第 3 期，1935 年 5 月。

续表

| 公司名称 | 成立时间 | 创办人 | 发展简况 |
| --- | --- | --- | --- |
| 商务印书馆活动影戏部 | 1918 年 | 商务印书馆 | 1917 年，该馆所属印刷所照相制版部开始兼营活动摄影业务，曾拍摄《商务印书馆放工》《上海焚毁存土》等短纪录片。1918 年该馆活动影戏部正式成立，陈春生任主任，任彭年为助手，并修建厂房，扩充设备，制定有关制片和租借的章程，先后摄制风景、时事（新闻）、教育、古剧（戏曲）、新剧（故事片）等短片 40 余部。其中，风景片有《西湖风景》《泰山名胜》等；时事片有《美国红十字会上海大游行》《东方六大学运动会》等；教育片有《女子体育观》《驱灭蚊蝇》等；古剧片有《春香闹学》《天女散花》等；新剧片有《死好赌》《猛回头》等。1923 年前后转向长故事片制作，先后拍摄《大义灭亲》《孝妇羹》《爱国伞》等 7 部。因意见分歧，1926 年影戏部和馆本部分离，另组国光影片公司，后因营业亏损，于 1927 年停办。 |
| 中国影片制造股份有限公司 | 1919 年 | 卢寿联 | 公司创办于南通，设办事处于上海仁记路百代公司内，卢寿联自任经理兼导演。拍摄的影片有《张季直先生的风采》《南京风景》《南京的警政》等纪录片和风景片，以及戏曲片《四杰村》和故事短片《饭桶》等。1923 年制作完成纪录上海各界 5 万人为反对日本拒绝废除与袁世凯政府签订的 21 条密约的示威游行的新闻片《国民外交的游行大会》后，因资金告罄而歇业。 |
| 中国影戏研究社 | 1920 年 | 陈寿芝、邵鹏、施彬元等集资创办 | 位于南京路西藏路口的一条弄堂内。系电影爱好者团体。以杨小仲为编剧、任彭年为导演，拍成以沪上洋行买办阎瑞生谋财害命、勒毙名妓王莲英一案为蓝本的中国第一部长故事片《阎瑞生》，于 1921 年 7 月 1 日公映，颇为轰动，获利甚丰。由于影片具体描写阎瑞生的犯罪行为，受到舆论的抨击，该社于 1922 年冬歇业。 |

续表

| 公司名称 | 成立时间 | 创办人 | 发展简况 |
| --- | --- | --- | --- |
| 上海影戏公司 | 1920年 | 但杜宇 | 位于上海闸北地区，公司的演职员多为姻亲好友。初期摄制的影片均由但杜宇集编剧、导演、摄影、美术、剪辑、洗印于一身。但杜宇长于绘画和摄影，故其作品讲究构图造型，注重电影特性。1922年首次摄制完成的《海誓》是中国最早问世的长故事片之一，次年完成的《古井重波记》是中国最早的在艺术上比较完整的爱情片。1927年取材于古典名著《西游记》片段的《盘丝洞》，反响较大。公司所摄制的故事片还有《万丈魔》《糖美人》《古屋怪人》《东方夜谭》等。1931年秋并入联华影业公司，次年退出，曾一度与艺华影业公司合作拍片。1934年夏改组为上海有声影业公司。1937年抗日战争爆发后歇业。 |
| 长城画片公司 | 1921年5月 | 旅美华侨青年梅雪俦、刘兆明、程沛霖、李文光、李泽源等 | 成立于美国纽约，1924年迁至上海。公司成立的目的是“以冀通过制作爱国影片，端正海外视听，维护祖国尊严”，并在美国拍摄了两部介绍中国民族服装和武术的短片。回沪后先后拍摄了《弃妇》《摘星之女》《爱神的玩偶》《春闺梦里人》《一串珍珠》《伪君子》等“陈义高尚而不失艺术旨趣”的影片。公司还设有卡通片部门，由万氏兄弟绘制出中国第一部动画片《大闹画室》。1927年起卷入古装片、武侠神怪片的浪潮，先后拍摄《一箭仇》《妖光侠影》《江南女妖》等近20部该类影片。1930年因营业不振而歇业。其主要演职员有侯曜、程步高、陈趾青、杨小仲、孙瑜、王汉伦、杨爱立等。 |

续表

| 公司名称 | 成立时间 | 创办人 | 发展简况 |
| --- | --- | --- | --- |
| 明星影片公司 | 1922年3月 | 张石川、郑正秋、周剑云、郑鹧鸪、任矜苹 | 位于上海贵州路7号亭子间，原大同交易所旧址。最初拍摄滑稽短片，营业不佳。1923年转而投拍正剧长片《孤儿救祖记》，大获成功。遂相继拍摄《玉梨魂》《最后的良心》《挂名的夫妻》等以妇女的悲惨命运为题材的故事片。1928年起三年内连续拍摄18集武侠片《火烧红莲寺》。1930年摄制中国第一部蜡盘配音有声片《歌女红牡丹》。1932年"一·二八"事变后，陆续摄制《狂流》《女性的呐喊》《脂粉市场》《前程》《铁板红泪录》《姊妹花》《时代的儿女》《丰年》等20余部揭示社会矛盾、反映人民呼声的左翼影片。1936年春，公司新建的枫林桥总厂完工，同年7月进行改组，建立一厂、二厂，提出了"为时代服务"的制片方针，并"立即从事国防电影的摄制"，"尽一点救亡图存的微劳"，摄制了《生死同心》《压岁钱》《十字街头》《马路天使》等优秀影片。1937年抗战爆发后，生产陷于停顿。翌年，总厂又毁于战火，被迫停业。该公司从成立到结束，历时15年，共拍摄无声故事片142部、有声故事片50部、动画短片13部、短纪录片30余部。曾创办《明星》《明星特刊》《明星月报》《明星半月刊》等杂志和明星影戏学校，是中国电影事业发展史上经营时间最长、具有广泛社会影响的民营影片公司。其主要演职员有张石川、郑正秋、周剑云、郑鹧鸪、任矜苹、洪森、阿英、田汉、夏衍、胡蝶、赵丹、周璇、郑伯奇等。 |

续表

| 公司名称 | 成立时间 | 创办人 | 发展简况 |
|---|---|---|---|
| 英美烟草公司影片部 | 1923年 | 英美烟草公司 | 位于上海虹桥路附近，由英国人海勃道夫主持，威廉·强生(W. H. Jansan)担任主任摄影师。在大量制作广告片的同时，也赴中国各地拍摄一些风景片和时事片，在影院与香烟广告穿插放映。1923年冬曾在沈阳拍摄纪录片《奉军秋操》；1924年下半年起相继拍摄了《一块钱》《神僧》《慢慢地跑》《心病专家》《名利两难》《三奇符》和《柳蝶符》等长短故事片，这些影片大多内容陈腐、质量低劣，遭到了新闻界的严厉批评。1925年"五卅"运动爆发后该影片部停止活动。 |
| 雷玛斯游艺公司 | 1923年 | 西班牙商人雷玛斯(A. Ramos) | 在1923—1924年摄制了短故事片《糊涂警察》和长故事片《孽海潮》。1926年雷玛斯离沪回国，公司活动结束。 |
| 大中华影片公司 | 1924年1月 | | 曾拍摄过《人心》和《战功》两部影片，后与百合影片公司合并为"大中华百合影片公司"。 |
| 百合影片公司 | | | 曾拍摄过《采茶女》《苦学生》等影片，后与大中华影片公司合并为"大中华百合影片公司"。 |
| 神州影片公司 | 1924年10月 | 汪熙昌、杨迺庆等 | 位于新闸路。先后拍摄《不堪回首》《难为了妹妹》《可怜天下父母心》《花好月圆》《道义之交》《上海之夜》《卖油郎独占花魁》七部故事片。由于这些影片较为讲究艺术表现的形式和电影艺术特性的追求，因此虽受到知识分子特别是青年学生的青睐，却不为广大市民观众所接受。公司还编辑出版不定期刊物《神州特刊》。1927年公司因资金匮乏而停业，杂志也随之停刊。主要演职员有裘芑香、李萍倩、万籁天、周克、丁子明、严月娴等。 |

续表

| 公司名称 | 成立时间 | 创办人 | 发展简况 |
|---|---|---|---|
| 友联影片股份有限公司 | 1925 年 4 月 | 陈铿然等 | 位于江湾路，聘留学法国的徐琥为导演顾问，徐碧波为编剧。先后摄制故事片《秋扇怨》《娼门之子》《荔镜传》《荒江女侠》(1—13 集)、《舞女血》等 40 余部，并拍摄了有关上海“五卅”运动的纪录片《五卅沪潮》。1931 年以一鸣有声电影公司名义拍摄了与《歌女红牡丹》齐名的中国最早的两部蜡盘配音有声片之一的《虞美人》。1932 年“一·二八”事变后停止拍片。其主要演员有林如心、粉菊花、卢翠兰、顾宝莲等。 |
| 大中国影片公司 | 1925 年 5 月 | 顾无为 | 办事处位于嵩山路，租赁西门路空地为摄影场。先后拍摄了《谁是母亲》(又名《私生子》)《地狱天堂》《牛郎织女鹊桥会》《莲花公主》(1—4 集)《三国志七擒孟获》《太平天国》《五虎平西》《逃婚》《半夜情人》等各类影片 28 部。1931 年与暨南影片公司合作，以“华光片上有声电影公司”名义，租用日本发声映画公司的有声摄影设备，拍摄中国第一部片上发音有声影片《雨过天晴》，于同年 7 月 1 日在上海首映。1932 年“一·二八”事变后歇业。公司曾编辑出版不定期杂志《大中国特刊》，1926 年秋创刊，1928 年初停刊。 |
| 天一影片公司 | 1925 年 6 月 | 邵醉翁兄弟 | 位于虹口横浜桥。曾先后拍摄《立地成佛》《女侠李飞飞》《忠孝节义》《花木兰从军》《歌场春色》《战地二歌女》《挣扎》《生机》《梁祝痛史》《铁扇公主》《义妖白蛇传》《火烧百合台》《血滴子》《歌场春色》《挣扎》《飞絮》《飘零》《王先生》《花花草草》等影片。其中拍摄于 1931 年的《歌场春色》，是中国最早的两部有声影片之一。1934 年在香港成立分厂。1937 年抗战爆发后结束了在上海的制片活动，将全部资金、设备转移香港，成立南洋影片公司。1925—1937 年该公司在沪共 |

续表

| 公司名称 | 成立时间 | 创办人 | 发展简况 |
|---|---|---|---|
| 天一影片公司 | 1925年6月 | 邵醉翁兄弟 | 拍摄故事片约百部(其中有声片35部)、长短纪录片20部。主要演职员有邵醉翁、史东山、马徐维邦、胡蝶、宣景琳、李萍倩、杨耐梅、高占非、孙敏、胡珊等。 |
| 大中华百合影业公司 | 1925年6月 | 冯镇欧、吴性栽 | 由大中华影片公司和百合影片公司合并而来,由朱瘦菊任总经理,是中国早期较有规模的民营电影制片机构之一。5年内共摄制各种题材样式的故事片,如《小厂主》《风雨之夜》《透明的上海》《探亲家》《美人计》(前、后集)《女海盗》《马戏女》《连环债》等55部和新闻纪录片《北伐完成记》《总理奉安》2部。1930年8月与华北电影有限公司、民新影片公司等并入联华影业制片印刷有限公司(后改名"联华影业公司")。主要演职员有史东山、卜万苍、杨耐梅、张织云等。 |
| 华剧影片公司 | 1925年秋 | 张晴浦、张惠民兄弟 | 位于今四川北路海宁路口。以"提倡尚武精神,发扬国光"为主旨,先后拍摄故事片《奇峰突出》《乱世英雄》《山东响马》《万侠之王》(1—3集)等24部,并摄制风景短片《潮州八景》和纪录短片《上海救火会》《万国中华队》等。公司还出版不定期的宣传刊物《华剧特镌》。1932年公司厂房毁于"一·二八"事变战火,随即停业。 |
| 开心影片公司 | 1925年 | 徐卓呆、汪优游 | 以新剧界同仁为主体,强调影片的娱乐功能。拍摄"专门以引人开心为唯一目标"的长短滑稽片、武侠神怪片。先后拍摄《临时公寓》《爱神之肥料》《隐身衣》《怪医生》《猪八戒游沪记》《神仙棒》《凌波仙子》《红玫瑰》《雄媳妇》《济公活佛》(1—4集)《剑侠奇中奇》(1—2集)等12部。1927年后歇业。 |

续表

| 公司名称 | 成立时间 | 创办人 | 发展简况 |
|---|---|---|---|
| 民新影片股份有限公司 | 1926 年 12 月 | 黎民伟、李应生 | 早期拍摄了《玉洁冰清》《和平之神》《三年以后》《木兰从军》《热血男儿》等影片 17 部，并编辑有大型新闻纪录片《国民革命军海陆空大战记》(9 本)。1930 年 8 月加入联华影业制片印刷有限公司(后改名联华影业公司)。1936 年 7 月退出联华，恢复"民新"公司名义拍片，又相继拍摄了《母爱》等 3 部影片，1937 年"八·一三"事变后歇业。 |
| 南国电影剧社 | 1926 年 | 田汉 | 以"群策群力，以纯真之态度，借胶片以宣泄吾民深切之苦闷，努力不懈，斯于大成"为宗旨。曾借徐家汇路新少年影片公司原址开拍由田汉编剧兼导演，唐槐秋、唐琳、易素、叶鼎铭、蒋光赤、李金发等参加演出的影片《到民间去》，但因资金告竭未完成。后又拍摄影片《断笛余音》，田汉编导，上海艺术大学文科、画科、音乐科的学生参加摄制，仍因资金短缺而夭折。1928 年，南国电影剧社改组，设立文学、绘画、音乐、戏剧、电影 5 部门，确定其宗旨为："团结能为时代共痛痒之有为青年，做艺术上之革命运动。"1930 年被国民党当局查封。 |
| 联华影业公司 | 1930 年 8 月 | 罗明佑、吴性栽、黎民伟 | 由罗明佑主持的华北电影有限公司与黎民伟主持的民新影片公司、吴性栽主持的大中华百合影片公司以及黄漪磋主持的印刷公司联合组成，初名"联华影业制片印刷有限公司"。1932 年后改称联华影业公司，罗明佑任经理。1936 年 8 月，公司由吴性栽组织的银团华安公司接办，黎民伟退出并恢复民新影片公司。吴性栽成立华安总管理处，对外仍沿用联华的名义，直至 1937 年 7 月。先后摄制故事片《故都春梦》《野草闲花》《恋爱与义务》《自由魂》《南国之春》《野玫瑰》《共赴国难》《火山情血》《奋斗》《三个摩登女性》《城市之夜》《都会 |

续表

| 公司名称 | 成立时间 | 创办人 | 发展简况 |
| --- | --- | --- | --- |
| 联华影业公司 | 1930年8月 | 罗明佑、吴性栽、黎民伟 | 的早晨》《母性之光》《小玩意》《渔光曲》《神女》《大路》《新女性》《迷途的羔羊》《狼山喋血记》《联华交响曲》《慈母曲》等77部，长戏曲片《斩经堂》1部，短故事片《自杀合同》《清道夫》等7部，长纪录片《第六届全国运动大会》(1—4集)等2部，短纪录片《十九路军抗战史》《暴日祸沪记》等多部，以及动画片《狗侦探》《国人速醒》2部，并编辑出版《联华画报》(始为周报，后为半月刊)《联华星期通讯稿》(周刊，主要介绍联华公司拍摄影片的动态、通讯报道，共出版32期)、《联华年鉴》(1934—1935年共出版两期)等刊。主要演职员有孙瑜、沈浮、阮玲玉、王人美、金焰、朱石麟、黄绍芬、陈燕燕、吴永刚等。 |
| 艺华影业有限公司 | 1932年10月 | 严春堂 | 初名艺华影片公司。1933年在康瑙脱路(今康定路)金司徒庙附近新建摄影棚。1933年9月改组为艺华影业有限公司，严春堂任总经理，并请田汉主持影片创作事宜。抗战前曾先后完成了《民族生存》《肉搏》《中国海的怒潮》《烈焰》《女人》《黄金时代》《生之哀歌》《逃亡》《凯歌》《化身姑娘》(正、续集)《新婚大血案》《弹性女儿》《女财神》《三〇三大劫案》等影片，其中既有鲜明的抗日反帝色彩的左翼电影，也有“软性电影”的代表作。“孤岛”期间，公司由严春堂之子严幼祥出面主持，摄制了《凤求凰》《三笑》等54部影片。1941年底太平洋战争爆发后歇业。主要演职员有田汉、阳翰笙、夏衍、刘呐鸥等。 |

续表

| 公司名称 | 成立时间 | 创办人 | 发展简况 |
| --- | --- | --- | --- |
| 电通影片公司 | 1934 年夏 | 司徒逸民、龚毓珂、马德建 | 由沈端先(夏衍)、田汉等主持电影创作，司徒慧敏任摄场主任，袁牧之、应云卫等任编导。共摄制故事片《桃李劫》《风云儿女》《自由神》和《都市风光》4 部享有盛誉的左翼影片，并编辑出版半月刊《电通》。1935 年因经济困难和国民党当局的迫害，公司停止活动，《电通》亦停刊，共出版 13 期。主要演职员有夏衍、田汉、司徒慧敏、袁牧之、应云卫、陈波儿、唐槐秋、吴印咸、聂耳等。 |
| 新华影业公司 | 1934 年 | 张善琨 | 初在斜土路设一小摄影场，后逐渐增添设备，扩大规模。抗战前曾摄制《红羊豪侠传》《长恨歌》《狂欢之夜》《壮志凌云》《夜半歌声》《青年进行曲》等 10 余部故事片，《周瑜归天》《林冲夜奔》等戏曲短片，以及《绥远前线新闻》等新闻片。“孤岛”期间，该公司率先恢复拍片，先后摄制《貂蝉》《武则天》《岳飞尽忠报国》《西施》《欲魔》《铁窗红泪》《江南小侠》等 40 部故事片和《三娘教子》《宁武关》2 部戏曲、曲艺短片。其间，又设立华新、华成两家公司，拍摄《木兰从军》《日出》《少奶奶的扇子》《林冲雪夜歼仇记》《苏武牧羊》《云裳仙子》《葛嫩娘》等影片 50 余部。1940 年底，张善琨将新华影业公司“出盘”于美商中国联合影业公司，但仍保留新华影业公司名义。1942 年 2 月，公司并入日伪成立的中华联合制片有限公司(简称“中联”)。公司于 1936 年 6 月创刊《新华画报》(月刊)，1940 年终刊。 |

续表

| 公司名称 | 成立时间 | 创办人 | 发展简况 |
| --- | --- | --- | --- |
| 国华影业公司 | 1938 年 | 柳中亮、柳中浩、张世铨等 | 1940 年 6 月在拉都路(今襄阳南路)福履理路(今建国西路)自建摄影场。由张石川主持创作,先后摄制故事片《风流冤魂》《孟姜女》《杨乃武》《董小宛》《夜深沉》《奈何天》《金粉世家》等 37 部。1940－1941 年曾以国泰影片公司和华美影片公司名义,摄制《黑天堂》《济公活佛》等故事片 4 部。1942 年初拍完影片《艺海春秋》后歇业。 |
| 美商中国联合影业公司 | 1940 年冬 | 张善琨 | 位于上海租界内,是一个托庇于外国人保护下的制片机构。对外宣布承盘新华、华成、华新 3 家电影企业,改组为 3 个制片厂,张善琨自任华方总经理,先后拍摄《乡下大姑娘》《玉莲环》《森林恩仇记》《夜半歌声续集》《家》《明月重圆夜》《欢喜冤家》等故事片 18 部,以及中国第一部大型长动画片《铁扇公主》。太平洋战争爆发后,日军进入租界,该公司于 1942 年 4 月并入中华联合制片有限公司(简称"中联")。 |
| 金星影片公司 | 1940 年 | 周剑云 | 是上海"孤岛"时期制作态度比较严肃的制片机构。于伶、柯灵、吴永刚等均为其提供剧本或导演影片。共拍摄故事片《李香君》《秦淮世家》《花溅泪》《乱世风光》等 14 部。并开办金星影业公司戏剧电影训练班,先后聘请周贻白、周剑云、黄佐临等担任教职,学员有谢晋、欧阳莎菲等。1941 年 12 月太平洋战争爆发后,公司与训练班全部结束。 |
| 中华联合制片股份有限公司(简称"中联") | 1942 年 4 月 | 日伪政权 | 由新华、艺华、国华、金星、华新等 12 家影片公司合并组成,设总管理处于上海海格路(今华山路)。董事长林柏生(汪伪政府宣传部部长)、副董事长川喜多长政(日),总经理张善琨。下辖 5 个摄影场。从 1942 年 5 月到 1943 年 4 月的 1 年间,共拍摄《香衾春暖》《恨不相逢未嫁时》《牡丹花下》《香闺风云》《水性杨花》《红粉知己》《情 |

续表

| 公司名称 | 成立时间 | 创办人 | 发展简况 |
|---|---|---|---|
| 中华联合制片股份有限公司(简称“中联”) | 1942年4月 | 日伪政权 | 潮》《断肠风月》《寒山夜雨》《良宵花弄月》等。与此同时,也摄制了《博爱》和《万世流芳》等影片47部。其中,绝大多数服务于日本侵华战争的需要。1943年5月,该公司与中华电影股份有限公司、上海影院公司合并成立中华电影联合股份有限公司。 |
| 中华电影联合股份有限公司(简称“华影”) | 1943年5月 | 日伪政权 | 由原日伪政权成立的中华联合制片股份有限公司、中华电影股份有限公司和上海影院公司合并而来。汪伪政府立法院长陈公博、财政部部长兼警政部部长周佛海、外交部部长褚民谊任名誉董事长,汪伪政府宣传部部长林柏生任董事长,川喜多长政[日]任副董事长,汪伪政府宣传部驻沪办事处处长冯节任总经理,张善琨、石川俊重[日]任副经理。从1943年5月至1945年8月,先后摄制故事片《依本痴情》《歌衫情丝》《逃婚》《美人鱼》《两地相思》《何日君再来》《恋之火》《冤家喜相逢》《摩登女性》《吸血魔王》等80部。其中绝大多数是为日本侵华战争服务的。抗日战争胜利后,该公司由国民党中央宣传委员会所属中央电影摄影场等机构接管。 |
| 中央电影企业股份有限公司(简称“中电”) | 1946年4月 | 国民党政府 | 隶属于国民党中央宣传委员会的中央电影摄影场,在完成对上海、北平等地敌伪电影机构接收的基础上,依据国民党“党营事业企业化”的方针,成立于上海。张道藩、罗学濂、李惟果、方治、潘公展、杜桐荪担任董事委员会委员。张道藩任董事长,罗学濂任总经理。总管理处下属三个制片厂:一厂、二厂设在上海,三厂设在北平。一厂以拍摄新闻片、纪录片为主,兼拍故事片,1947—1949年共摄制故事片《还乡日记》《舐犊情深》《街头巷尾》等6部;二厂以摄制故事片为主,1946—1949年初共拍摄故事 |

续表

| 公司名称 | 成立时间 | 创办人 | 发展简况 |
|---|---|---|---|
| 中央电影企业股份有限公司（简称“中电”） | 1946年4月 | 国民党政府 | 片《遥远的爱》《天堂春梦》《衣锦荣归》《幸福狂想曲》《乘龙快婿》《喜迎春》《忠义之家》《青青河边草》《肠断天涯》（上、下集）《青山翠谷》等17部。1949年，“中电”一厂、二厂还将历年摄制的部分故事片片段剪辑成《银海幻梦》。 |
| 上海实验电影工场（简称“上实”） | 1946年 | 国民党政府 | 国民党上海市党部接管日伪电影制片机构中华电影联合股份有限公司（简称“华影”）部分财产后经营的电影机构。董事会由吴绍澍、沈春晖、费穆、吴承镛、裴冲等组成。场长由费穆兼任，主持创作。先后摄制故事片《铁骨冰心》《大地回春》（与益华影片公司合作摄制）《浮生六记》，并代制《小城之春》等多部影片。1948年底歇业。 |
| 昆仑影业公司 | 1946年 | 夏云瑚、蔡叔厚、任宗德 | 1947年6月与联华影艺社合并，仍名昆仑影业公司。夏云瑚任总经理兼厂长，孟君谋任副厂长兼厂务主任。原联华影艺社摄制的影片《八千里路云和月》和《八年离乱》（《一江春水向东流》上集）也由昆仑发行。1947—1949年先后拍摄了《天亮前后》（《一江春水向东流》下集）《新闺怨》《万家灯火》《关不住的春光》《丽人行》《希望在人间》《三毛流浪记》《乌鸦与麻雀》等影片。其主要演职员有蔡楚生、郑君里、欧阳予倩、白杨、陶金、上官云珠、蓝马、赵丹、孙道临、陈鲤庭、王为一、朱今明、沈浮、舒秀文、陈白尘、阳翰笙等。 |
| 国泰影业公司 | 1946年7月 | 柳中亮、柳中浩兄弟 | 位于大木桥路，拥有两座摄影棚和其他主要制片设备。柳中亮任董事长，柳中浩任总经理，李大深任经理，徐欣夫任厂长，田汉、于伶、洪深等参加编写剧本。共摄制《民族的火花》《无名氏》《忆江南》《裙带风》《残冬》《失去的爱情》《粉红色的炸弹》《月黑风高》等影片30部。 |

续表

| 公司名称 | 成立时间 | 创办人 | 发展简况 |
|---|---|---|---|
| 文华影业公司 | 1946 年 8 月 | 吴性栽 | 位于上海徐家汇三角街 30 号。吴邦藩任经理,陆洁任厂长,黄佐临、桑弧负责艺术创作。创作骨干有柯灵、陈西禾等,曹禺等也参与编导。1947—1949 年摄制了故事片《不了情》《假凤虚凰》《太太万岁》《夜店》《艳阳天》《小城之春》《哀乐中年》等 12 部。 |
| 大同电影制片厂 | 1948 年 1 月 | 柳中亮、柳和清父子 | 位于大木桥路。聘董天涯为厂长,张石川为制片主任。邀欧阳予倩、田汉、洪深等编写剧本。共摄制故事片《弱者,你的名字是女人》《柳浪闻莺》《哑妻》《几番风雨》《梨园英烈》等 11 部。 |
| 启明影业公司 | 1948 年 | | 系创作态度比较严肃认真的小型制片机构。仅摄制故事片《鸡鸣早看天》和戏曲片《祥林嫂》(越剧)两部。1949 年春停止拍摄。 |

资料来源:吴贻弓:《上海电影志》,上海社会科学院出版社 1999 年版;熊月之等:《上海通史》第 10 卷,上海人民出版社 1999 年版,第 174—175 页。

1916 年随着胶卷供应的恢复,上海的电影摄制活动重新开始活跃起来,并开始出现了一些新的电影制作机构,如幻仙影片公司、商务印书馆的活动影戏部等(见表 3—4),其中又以后者的影响为大。但这一时期的电影制作仍以纪录片、戏曲片及滑稽短片为主①,无法满足观众日益增长的观赏需求。

## 二、电影业的繁荣

20 世纪 20 年代初期,上海开始出现了一批独立投资、专业经营的电影公司,如上海中国影戏研究社、上海影戏公司、新亚影片公司等,

① 中国电影资料馆编:《中国无声电影史》,中国电影出版社 1996 年版,第 29 页。

并摄制了中国第一批国产长故事片，如《阎瑞生》《海誓》《红粉骷髅》等。由于其时“中国自制之片，稀如星凤”，这些影片问世后颇受市场欢迎，“社会上骤得饱其新奇之眼欲，一人曰佳，百人和之，下里巴人，唱遍全国”；甚至“不胫而走，南洋各埠，争先订购，其势力骎骎乎由国内而及于国外”，上述公司亦因此获得了可观的收益，“公司营业，因以大振”。①

据载，当时拍电影的成本不过4 000元左右，而放映收入则可以达1万元。过去，“中国的资产者何以不肯投资于影片公司，第一原因在于观念错误，认影片为游戏事业”，拍电影是既低下又赔钱的事情②。上述电影公司的成功打破了这一观念，也带动了上海电影制作的发展。一时间，开设电影公司在上海蔚然成风。1925年前后，在上海、北京、天津、广州、香港、九龙等地共开设175家电影公司，仅上海一地就有141家③，占总数的80％以上。“投资之勇，进步之速，几与前此交易所盛行时相仿，而潜势力之亢进，尚不知其达何限度。”④

随着电影公司的大量出现，上海的电影产量也开始飞速发展。至1926年，其所拍摄的长故事片年产量已达百部以上，而其时世界上电影长故事片年产量超过百部的国家只有美国、日本和德国等少数几个国家。⑤ 因此，这时的上海电影已成为中国电影的代名词。

进入20世纪30年代，在市场的作用下，也因战争的破坏，上海的电影业开始出现整合，大部分公司相继停业，就连在社会上已有影响的神州、友联、大中华、百合等也因为经济周转不开而难以维持⑥。与此同时，明星、天一、联华、艺华等企业却因抓住了机遇而日益壮大，它们以其雄

---

① 西神：《上海之电影事业》，《新上海》1925年第1期。

② 中国电影资料馆编：《中国无声电影史》，中国电影出版社1996年版，第35页。

③ 程树仁编：《中华影业年鉴》，中华影业年鉴社1927年版。

④ 西神：《上海之电影事业》，《新上海》1925年第1期。

⑤ （法）乔治·萨杜尔：《世界电影史》，徐昭、胡承伟译，中国电影出版社1982年版，第638－639页。

⑥ 高梨痕：《早期的上海电影界》，《20世纪上海文史资料文库》，上海书店出版社1999年版。

厚的势力以及敏锐的时代洞察力，相继拍摄了一系列脍炙人口直至今日仍为人们所称道的优秀影片，如《十字街头》《马路天使》《渔光曲》《神女》等，进一步彰显了上海电影在全国的制作中心地位，这些企业亦因之而成为当时上海乃至中国电影界的龙头企业(见表 3—4)。

日本侵华战争爆发后，上海的电影业因此遭到了沉重的打击。先是在“1·28”战火中，位于闸北(今静安)、虹口等战区的制片公司，如上海、孤星、友联、昌明、复旦、华剧、海峰以及联华第四制片厂等被炸毁①，继而是明星公司毁于“8·13”战火。此后，日军占领上海并最终占领租界。在此过程中，上海的 12 家电影公司(新华、艺华、金星、合众、大成、国华、华年、光华、天声、华成、华新等)在日军的控制下，合并为中华联合制片股份有限公司，完全沦落为日本侵华的工具。一些爱国的电影工作者(如柯灵、费穆等)拒绝与日伪合作，纷纷退出影坛。“由此，上海不仅陷入电影业的低潮，也失去了作为中国电影制作中心的地位，电影制作的重心逐渐南移至香港。”②

抗战胜利后，国民政府并没有将被日伪攫取的上海电影公司还给人民，而是收归国有。上海相继出现了一批新的电影制作企业，如联华影艺社、昆仑影业公司、文华公司、清华公司、华艺公司、国泰公司、大同公司等，总数达 20 余家，并相继拍摄了一系列的优秀影片，如《八千里路云和月》《一江春水向东流》《万家灯火》《丽人行》《希望在人间》《三毛流浪记》《乌鸦与麻雀》等。但随着时代的变迁，上海的电影业始终没能恢复到战前的地位。据不完全统计，中华人民共和国成立前，上海共摄制了1 637部故事片。③

## 三、近代上海与中国电影发行

值得指出的是，近代上海不仅是中国电影的制作中心，而且也是

① 唐榕：《中国电影产业化发展研究》，2002 年南开大学博士论文，第 155 页。

② 熊月之等：《上海通史》第 10 卷，上海人民出版社 1999 年版，第 173 页。

③ 吴贻弓：《上海电影志》，上海社会科学院出版社 1999 年版，第 179 页。

中国电影的发行中心。

由于国产电影大多为上海摄制，上海当仁不让地成了国产片的发行中心。当时上海是西方文化传入中国的前沿地带，国外电影在传入中国时亦大多以上海作为第一站，上海亦因之而成为进口影片的发行中心。

近代中国电影市场几乎为美国好莱坞影片所独霸，而好莱坞的米高梅、二十世纪福克斯、雷电华、派拉蒙、环球、联美、华纳、哥伦比亚八大影片公司都在上海设有发行机构。20 世纪 20 年代上海国产影业公司也联合成立了一家叫作“六合”的公司，集中发行各制片公司的产品，并成为商人们购买电影拷贝的集中地。北京当时不少中小影院所放映的影片即来源于此。如北京天桥电影院的钱振彪自办电影院后，多次前去上海，先后在六合公司购回无声片和有声片共 50 多部①。后为方便电影的发行放映，上海一些大的制片公司(如明星等)还在国内其他一些城市设立了代办处。

## 第三节 报刊出版业的兴起与发展

### 一、近代上海的报刊业

上海开埠后，报刊、出版等近代传媒业也开始传入中国并在此发展起来。

1850 年 8 月 3 日英国商人奚安门在上海创办了一份英文报纸《北华捷报》(*The North-China Herald*)，自此拉开了上海近代报刊业发展的序幕。

《北华捷报》最初只有 4 页，仅印行 200 份，每逢周六出版，内容则

① 唐榕:《中国电影产业化发展研究》，2002 年南开大学博士论文，第 155 页。

以记载旅沪侨民动态以及他们所关心的一些新闻和议论为主，同时附以各种广告。随着时间的推移，该报又先后增出了 *The Daily Shipping News*（《每日航运新闻纸》）、*North China & Japan Market Report*（《北华与日本市场消息报》），以及上海最早的中文报纸《上海新报》（即 *Chinese Shipping List and Advertisers*）等。1861 年该报扩版为 *The Daily Shipping News and Market Report*（《每日航运与商业新闻》），1862 年改版 *The Daily Shipping News* 为 *The Daily Shipping and Commercial News*（可译为《每日航运评论报》），1864 年又将其附刊《航运与商业日报》改名为 *North China Daily News*（即《字林西报》，以其发行商字林洋行命名），独立发行，《北华捷报》成为《字林西报》的每周增刊①。

随着《北华捷报》的开办，上海的近代报刊开始不断涌现。如 1857 年英国传教士伟烈亚力创办了上海第一份中文杂志《六合丛谈》；1858 年《皇家亚细亚文会北中国分会报》在上海问世，创办人也是伟烈亚力；1859 年《上海趣事、真相与小说记事》出版。19 世纪 60 年代以后，上海的报刊进一步增多，几乎每一年都有新的报刊诞生。19 世纪七八十年代平均每年有两份报刊诞生（见表 3—5）。当然，在如此众多的报刊中有一些并没有能够真正生存下来，但也足以证明当时上海报刊市场的活跃。

**表 3—5　　　　晚清上海部分报刊名录**

| 语言 | 报刊名称 | 创办时间 | 创办人或主笔 | 性质及停刊时间 |
|---|---|---|---|---|
| 英文 | 《北华捷报》（*North China Herald*） | 1850.8.3 | 奚安门（Henry Shearman） | 周刊。1864 年 7 月 1 日成为《字林西报》的每周增刊；1951 年停刊。 |

① 汪幼海：《〈字林西报〉与近代上海新闻事业》，《史林》2006 年第 1 期。

续表

| 语言 | 报刊名称 | 创办时间 | 创办人或主笔 | 性质及停刊时间 |
|---|---|---|---|---|
| 英文 | 《皇家亚细亚文会北中国分会报》(*The Journal of the North China Branch of the Royal Asiatic Society*) | 1858 | 伟烈亚力 | 每年一册,不久停刊,1864年复刊,20世纪30年代仍在出版。 |
| | 《上海趣事、真相与小说记事》(*The Shanghai Chronicle of Fun, Fact and Fiction*) | 1859.3 | 不详 | 月刊,3个月后停刊。 |
| | 《上海每日时报》(*Shanghai Daily Times*) | 1861.9.15 | 史密斯 | 日刊。1862年4月停刊。 |
| | 《上海载记》(*Shanghai Recorder*) | 1862 | 鲍克(J. T. F. Bowker) | 一译《上海汇报》,起初刊发英文日报和周刊两种,1864年另出《商务载记》,1865年周刊停出。1869年12月停刊。 |
| | 《中外杂志》(*Shanghai Miscellany*) | 1862.7 | 不详 | 月刊,石印,6个月后停刊。 |
| | 《中国之友》(*The Friend of China*) | 1863.1 | 笪润特(William Tarrant) | 先前在香港、广州出版,1868年报纸所有权转让给琼司。 |
| | 《海关中外贸易年刊》(*Annual Returns of Trade and Trade Reports*) | 1864 | 上海海关 | |

续表

| 语言 | 报刊名称 | 创办时间 | 创办人或主笔 | 性质及停刊时间 |
|---|---|---|---|---|
| 英文 | 《江海关贸易月报》(*Monthly, Trade*) | 1866.1 | 上海海关 | |
| | 《晚差报》(*Shanghai Evening Express*) | 1867.10.1 | 英人琼司(Treasure Jones) | 一译《晚快报》,1869年4月至5月因经济原因一度停刊,后续刊,1871年终刊。 |
| | 《远东释疑》(*Notes and Querieson the Far East*) | 1867 | 伟烈亚力创办,苏万岁(C. Sowersy)曾为该刊编辑,福开森曾为该刊美术编辑 | 季刊,1872年易名为《中国评论》(*China Review*),改为双月刊,1920年改名 The New China Review,1923年又改名《中国科学美术杂志》(*China Journal of Science and Art*),月刊。 |
| | 《美国月报》(*Shanghai News Letter*) | 1867.10.16 | 美国商人桑恩(John Thorne)、温伯利(Howard Twombly)创办,主笔罗伯特(J.P.Robert) | 初名 *Shanghai News Letter for California and Atlantic States*,刊期起初不定,每逢美国商船到沪后数日出版,由轮船带寄到美国、欧洲。1871年由英国人郎格买下,改为月刊,更名《上海通信》。1873年底并入《上海锦囊与每周差报》,继续出版。 |
| | 《上海差报》(*Shanghai Evening Courier*) | 1868.10.1 | 初由罗扎瑞奥负责,次年由郎格主编 | 俗称《晋源报》,一译《通闻西报》《通闻晚报》,为英文晚报,1875年郎格去世,此报与《晚报》合并,改称《上海差报与中国钞报》。 |
| | 《循环》(*The Cycle*) | 1870.5.7 | 詹姆生(R. Alexander Jamieson) | 周刊,1871年6月30日停刊。 |

续表

| 语言 | 报刊名称 | 创办时间 | 创办人或主笔 | 性质及停刊时间 |
|---|---|---|---|---|
| 英文 | 《上海锦囊与每周差报》(*Shanghai Budget and Weekly Courier*) | 1871.1.4 | 不详 | 英文周刊，为《上海差报》的海外版，1873 年与《上海通信》合并，自 1874 年起改名《上海锦囊与每周通信》，1875 年与《上海差报》一起并入《晚报》。 |
| | 《顽童》(*The Puck*) | 1871.4 | 不详 | 漫画杂志。此前出过《上海笨拙》，仿英国著名的《笨拙》周刊，但不久停刊。 |
| | 《中国顽童》(*China Puck*) | 1872 | 不详 | 漫画杂志。与《顽童》竞争，详情不知。 |
| | 《晚报》(*The Evening Gazette*) | 1873.6.2 | 巴尔福(Frederic Henry Balfour) | 同年 9 月报馆被火焚毁，暂停发行，次年初复刊。1875 年《上海锦囊与每周通信》并入，改名《上海差报与中国钞报》继续出版。 |
| | 《华洋通闻》(*The Celestial Empire*) | 1874.7.4 | 不详 | 为《晚报》的海外英文版，周刊，后并入英文《文汇报》，此报作为《文汇报》的海外版继续发行。停刊时间不详。 |
| | 《文汇报》(*The Shanghai Mercury*) | 1879.4.17 | 英人开乐凯(J. D. Clark)、李闱登(Charles Rivington) | 晚报，在国内最先使用煤气引擎轮转印刷机，1900 年改组为有限公司，1930 年 6 月停刊。 |
| | 《戒酒联盟》(*The Temperance Union*) | 1879 | 巴拉德(Ballard)、麦基(McKiege)、开乐凯(J. D. Clark) | 周刊。 |

续表

| 语言 | 报刊名称 | 创办时间 | 创办人或主笔 | 性质及停刊时间 |
|---|---|---|---|---|
| 英文 | 《东方之星》(*The Star in the East*) | 1883.1 | 莱克斯(Rex)、巴拉德(Ballard)、开乐凯(J.D.Clark) | |
| | 《孩提画报》(*The Little One's Own*) | 1886 | 福斯特夫人(Mrs. Forster)主编 | |
| | 《训蒙画报》(*The Child's Illustrated News*) | 1886 | 韦廉臣主编 | 不定期刊。 |
| | 《福音新报》(*The Gospel News*) | 1888.2 | | 周刊。 |
| | 《词林画报》(*The Illustrated Student*) | 1888.4 | 蔡紫黻主编 | 周刊,不久停刊。 |
| | 《捷报》(*China Gazette*) | 1894.7.2 | 欧希(Henry D. O'Shea) | 晚报,1912 年停刊。 |
| | 《泰晤士报申报》(*Shanghai Times*) | 1901 | 美国人包尔(Frank B. Ball) | 一译《上海泰晤士报》,日报,因曾吸收《体育与清谈报》,故英文全称一度为《泰晤士报申报·体育与清谈报》,1941 年日军占领租界后一度停刊,后在日军管制下复刊。1945 年抗日战争胜利后由国民政府接收,易名《中国论坛》,后更名为《上海先锋报》。1949 年 5 月停刊。 |

续表

| 语言 | 报刊名称 | 创办时间 | 创办人或主笔 | 性质及停刊时间 |
|---|---|---|---|---|
| 英文 | 《环球中国学生英文丛报》(*World Chinese-Students Journal*) | 1906.7 | 李登辉、朱少屏 | 双月刊,1914年3月停刊。 |
| | 《上海社会》(*Social Shanghai*) | 1906 | 肖洛克女士(Mrs. Mina Shorrock) | 月刊,停刊时间不详。 |
| | 《工部局市政公报》(*Municipal Gazette*) | 1909.1.17 | 公共租界工部局 | 周刊,停刊时间不详。 |
| | 《大陆报》(*China Press*) | 1911.8.28 | 密勒(T. F. F. Millard) | 日报,民国年间此报多次易主,1949年后被人民政府接收。 |
| 法文 | 《上海新闻》(*Le Nouvelliste de Shanghai*) | 1870.12.5 | 比埃(H. A. Beer) | 一译《上海报界》,周报,1872年12月31日停刊。 |
| | 《进步》(*Le Progr'es*) | 1871.3.21 | 莱皮西尔(Emile Lép Lssier) | 周刊,1872年1月23日停刊。 |
| | 《上海差报》(*Le Courierde Shanghai*) | 1873.1.16 | 弗迈特瑞 | 一译《上海信使报》,周刊,仅出3期便告停刊。 |
| | 《上海回声报》(*L'Echo de Shanghai*) | 1886.1 | 萨拉贝尔(S. Salabelle) | 日报,前身是萨拉贝尔在日本横滨所办的《日本回声报》,仅出版8个月便停刊。 |
| | 《中国差报》(*Le Courier de Chine*) | 1896.6 | 瑞士人喀斯推刺创办,主笔法国人雷墨尔(J. Emile Lemière) | 周刊,每日附出副刊一份4页,同年9月转让给雷墨尔,改名《中国通信》继续出版。 |

续表

| 语言 | 报刊名称 | 创办时间 | 创办人或主笔 | 性质及停刊时间 |
|---|---|---|---|---|
| 法文 | 《中国通信》(*Le Messager de Chine*) | 1896.9.11 | 雷墨尔 | 周刊,前身为《中国差报》,1897年4月7日改日刊,于1897年7月1日改为《中法新汇报》。 |
| | 《中法新汇报》(*L'Echo de Chine*) | 1897.7.1 | 雷墨尔 | 1901年起增出周刊。1927年7月30日停刊。 |
| | 《亚东法报》(*Revue de L'Extreme Orient*) | 1901 | 雷墨尔 | 几个月后便宣告停刊。 |
| | 《法公董局市政年报》(*Bulletin Municipal*) | 1909 | 法租界公董局 | |
| 德文 | 《德文新报》(*Der Ostasiatische Lloyed*) | 1887 | 内维拉任、芬克(Carl Fink) | 周刊。1907年增出《上海通讯》与《商业通讯》两种德文附刊。1917年停刊。 |
| | 《远东报》(*Der Ferne Osten*) | 1902 | 芬克(Carl Fink) | 出版3卷后停刊。 |
| 日文 | 《上海新报》 | 1890.6.5 | 松野平三郎 | 周刊。1891年5月停刊。 |
| | 《上海时报》 | 1892 | 日本青年会 | 出版不到一年即停刊。 |
| | 《上海周报》 | 1894.1 | 不详 | 周报,共同活版所发行。甲午战争爆发后停刊。1904年12月24日,日人竹川藤太良重创同名报纸;是否与原报有关,不详。 |
| | 《上海时事》 | 1896.3.27 | 不详 | 停刊时间不详。 |
| | 《上海日报》 | 1903.3.26 | 永岛高连 | 原名《上海新报》,周刊。1904年3月16日改为日刊,同时更名为《上海日报》,同年7月与同文沪报社合并。以后几经转手,1939年并入《大陆新报》。 |

续表

| 语言 | 报刊名称 | 创办时间 | 创办人或主笔 | 性质及停刊时间 |
|---|---|---|---|---|
| 中文 | 《六合丛谈》 | 1857.1.26 | 墨海书馆创办，伟烈亚力主编 | 月刊，是上海最早出版的中文期刊。1858 年 2 月停刊，共出 15 期。 |
| | 《上海新报》 | 1861.12 | 字林洋行创办，詹美生、伍德、林乐知(Y.J.Allen)先后主编，董明甫助编。 | 《字林西报》中文版，周刊，后改为两日刊、日报。1872 年 12 月 31 日停刊。 |
| | 《教会新报》 | 1868.9.5 | 林乐知 | 1874 年改《万国公报》 |
| | 《申报》 | 1872.4.30 | 英商美查(Ernest Major)和伍德瓦德(L. Woodward)、蒲赖尔(W. B. Pryer)、瓦基洛(J. Wachillop)四人合资，买办(经理)赵逸如，主笔蒋芷湘 | 四开一张。用毛太纸单面印刷。初两日刊，第 5 期起改日刊。1909 年席裕福接盘全部产业，1912 年由史量才接盘。1949 年 5 月停刊。 |
| | 《汇报》 | 1874.6.16 | 唐廷枢 | 1874 年 9 月 10 日改《彙报》。 |
| | 《万国公报》 | 1874.9.5 | 林乐知、慕维廉(William Muirhead)先后主编 | 原《教会新报》改名而来，此前该报已出 300 期。后一度停刊，1889 年 1 月 31 日复刊，周刊，后改月刊。1907 年底终刊，共出 221 期。 |
| | 《彙报》 | 1874.9.10 | 朱逢甲 | 1875 年 7 月 16 日改《益报》。 |
| | 《西国近事汇编》 | 1875.4 | 江南制造局翻译馆创办，由金楷理(Carl T. Kreyer)、林乐知、蔡锡龄编译 | 不定期刊。印送官绅阅看，1899 年停刊。 |

续表

| 语言 | 报刊名称 | 创办时间 | 创办人或主笔 | 性质及停刊时间 |
| --- | --- | --- | --- | --- |
| 中文 | 《小孩月报》 | 1875.5.5 | 美传教士范约翰（J. M. W. Farnham)主编 | 自广州迁来，上海清心书馆发行，后改由中国圣教书会发行。 |
| | 《益报》 | 1875.7.16 | 朱筹生 | 1875年12月4日被封禁。 |
| | 《格致汇编》 | 1876.2.9 | 傅兰雅 | 月刊，是中国最早的科学杂志。1882年停刊。1890年3月复刊，改为季刊。1892年冬停刊，共出7卷60册。 |
| | 《民报》 | 1876.3.30 | 申报馆 | 为申报馆另出的通俗增刊，每周三、四、六出版。 |
| | 《益智新录》 | 1876.7.6 | 基督教美国监理会、英国圣公会创办，林乐知主编，艾约瑟、慕维廉编辑 | 月刊。 |
| | 《新报》 | 1876.11.23 | 袁祖志 | 1882年停刊。 |
| | 《侯鲭新录》 | 1876年冬 | 沈饱山主编 | 文艺月刊，江南制造局印行，5期后停刊。 |
| | 《瀛寰画图》 | 1877.6.6 | 申报馆 | 第二号改名为《寰瀛画报》，不定期刊。图画为英国画师所绘，文字说明为蔡尔康做，英国印刷，上海装订发售，共出5号。 |
| | 《益闻录》 | 1879.3.16 | 上海耶稣会 | 半月刊，后改周刊。 |
| | 《画图新报》 | 1880.6.8 | 上海圣教书会 | 月刊，宣传基督教义，范约翰主办，钟子能主笔，插图用黄杨木雕刻。1913年停刊。 |

续表

| 语言 | 报刊名称 | 创办时间 | 创办人或主笔 | 性质及停刊时间 |
|---|---|---|---|---|
| 中文 | 《沪报》 | 1882.5.18 | 《字林西报》创办，戴谱笙、蔡尔康为主笔 | 稿件大多译自《字林西报》，8月10日改《字林沪报》，1897年创副刊《消闲报》，高太痴、吴趼人主编，是上海最早的报纸副刊。后售予日本人。 |
| | 《点石斋画报》 | 1884.5.8 | 点石斋石印局 | 旬刊。 |
| | 《成童画报》 | 1889.1 | 同文书会 | 周刊，墨海书馆发行。后改名《福幼报》。 |
| | 《飞影阁画报》 | 1890.9 | 吴友如主编 | 旬刊，鸿宝斋石印。出100期后，交周权（慕桥）接办，改名《飞影阁士记画报》。1894年6月停刊。 |
| | 《华洋日报》 | 1891.2.13 | | 旬刊，4月11日，改名《华洋新报》。 |
| | 《中西教会报》 | 1891.2 | 同文书会创办，林乐知等编辑，主笔实际上为沈毓桂等。 | 中文月刊。1893年12月停刊。1895年1月复刊，作为广学会机关报。1912年改名《教会公报》。1917年2月停刊。 |
| | 《公报》 | 1891.6.9 | | 5日刊。 |
| | 《海上奇书》 | 1892.2.28 | 韩邦庆以“花也怜侬”笔名主办 | 吴语文学半月刊，后改月刊。发表《海上花列传》等作品。点石斋承印，申昌书室代售。共出15期。 |
| | 《新闻报》 | 1893.2.17 | 英商丹福士（A. W. Danforth）、斐礼思（F. F. Ferris）与华商张叔和合办。丹福士任总管，斐礼思任总理，蔡尔康任主笔 | 1899年由美国人福开森（John Calvin Ferguson）接盘，1916年改组为美国公司，1929年出售给华商股份有限公司。1960年5月31日终刊。 |

续表

| 语言 | 报刊名称 | 创办时间 | 创办人或主笔 | 性质及停刊时间 |
|---|---|---|---|---|
| 中文 | 《强学报》 | 1896.1.12 | 强学会创办，徐勤、何树龄主编 | 竹纸铅印，免费赠阅。仅出3期。1月20日清政府查封京沪强学会，《强学报》等报被迫停刊。 |
| | 《苏报》 | 1896.6.26 | 胡璋（铁梅） | 由其日本妻子生驹悦在日驻沪总领事馆注册，作为日商报纸。1898年由陈范（梦坡）接盘。1903年7月7日停刊。 |
| | 《时务报》 | 1896.8.9 | 黄遵宪、汪康年、梁启超创办，汪康年任经理，梁启超任主笔 | 以强学会"余款"创办，旬刊。该馆还印行书籍，有《墨子闲诂》《大清一统志》《代数通艺录》等书，并代售书刊。1898年8月8日停刊。 |
| | 《指南报》 | 1896 | 李伯元 | 月刊，次年9月24日停刊。 |
| | 《通学报》 | 1897.2 | 任仲甫主编 | 旬刊，后改月刊。分史地、理化、英语、世界语等栏目。六年后停刊。 |
| | 《苏海汇报》 | 1897.3.12 | 翁萃甫主编 | 同年12月23日停刊。 |
| | 《集成报》 | 1897.5.6 | 陈念馥 | 旬刊，1898年5月停刊。 |
| | 《农学》 | 1897.5 | 农学会创办，罗振玉、蒋黻（伯斧）主编 | 后改名《农学报》《农会报》，半月刊，后改旬刊。石印。出至315期，1906年1月停刊。 |
| | 《游戏报》 | 1897.6.24 | 李宝嘉（伯元） | 月刊，1910年停刊。 |
| | 《新学报》 | 1897.8 | 叶耀元为总撰述 | 半月刊，石印线装，共出5期。 |
| | 《萃报》 | 1897.8.22 | 朱克柔（强甫）任主笔 | 周刊，石印。第21期起迁武昌出版，一年后停刊。 |

续表

| 语言 | 报刊名称 | 创办时间 | 创办人或主笔 | 性质及停刊时间 |
|---|---|---|---|---|
| 中文 | 《实学报》 | 1897.8.28 | 王斯源、王仁俊等编辑，初聘章太炎为撰述 | 旬刊，石印，今见14期。 |
| | 《沪江书画报》 | 1897.8.31 | | |
| | 《工商学报》 | 1897.9.9 | 汪大钧主编 | 周刊，连史纸石印，不久即停刊。 |
| | 《求是报》 | 1897.9.30 | 陈季同、陈寿彭兄弟创办，陈衍、曾仰东主编 | 旬刊，铅印，半年后停刊。 |
| | 《译书公会报》 | 1897.10.26 | 上海译书公会创办，总理为恽积勋，协理为陶湘、董康、赵元益，主笔为章炳麟、杨模，总理翻译为董存嘉 | 周刊。所译书有《交涉纪事本末》《拿破仑兵败失国记》《万国中古史略》等。1898年5月停刊。 |
| | 《演义白话报》 | 1897.11.7 | 章伯初、章仲和等主编 | 停刊时间不详。 |
| | 《蒙学报》 | 1897.11.24 | 上海蒙学公会创办，总董汪康年，总理汪钟霖，总撰述叶瀚 | 石印。以启蒙为主，也译述儿童作品，图文并重。停刊时间不详，共出72期。 |
| | 《青年会报》 | 1897 | 上海中华基督教青年会 | 1898年3月改为《青年》月刊。1917年与《进步》合并为《青年进步》月刊。 |
| | 《求我报》 | 1898.2 | 薛绍元主编 | 半月刊，分方言、正蒙两篇，近似初小课本。连史纸石印。 |
| | 《格致新报》 | 1898.3.13 | 朱开甲、王显理主办 | 旬刊，后改月刊。介绍数理化知识。连史纸石印。共出16期，同年8月停刊，并入《益闻报》。 |

续表

| 语言 | 报刊名称 | 创办时间 | 创办人或主笔 | 性质及停刊时间 |
|---|---|---|---|---|
| 中文 | 《益闻报》 | 1898.3.16 | | 半月刊，不久与《格致新报》合并，易名《格致益闻汇报》，又称《汇报》。 |
| | 《时务日报》 | 1898.5.5 | 汪康年、汪大钧、曾广铨创办，汪康年主编 | |
| | 《亚东时报》 | 1898.6.25 | 上海日本乙未会创办，山根虎之助（立庵）编辑 | 月刊，后改半月刊。自第5期起连载谭嗣同撰《仁学》。自第6期起由唐才常（天游居士）主编。第21期后并入《同文沪报》。 |
| | 《采风报》 | 1898.7.10 | 吴趼人、孙玉声等主笔 | 1910年停刊。 |
| | 《女学报》 | 1898.7.24 | 中国女学会创办，康同薇（康有为之女）、李惠仙（梁启超夫人）、叶蕴华等主编 | 旬刊，后改五日刊。是中国最早的妇女杂志。前三期免费赠阅。第4期起"每张暂收纸料钱"。约1899年停刊。 |
| | 《昌言报》 | 1898.8.17 | 汪康年创办，总董梁鼎芬 | 旬刊，体例、版式与《时务日报》同。共出10期。1898年11月19日停刊。 |
| | 《商务报》 | 1898 | | 旬刊，共出65期。 |
| | 《中外大事报》 | 1899.8.15 | 总理朱凤衔，副理高翔 | 旬刊，天记书局发行。6期后停刊。 |
| | 《五洲时事汇报》 | 1899.9.5 | 社主日本佐原笃介，支配人中国沈士孙 | 半月刊。4期后停刊。 |
| | 《女报》 | 1899 | 陈范之女陈撷芬主编 | 未几停刊。1902年5月8日复刊，仍由陈撷芬主编。文明书局代印，苏报馆代发行。约1903年4月停刊。 |

续表

| 语言 | 报刊名称 | 创办时间 | 创办人或主笔 | 性质及停刊时间 |
|---|---|---|---|---|
| 中文 | 《江南商务报》 | 1900.3.1 | 江南商务局 | 旬刊。刊有中外经济状况、进出口贸易额、海关税收额等。商务印书馆代印,出37期。1901年3月停刊。 |
| | 《亚泉杂志》 | 1900.11.29 | 杜亚泉 | 亚泉学馆发行。是中国人最早办的科学杂志。1901年6月9日停刊。 |
| | 《双管阁画报》 | 1900 | | 连史纸石印,封面封底彩色套印。 |
| | 《上海青年》 | 1901.1.20 | 中华基督教青年会 | 周刊。 |
| | 《教会七日报》 | 1901.3.5 | 管秋初、袭尉编辑 | |
| | 《集成报》 | 1901.4 | 英商 | 旬刊,中国早期文摘性刊物,后由商务印书馆代印。1902年9月出第49期后停刊。在30多个城市有售报处。 |
| | 《教育世界》 | 1901.5 | 罗振玉创刊,王国维主编 | 旬刊,后改半月刊。是中国最早的教育杂志。1908年停刊。 |
| | 《外交报》 | 1901.9.4 | 蔡元培与张元济等创办,张元济主编 | 原名《开元报》,商务印书馆代印,普通学书室发行,后由商务印书馆印行。1911年停刊。 |
| | 《南洋七日报》 | 1901.9.15 | 孙鼎、陈国熙、赵连璧主编 | 共出29期。 |
| | 《选报》 | 1901.11.11 | 蒋智由、赵祖惠先后主编 | 旬刊,后改周刊。共出56期。1903年9月21日停刊。 |

续表

| 语言 | 报刊名称 | 创办时间 | 创办人或主笔 | 性质及停刊时间 |
|---|---|---|---|---|
| 中文 | 《图画演说报》 | 1901.11.30 | | 月刊,1902年尚刊行。 |
| | 《普通学报》 | 1901.11 | 杜亚泉 | 月刊,石印。普通学书室发行。共出5期。1902年5月停刊。 |
| | 《世界月刊》 | 1901 | 谢无量、马一浮、马君武 | |
| | 《政艺通报》 | 1902.2.24 | 邓实主编,马叙伦协助 | 半月刊,1908年2月改月刊,旋停。共出146期。 |
| | 《中外算报》 | 1902.2 | 杜亚泉 | 亚泉学馆发行。后改组为《普通学报》。停刊时间不详。 |
| | 《政学报》 | 1902.3.24 | 张鸿主编 | 旬刊。 |
| | 《飞影阁大观画报》 | 1902.4.15 | | 旬刊。 |
| | 《通问报》 | 1902.4 | 上海广学会创办,吴板桥主编 | 周刊。 |
| | 《新世界学报》 | 1902.9.2 | 陈黻宸主持,马叙伦等执笔,发行人有耻氏 | 月刊。共出15期。 |
| | 《佛学丛报》 | 1902.9.29 | 普陀山法雨寺创办,徐蔚如主编。 | |
| | 《科学世界》 | 1903.3.29 | 虞和钦 | 1922年终刊。 |
| | 《国民日日报》 | 1903.8.7 | 章士钊 | 1903年12月停刊。 |
| | 《俄事警闻》 | 1903.12.15 | 陈竞泉 | 1904年2月25日停刊。 |
| | 《女子世界》 | 1904.1 | 丁初我 | 1907年停刊。 |
| | 《警钟日报》 | 1904.2.26 | 蔡元培 | 1905年3月27日停刊。 |
| | 《东方杂志》 | 1904.3.11 | 商务印书馆 | 1948年12月终刊。 |
| | 《时报》 | 1904.6.12 | 狄楚青 | 1939年9月1日停刊。 |

续表

| 语言 | 报刊名称 | 创办时间 | 创办人或主笔 | 性质及停刊时间 |
|---|---|---|---|---|
| 中文 | 《理学杂志》 | 1906.12.30 | 薛蛰龙 | 约1907年8月停刊。 |
| | 《中国女报》 | 1907.1.14 | 秋瑾 | 仅出2期。 |
| | 《科学讲义》 | 1907.2.13 | 斯学 | 停刊时间不详。 |
| | 《神州日报》 | 1907.4.2 | 于右任 | 1946年停刊。 |
| | 《科学一斑》 | 1907.7 | 曹祖参 | 共出4期。 |
| | 《神州女报》 | 1907.11 | 陈伯平 | 1912年终刊。 |
| | 《天足会报》 | 1907 | 沈教和 | 约1908年停刊。 |
| | 《新朔望报》 | 1908.2 | 张无为 | 1908年4月停刊。 |
| | 《白话小说》 | 1908.12 | | 月刊。 |
| | 《科学杂志》 | 1908 | | 共出24期。 |
| | 《琅嬛杂志》 | 1908 | | |
| | 《环球一粟》 | 1908 | 环球中国学生会 | 月刊。后改名《学生报》，双月刊。中英文合刊。 |
| | 《女学生》 | 1908 | 城东女学社 | |
| | 《女报》 | 1909.1.22 | 陈以益、谢震编辑 | 月刊。出3号及2号增刊。 |
| | 《教育杂志》 | 1909.2.15 | 商务印书馆创办，陆费逵、李石岑、唐钺、何炳松、黄觉民先后主编 | 月刊。1932年停刊。1934年9月复刊。 |
| | 《华商联合报》 | 1909.3.6 | 陈颐寿、陈震福出资，金贤寀主编 | 半月刊，次年2月改名为《华商联合会报》。铅印线装。共出31期。 |
| | 《体育界》 | 1909.4.20 | 上海中国体育学校 | 是中国最早的体育期刊。 |
| | 《图画旬刊》 | 1909.4.26 | 时事报馆 | 油光纸石印，随报附送。 |
| | 《女报》 | 1909.1 | 陈以益 | 仅出3期。 |

续表

| 语言 | 报刊名称 | 创办时间 | 创办人或主笔 | 性质及停刊时间 |
|---|---|---|---|---|
| 中文 | 《民呼日报》 | 1909.5.15 | 于右任 | 1909 年 8 月 14 日停刊。 |
| | 《丈务杂志》 | 1909.6 | 宝山清丈局创办 | |
| | 《图画日报》 | 1909.7.1 | 环球社 | 油光纸石印。国内外新闻兼及小说。共出 404 期。 |
| | 《谐评》 | 1909.7.27 | | |
| | 《十日小说》 | 1909.9.14 | 环球社 | 旬刊,除首页插图外,全为长篇小说。前 3 期附《图画日报》赠阅。 |
| | 《小说时报》 | 1909.10.14 | 由正书局创办,陈冷血、包天笑主编 | 月刊,1910 年 8 月出版 33 期后停刊。1922 年复刊,李涵秋主持,出 5 期。 |
| | 《劝业会报》 | 1909.11.2 | | |
| | 《越报》 | 1909.11.12 | 浙江旅沪学生创办,赵汉声等编辑兼发行 | 月刊。出 1 期及增刊《越恨》。 |
| | 《船业周报》 | 1909 | 罗爱德主编 | |
| | 《医学公报》 | 1909 | 中国医学会 | 半月刊。 |
| | 《中国公报》 | 1910.1.1 | 陈其美 | |
| | 《春申报》 | 1910.1.11 | | |
| | 《新申报》 | 1910.1 | 申报馆 | 周刊。 |
| | 《小说画报》 | 1910.1 | 由正书局创办,包天笑主编 | 月刊。 |
| | 《国风报》 | 1910.2.20 | 编辑及发行人何国桢,梁启超为总撰稿人 | 旬刊。1911 年 7 月停刊。共出 52 期。 |

续表

| 语言 | 报刊名称 | 创办时间 | 创办人或主笔 | 性质及停刊时间 |
|---|---|---|---|---|
| 中文 | 《中国商业杂志》 | 1910.2.24 | 第1号署编辑兼发行陈籽辉。第2号署社长向瑞琨，编辑兼发行陈家灿 | 月刊，后改双月刊。 |
| | 《财政观》 | 1910.3 | 上海衡社事务所创办 | 月刊。 |
| | 《民声丛报》 | 1910.5.23 | 陈其美创办，编辑兼发行署名陈匡 | 半月刊，出2期。 |
| | 《江南警务杂志》 | 1910.4 | | 月刊。江南巡警局发行。 |
| | 《中西医学报》 | 1910.4 | 上海医学书局创办 | 半月刊，丁福保主编。 |
| | 《音乐界》 | 1910.5 | | 发行所为上海昌明公司。 |
| | 《师范讲义》 | 1910.5.28 | 师范讲习所创办 | 商务印书馆出版，月刊。 |
| | 《上海医报》 | 1910.7 | 顾炳秋主编 | 旬刊。 |
| | 《小说月报》 | 1910.8.29 | 商务印书馆创办，王蕴章、恽铁樵先后编辑 | 自第9卷第1期起仍由王蕴章编辑。 |
| | 《民吁日报》 | 1909.10.3 | 范鸿仙 | 1909年11月19日被封。 |
| | 《协和报》 | 1910.10.6 | 德国人芬克创办，主编费希礼 | 周刊。自第4年第15期起由华人白虹主编。 |
| | 《热诚》 | 1910.10.7 | 蓝公武主编 | 旬刊。 |
| | 《民立报》 | 1910.10.11 | 于右任 | 1913年9月4日停刊。 |
| | 《医学杂志》 | 1910.11 | 蔡小香主编 | 月刊。 |
| | 《裕南报》 | 1910.12.24 | | 周刊。 |
| | 《上海杂志》 | 1910.12 | 集成图书公司创办 | 共出6卷。 |

续表

| 语言 | 报刊名称 | 创办时间 | 创办人或主笔 | 性质及停刊时间 |
|---|---|---|---|---|
| 中文 | 《地理杂志》 | 1910.12 | | 双月刊。 |
| | 《黎园杂志》 | 1910.12 | | 月刊,振聩社发行。 |
| | 《女学生杂志》 | 1910 | 杨白民 | 1912年停刊。 |
| | 《少年杂志》 | 1931.3.1 | 商务印书馆创办,孙毓修、杨润田、殷佩斯先后主编 | 月刊。1931年停刊。 |
| | 《政法杂志》 | 1911.3 | 商务印书馆创办,主编陶保霖,编辑沈钧儒、林长民 | 月刊。1915年12月停刊。 |
| | 《启民爱国报》 | 1911.4.29 | 王河屏创办,主编王南 | |
| | 《星期画报》 | 1911.5 | 上海时事新报 | 彩色印刷,随报附送。 |
| | 《医学新报》 | 1911.5 | 上海中日医学校友会 | |
| | 《妇女时报》 | 1911.6.11 | 由正书局创办,包天笑、陈冷血主编 | 1917年5月停刊。 |
| | 《民立画报》 | 1911.7 | 民立报创办,前边为郑正秋剧评,图为张聿光、钱病鹤绘 | 随报附送,16开石印。 |
| | 《留美学生年报》 | 1911.7 | 留美中国学生会创办,胡彬夏编辑 | 1914年3月改名《留美学生季刊》。由中华书局、商务印书馆印行。1928年停刊。 |
| | 《锐进学报》 | 1911.7 | 陶成章等主持 | |
| | 《社会星》 | 1911.9.9 | 江亢虎 | 周刊 |

续表

| 语言 | 报刊名称 | 创办时间 | 创办人或主笔 | 性质及停刊时间 |
|---|---|---|---|---|
| 中文 | 《社会》 | 1911.9 | 上海社会党的惜阴公会创办 | 月刊。 |
| | 《民国报》 | 1911.11.21 | 邓实主编 | 旬刊。 |
| | 《明星画报》 | 1911 | | |
| | 《女界杂志》 | 1911 | 林贯虹主编 | 月刊。 |
| | 《空中语》 | 1911 | | 旬刊。 |

资料来源:熊月之等:《上海通史》第10卷,上海人民出版社1999年版,第50—61页;编委会:《上海出版志》,上海社会科学院出版社1999年版。

上海早期的报刊多为外国人创办。1894年李提摩太在《天津时报》发表《中国各报馆始末》一文,称1815—1894年中国有76种报刊(实际为73种),其中有中文报刊68种(包括新加坡等地),而上海就有32种。这些报刊十之七八为教会所办,其中日报26种。[①] 这意味着上海报刊市场的发育还很不充分。

19世纪90年代发生的戊戌维新运动在中国掀起了一个办报热潮。其时,维新人士敏锐地洞察到了现代传媒的威力以及教育的功能,并很快将之作为传播自己思想的工具,而上海的开放性特征又为这些报刊提供了土壤。于是,上海的中文报刊迅速发展起来。尽管戊戌维新很快失败,但在此后的清末新政以及辛亥革命的浪潮中,上海的办报传统得到了进一步的弘扬,因此报刊的数量进一步增加。据统计,1911年以前我国已有中文报刊1753种,而其中有460种是在上海出版的[②],占全国总量的26.24%。而就外文报刊而言,1911年以前我国共出版过136种,其中54种在上海出版,占总量的39.7%[③]。

民国时期,随着民智的进一步开启以及上海娱乐社会的形成,人

① 编委会:《上海出版社志》,上海社会科学院出版社1999年版,第29页。
② 汪幼海:《〈字林西报〉与近代上海新闻事业》,《史林》2006年第1期。
③ 汪幼海:《〈字林西报〉与近代上海新闻事业》,《史林》2006年第1期。

们的阅读欲望进一步提升，再加上资本主义经营方式的进一步发展，上海的报刊市场进一步繁荣。据不完全统计，1912—1949 年上海曾先后出版过1 580种中文报纸，其中创刊于民国初年至 20 世纪 20 年代以前的有近 80 种，创刊于 20 世纪 20 年代的有近 720 种，创刊于 20 世纪 30 年代的有 480 种 ，创刊于 20 世纪 40 年代的有 250 种，分别占总数的 0.5%、46%、30%、16%左右。1936 年上海出版的杂志为 295 种，1937 年上海出版的杂志为 320 种。抗战胜利后的 1946 年，上海出版的杂志有 224 种①。

近代上海不仅报刊数量众多，且种类亦日趋丰富。如在近代上海的报纸中，不仅有大量的政论性报纸，也有众多的商业性报纸；不仅有许多大报，也有众多小报；不仅有日报，也有早报、晚报、周报；不仅有综合性报纸，也有各种分门别类的其他类报纸。近代上海的杂志亦是如此，就内容上来说，不仅有休闲娱乐类的，更有学术研究类的。在休闲娱乐类杂志中，还可细分为大众和女性、青年、儿童等多个门类。在学术研究类别中，不仅有关于社会科学的，更有关于自然科学的。

在此过程中，一些报刊的规模亦不断扩大，发行量不断上升。如《申报》初创时发行量仅有 600 份，1881 年增加到2 000份，1897 年每天销数已达7 000份以上②，1907 年增加到万余份③。1931 年全国 6 家日发行在35 000份以上的报纸中，有 5 家在上海，其中《申报》《新闻报》的日发行在 15 万份以上④。当时上海著名的《生活周刊》在 1925 年初创时的发行量不过1 000—2 000份，1928 年发展到4 000多份，1928 年增加为 8 万份，1931 年"九·一八"事变后增加为 12 万份，1933 年被国民党政府查封前发行量更高达 15 万份之多，荣膺民国时期发行量最大的杂志之宝座。上海另一家著名杂志《良友画报》的发

① 熊月之等：《上海通史》第 10 卷，上海人民出版社 1999 年版，第 223—224、188 页。

② 徐载平、徐瑞芳：《清末四十年申报史料》，新华出版社 1988 年版，第 73 页。

③ 徐载平、徐瑞芳：《清末四十年申报史料》，新华出版社 1988 年版，第 73 页。另有一种观点认为，《申报》期发万份要到民国以后，《新闻报》突破万份也要在 1900 年以后。见马光仁主编：《上海新闻史》，复旦大学出版社 1996 年版，第 103 页。

④ 黄樾：《文化产业研究中的"上海经验"》，同济新闻网 2005—03—28。

行量也相当可观，其第 1 期销量即达7 000份，第 2 期起销量超过 1 万份，第 37 期起销量达到 3 万份，第 45 期后销量达到 4 万份以上①。如此规模，在近代中国是非常罕见的。

## 二、近代上海的出版业

近代上海出版业是从西方先进印刷技术的传入开始的。在近代以前，我国的印刷业尚处于木刻手印的时代，不仅效率低下，且成本昂贵。随着近代西方先进的石印、铅印等技术以及机械等动力装置的传入，我国的近代出版业逐渐起步。在此过程中，上海凭借其特殊性，又一次走在了国内其他城市的前列。

1876 年，徐家汇天主教堂附设的土山湾印书馆开业，并使用石印技术印刷宗教图画。这是石印技术走入上海的开始，但其设备简陋，并无动力装置，印刷效率的提高尚不显著，且不对外营业，故影响有限。1879 年英国商人美查创办点石斋印书局，是为石印技术在上海普及的开始。其时，该书局在采用石印技术的同时，还采用转轮印刷机并配以引擎，极大地提高了印书的效率，所印《康熙字典》共 10 万册，很快售罄，获利甚丰。在其带动下，上海的石印书局迅速发展起来，并盛极一时。至 19 世纪末 20 世纪初，上海至少拥有石印书局 56 家之多，其中著名的除点石斋印书局外，尚有同文书局、扫叶山房、蜚英馆、拜石山房等机构②。上海因之成为全国石印书局的中心。

上海最早使用铅字印刷技术的机构是 1843 年诞生的墨海书馆，该馆早期的图书大部分是铅印的。此后，出现在上海的美华书馆、申报馆、同文馆、商务印书馆等也都使用铅字技术。至清末，上海使用铅印技术的出版机构在 21 家以上③。

技术水平的提高使大量书籍的出版成为可能，而辛亥革命前后所

---

① 熊月之等:《上海通史》第 10 卷，上海人民出版社 1999 年版，第 188、192 页。

② 张秀民:《中国印刷史》，上海人民出版社 1989 年版，第 590 页。

③ 张秀民:《中国印刷史》，上海人民出版社 1989 年版，第 590 页。

酝酿的巨大的社会变革又为图书出版制造了巨大的需求。因之,在清末民初之际上海的出版业开始迅速发展起来。其表征一为出版企业众多,二为出版书籍众多。

就出版企业来看,早在清末上海即已有大量经营性企业的存在,如前述众多的石印书局都为上海早期的经营性出版企业。民国以后,上海的出版企业进一步增加。至 1935 年,上海共有各类出版机构 260 家,其中资产在 5 千元以下者 164 家,5 千元至 1 万元者 29 家,1 万—5 万元者 28 家,5 万—10 万元者 5 家,10 万元以上者 34 家①。在这些企业中不乏誉满全国的优秀企业,如商务印书馆、中华书局、世界书局、儿童书局、大东书局、上海书店、少年出版社、风雨书屋、文明书局、正中书局、世界书局、世界出版合作社、医学书局、时代图书出版印刷发行公司、晨光出版公司、宽文书局、泰东图书局、骆驼书店、春潮书局、现代书局、时代出版社等著名出版机构,由此印证了“中国近现代史上具有重要影响的出版社大多在上海”的论断。②

早在清末上海的石印书籍的出版量已十分可观。除点石斋印书局所印《康熙字典》曾达 10 万册外,同文书局印的《古今图书集成》1 万卷达1 500部、《二十四史》达1 000部,而扫叶山房所印书籍则达 419 种之多③。民国成立以后上海出版企业出版的书籍数量更令人瞩目。据统计,20 世纪 30 年代上海曾出版过数万种书籍,仅 1936 年上海出版的新书就达5 721种,占全国出版图书总量的 90%以上④。1927—1937 年仅上海的商务印书馆等三家出版社出版的新书就占全国新书出版的半壁江山。⑤

正是由于上述原因,近代上海当仁不让地成为全国的报刊出版中

---

① 宋原放:《中国近代出版大事记》,载《出版史料》1991 年第 1 期。

② 雷群明:《试论海派出版》,见方明伦等:《海派文化纵横谈》,上海大学出版社 2004 年版,第 114—119 页。

③ 熊月之等:《上海通史》第 10 卷,上海人民出版社 1999 年版,第 93—94 页。

④ 伪上海市政研究会:《上海租界内中国出版界的实况》,载《出版史料》1985 年第 4 期。

⑤ 黄樾:《文化产业研究中的“上海经验”》,同济新闻网 2005—03—28。

心。直至抗日战争爆发,上海的报刊出版中心地位才开始改变。

## 小 结

业态丰富程度和产业规模是衡量一个产业发展水平的重要标志。回眸近代上海,我们可以发现,这里的文化产业不仅包括娱乐业、电影业、报刊出版业等众多的行业部门,而且每一行业部门内部的企业数量以及产品数量均令世人所瞩目。

近代的上海文化产业,就其自身来看,拥有丰富的业态,并形成了一定的产业规模;就全国来看,它的发展则更令人赞叹。20 世纪二三十年代的上海是中国的娱乐之都、电影生产和发行中心以及报刊图书的出版中心。所有这些表明:近代上海的文化产业化发展已经取得了显著的成就。

# 第四章 近代上海文化产业的经济地位

## 第一节 文化企业的内部设施

在产业化发展的过程中，近代上海的文化企业十分重视企业设施建设。在此过程中，娱乐企业则从吸引顾客的角度出发，注重以人为本，而报刊出版业则从提高出版质量和速度的角度出发，注重有机成本的提高。

### 一、娱乐企业的内部设施

早在光绪年间，上海戏园已十分注重内部设施的建设。如前所述，当时上海的四大戏园——天仙、丹桂、留春、咏霓等环境幽雅，看戏已有包厢，而“楼上两旁除包厢外，楼中及楼下池座，俱列方桌，被以红缎桌围。每桌排列单靠椅六张，定为六客”，井然有序；而当时北京各戏园“座位则长凳粗桌，等于沪上之起码座”①。

进入20世纪，随着科学技术的不断进步以及上海娱乐产业的进一步发展，娱乐企业积极引进先进技术设施。如清末建成的新舞台第一个改革了旧式茶园布局，并利用先进技术对舞台进行改进，其舞台下设机关，“台中心可以转动”，并采用机关、灯光、硬片、软片、附片等布景②，整个舞台不但建筑规模宏大、宽敞，而且景象逼真，活泼生动，“既有山林旷野，也有曲院洞房，配合剧情，增加了观众的现实感和优美感”③；在座位安排上，则将方形茶桌、包厢等改为长排的联椅，并采取前低后高的方式，以增加观众的容量，保证观众的视线。④ 此后，在其影响下，上海新建的戏剧演出场所基本上采取了这种新的建筑形式和舞台样式。

随着灯光技术的发展，20世纪20年代天幕幻灯光源和霓虹灯也开始运用到上海的戏剧舞台上，为戏曲演出进一步增添了魅力。如早在20世纪初，上海的“楼外楼”等游乐场已采用“电梯”这样的先进设施，并从国外进口“哈哈镜”等新奇装置招徕游客，先进的灯光技术也应用其中。20世纪20年代新建的电影院奥迪安更宣称自己是“东方最宽敞最华美的电影宫殿。完美的构造和设计，一切为观众的舒适和健康着想”⑤。

20世纪30年代，上海的娱乐企业内部设施更是十分先进。无论是改建还是新建的娱乐场所，都更加注重娱乐环境的营造，如洗手间设施、室内空气循环、温度调节等都极为讲究，并为此不惜重金打造。其中，又以大光明电影院和百乐门舞厅最为代表。

大光明电影院建成于20世纪20年代。为追求更好的营业效果，

---

① 拙庵：《近三十年来海上剧场之变迁记》，《申报》1927年1月1日元旦增刊，第8版。

② 王仲钧、胡仲聆：《上海戏园琐话》，《上海地方史资料》（五），上海社会科学院出版社1986年版，第200—201页。

③ 郑逸梅：《新舞台和潘月樵》，《上海掌故》，上海文化出版社1982年版，第28页。

④ 许敏：《晚清上海的戏园与娱乐生活》，《史林》1998年第3期。

⑤ 《良友》1928年第16期，转引自（美）李欧梵：《上海摩登——一种新都市文化在中国》，北京大学出版社2001年版，第99页。

20 世纪 30 年代投资方对其进行了改造。此次改造，投资巨大，达 100 万元，其中用于建筑 20 万元，内部装饰 10 万元，冷气设备 30 万元，放映设备 25 万元，座椅等 15 万元。

改造后的大光明电影院可谓富丽堂皇：大门口的灯塔高达 120 尺，每当灯火通明时，数里外都可以看见；大堂宽敞而典雅，三座室内喷泉，一幅霓虹闪烁的巨幅遮帘以及淡绿色的盥洗室，使观众赏心悦目，倍感舒适。在改造过程中，为追求最佳效果，影院斥巨资从国外进口部分材料，如其所使用的大理石大部分采用比利时进口的上等产品，色彩和谐。[①]

大光明电影院改造完成后，不仅使自身成为国内第一、国际一流的娱乐场所，而且意味着上海电影院设施的先进程度远远超过了国内其他地区。当时北京设施最好的两家电影院平安和光陆，也只是“有声片的发音很清，并且屋内建筑合乎科学化，声音不致扩散”；“银幕的光线也非常适宜，绝没有昏暗不清的缺点”，且光线及空气的流通也很好[②]，其他“不但放映影片的优先权，就是影院一切建筑设备”，即使和天津相比，“也不免相形见绌”[③]，更不要说和上海相比了；而内陆其他地区电影院的情况则更为落后，如重庆的电影院，“第一种，院内放置藤制靠椅，夏天有电扇；第二种是竹椅木凳的座位，夏天安置着几块用十多把蒲扇排成的手拉风扇。”[④]

百乐门舞厅是 20 世纪 30 年代建成的当时上海最大的舞厅。1932 年中国商人顾联承投资 70 万两白银，购地营建 Paramount Hall，并以谐音取名“百乐门”[⑤]，其主体建筑共三层，底层为厨房和店

---

① 上海通社：《上海研究续集》，上海中华书局 1939 年版，第 553 页；叶树平、郑祖安：《百年上海滩》，上海画报出版社 1990 年版，第 119 页；上海档案馆馆藏档案：S319－01—000120，《上海市电影院商业同业公会》。

② 率真：《北平五大影院及其观众的分析》，《电影新闻》1935 年第 1 卷第 6 期，第 13 页。

③ 率真：《北平五大影院及其观众的分析》，《电影新闻》1935 年第 1 卷第 6 期，第 13 页。

④ 《电声》1934 年第 21 期，第 409 页。

⑤ 孙琴安：《上海百乐门传奇》，上海社会科学院出版社 2010 年版，第 26－29 页。

面，二层为舞池和宴会厅，三楼为旅馆。百乐门舞厅最大的舞池达 500 余平方米，可供数百人同时起舞。大舞池周围还有可以随意分割的小舞池，既可以供人习舞，也可供人幽会。若其舞池全部起用，可容纳上千人同时起舞。①

百乐门舞厅不仅舞池面积大，其内部设施亦十分先进。如当时其舞池地板安装的是一种高级的“弹簧地板”，其下用汽车钢板支托，在众人共舞时，人们脚下会感到一种有韵律的颤动，令人无比新奇，以致舞客趋之若鹜。此外，舞厅雇有外国乐队演奏，装有冷暖空调，陈设亦十分豪华，顶层还装有一个巨大的圆筒形玻璃钢塔，当舞客准备离场时，可以由服务生在塔上打出客人的汽车牌号或其他代号，车夫可以从远处看到，而将汽车开到舞厅门口②。正是由于上述原因，百乐门舞厅被时人誉为“远东第一乐府”。1936 年美国喜剧大师卓别林游览上海时，即使只停留一夜也要光顾百乐门，以致名声进一步大振③，成为上海舞厅乃至近代上海娱乐业的代表性名词。

## 二、报刊、出版企业的内部设施

如前所述，对于报刊、出版业来说，“开辟市场、保证报刊图书销量最基本的要求是必须具备能够实行规模生产的先进生产技术和设备”④。因此，在产业化发展的过程中，近代上海的新闻出版企业十分注重先进技术的引进和有机成本的提高。

早在 19 世纪末 20 世纪初，铅印、石印、机器印刷等西方先进的印刷技术已全部引入并被应用于上海的报刊以及图书的生产中。

---

① 熊月之：《上海——一座现代化都市的编年史》，上海书店出版社 2007 年版，第 296 页。

② 熊月之：《上海——一座现代化都市的编年史》，上海书店出版社 2007 年版，第 296 页。

③ 李向民：《中国文化产业史》，湖南文艺出版社 2006 年版，第 348 页；熊月之：《上海——一座现代化都市的编年史》，上海书店出版社 2007 年版，第 296 页。

④ 张敏：《略证辛亥革命时期的上海报刊市场》，《史林》2003 年第 2 期。

如咸丰年间，墨海书馆排字已采用活版，并“以铅浇制”，印刷也开始使用铁制印书车床。墨海书馆使用的铁制印书车床“长一丈数尺，广三尺许，旁置有齿重轮二，一旁以二人司理印事，用牛旋转，推送出入。悬大空轴二，以皮条为之经，用以递纸，每转一过，则两面皆印，甚简而速”。采用机器印刷的墨海书馆“一日可印四万余纸”。① 之后的美华书馆，“造字刻板”亦“悉以化学”之法为之，而这种方法“实为近今之新法”，印刷则同样采用机器进行。②

1872 年申报馆开始使用凸版手摇轮转印刷机印刷报纸，“每时可出数百张”，“嗣后以蒸汽引擎及自来火引擎代人力，速率较前增高一倍”；1911 年购买双轮转机，报纸“出数每小时增至两千张”；1916 年采用日本制造的法式滚筒印刷机，“出品之快，数倍于轮转机，每小时能出八千张”。③

石印术为奥地利人施纳飞尔特发明，使用该方法翻印的古书，“文字原形，不爽毫厘，书版尺寸又可随意缩小，蝇头小字，笔画清楚”，深受读书人的喜爱④。1876 年徐家汇土山湾印刷所的法人翁相公和华人邱子昂开始使用石板印刷术印刷天主教宣教品，是为中国使用石板印刷术的开始。点石斋印书局成立后，“聘用土山湾印刷所之邱子昂为石印技师”，印刷书籍，其所印刷的《康熙字典》第一批 4 万部，“不数月而售罄”，第二批印 6 万部，“又不数月售罄”，而石印的《点石斋画报》则开创了中国画报之始⑤。

其他在本时期内引入上海还有铅版、纸版、电镀铜版、石膏版、黄杨版、照相铜锌版等各种制版技术，而华文字模、排字架、铸字机等设

---

① 王韬：《瀛壖杂志》，上海古籍出版社 1989 年版，第 119—120 页。

② 王韬：《瀛壖杂志》，上海古籍出版社 1989 年版，第 120 页。

③ 贺圣鼐：《三十五年来中国之印刷术》，载张静庐辑注：《中国近代出版史料初编》，上杂出版社 1953 年版，第 268—269 页。

④ 贺圣鼐：《三十五年来中国之印刷术》，载张静庐辑注：《中国近代出版史料初编》，上杂出版社 1953 年版，第 269—270 页。

⑤ 贺圣鼐：《三十五年来中国之印刷术》，载张静庐辑注：《中国近代出版史料初编》，上杂出版社 1953 年版，第 270 页。

备也在实践的过程中不断得到改进。

正是这些设备和新技术的引入，使上海报刊出版业的印刷速度和质量得到了很大的提高。

## 第二节　文化产业的市场规模

近代上海文化产业化发展，不仅使上海集聚了众多的文化企业，形成了一定的产业规模，同时也为之培育了一个庞大的文化市场。其主要表现即为消费者数量不断增多，市场占有率日益提高，市场不断拓展。

### 一、娱乐业的市场规模

对于上海早期娱乐业的消费者数量，目前尚没有明确的统计资料。但从当时戏院等娱乐场所不断增多、规模不断增大的事实以及动辄“观者如蚁聚”的描述中，我们仍可以感受到其时上海娱乐市场的繁荣程度。

民国以后，上海娱乐市场进一步繁荣。1949 年的一项统计显示，在 1949 年 6—12 月半年的时间里，仅电影一项就有观众1 517万余人（见表 4—1）。

**表 4—1　　1949 年 6—12 月上海影院放映影片观众人数**

| 月别 | 共计 | 国产片 | | 外片 | |
|---|---|---|---|---|---|
| | | 公营 | 私营 | 苏联 | 英美 |
| 总计 | 15 171 522 | 873 509 | 6 013 325 | 823 135 | 7 461 553 |
| 6 月 | 2 242 004 | — | 1 042 439 | 153 543 | 1 046 022 |
| 7 月 | 1 876 584 | 147 471 | 671 766 | 99 218 | 958 179 |
| 8 月 | 2 078 640 | 91 012 | 844 945 | 65 756 | 1 076 927 |
| 9 月 | 2 195 043 | 123 442 | 799 203 | 21 149 | 1 251 249 |

续表

| 月别 | 共计 | 国产片 | | 外片 | |
|---|---|---|---|---|---|
| | | 公营 | 私营 | 苏联 | 英美 |
| 10月 | 2 333 663 | 285 380 | 943 663 | 138 676 | 965 944 |
| 11月 | 2 258 291 | 147 319 | 840 584 | 164 067 | 1 106 321 |
| 12月 | 2 187 297 | 78 935 | 870 725 | 180 726 | 1 056 911 |

资料来源:上海市政府秘书处:《1949 年上海市综合统计》,第 380 页。

近代上海娱乐业的繁荣是由多种因素共同促成的。

1. 娱乐的样式进一步丰富

首先,戏剧种类进一步增多。民国以前上海的戏剧市场以京剧演出为主,尽管也有昆曲等其他剧种的存在,但多为其点缀,而民国以后一些新的剧种开始不断发展起来,其中以粤剧、越剧、沪剧等最为突出。

粤剧是珠江流域的一种地方戏剧,19 世纪 70 年代已传入上海,但直至清末民初,上海的粤剧演出始终处于时断时续的状态。一战爆发后,上海的民族经济迅速发展,来沪的广东商人大量增加,粤剧演出也因之逐渐繁荣。1919 年,以著名花旦李雪芳为台柱的粤剧群芳艳影班应邀来到位于四川北路虹江路上的上海大戏院演出,轰动一时,自此掀起了上海人观看粤剧的热潮。如 1919 年苏州妹在继李雪芳之后来沪演出时,曾有"万人空巷""目无隙地"之形容;1920 年李雪芳第二次来沪演出时,"广东人更是趋之若鹜,每天不到开演时间,戏馆内便座无虚席"。

1920 年,由广东商人投资兴建的专演粤剧的广舞台竣工,上海的粤剧演出开始进入一个高峰时期。1928 年,广舞台改建为广东大戏院,不仅面貌焕然一新,规模也进一步扩大。需要指出的是,本期内,粤剧不仅在广舞台、广东大戏院上演,也经常在更新舞台、月宫大戏院、明珠大戏院、上海大戏院、香港大戏院等处上演。不仅如此,来沪演出的粤剧戏班和演员也非常多。据统计,1919—1937 年先后有 26 个粤剧戏班、2 000余名粤剧演员来沪演出,其中有不少是著名的粤剧演员，如李雪芳、崔奈何、苏州妹等。

粤剧的观众不仅规模庞大，且范围也十分广泛。每当有戏班来沪演出，不仅旅居沪地的广东人前往观看，就是上海本地人和来自其他地区的人士也纷纷慕名前往。如李雪芳来沪演出时，“本帮人士之前往顾曲者，已十居其四”，也有人认为“沪人观客居十之六”[①]；另一位著名粤剧演员西丽霞来沪演出时，则不仅广东人观看，“沪人士亦多往观”[②]。

所有这些表明，本期内粤剧演出在上海已经非常繁盛。[③]

越剧原是浙江嵊州市名叫“的笃班”的一种地方小戏，最初演员全部为男性。20 世纪初该戏进入上海，逐渐吸收京剧、绍剧的表演形式，改进表演技术，并改称“绍兴文戏”。此后，随着上海女演员的出现和发展，绍兴戏出现了女子科班。到 20 世纪 30 年代后期，该戏更逐渐转变为全部以女演员来表演的剧种。20 世纪 40 年代袁雪芬邀请新文化工作者参加编导，并对舞台装置、化妆、服装及音乐进行了全面改革，正式将之改称“越剧”。1946 年，袁雪芬等在上海演出根据鲁迅小说《祝福》改编的《祥林嫂》，令人耳目一新，越剧自此声名鹊起，并有与京剧一争高下之势[④]。

沪剧的前身即为早年流行于上海的花鼓戏，亦称东乡调、滩簧。如前所述，作为一种“男女混杂”的演出形式，在清代一直是官府饬禁的对象。民国以后，随着社会风气的变迁，花鼓戏开始走入上海的各种娱乐场所进行公开的演出，并改名为申曲。20 世纪 20 年代后随着社会的进步，在社会和艺人各方面的共同努力下，其演出内容和演出形式都有了很大的革新，遂逐渐流行，并走入了戏院等正规的演出场所。20 世纪 40 年代后，沪剧作为一个新的剧种正式形成，并风靡一

---

① 《申报》，1920 年 11 月 4 日、1925 年 2 月 17 日。

② 《申报》，1925 年 2 月 17 日。

③ 有关粤剧在上海的演出和发展情况，参见宋钻友：《粤剧在旧上海的演出》，《史林》1994 年第 1 期。

④ 嵊县文化局编：《早期越剧发展史》，浙江人民出版社 1983 年版。

时。

除此而外,近代上海的戏剧市场上还曾先后出现过新剧、话剧的流行,亦极大地刺激了市民的观赏欲望。

其次,新的娱乐样式不断涌现。民国以前,上海的娱乐场所主要以戏园为主,兼以跑马场、弹子房等娱乐机构,而后者又主要以西方人为主,故到戏园看戏则成为上海市民的主要娱乐方式。1908 年上海的第一家电影院诞生,1911 年国人自办的江湾跑马场出现,1912 年上海有了多种娱乐内容并容的游乐场。20 世纪 20 年代营业性舞厅问世,跑狗场、回力球场相继建成,20 世纪 30 年代溜冰场在上海出现。每一种娱乐样式的诞生都使市民有着不同的感受,也进一步刺激了市民的消费欲望。

2. 人口进一步增加

近代以前,上海人口只有 50 万。开埠后,上海的人口始终处于急剧增加的状态。鸦片战争以后,随着资本主义商品的大量输入,中国农村自给自足的自然经济开始破产,再加上战争的破坏,大量人口流入城市觅食。而作为新兴工商业城市并有租界之特殊地位的上海,则更成为这些人的理想之地。正是这些因素导致近代上海人口数量急剧攀升。

1855 到 1865 年上海仅租界的人口就净增 11 万之多,原来的租界地僻荒凉,而至此已是“肩摩趾接,居室则嚣杂湫隘,荒地亩则百余金”①。1900 年上海人口超过 100 万人,1915 年后超过 200 万人,1930 年超过 300 万人,1948 年上海人口已经超过了 500 万人(见表 4—2)。在 20 世纪 30 年代,上海已经成为远东第二、世界第五大城市,在 20 世纪 40 年代末已经成为世界上的特大城市②。

由上述可知,民国以后上海人口的增长速度远远超过了此前的水

---

① 《创建上海江宁土邑公所碑》,载《上海碑刻资料选辑》,上海人民出版社 1980 年版,第 399 页。

② 高福进:《“洋娱乐”的流入——近代上海的文化娱乐业》,上海人民出版社 2003 年版,第 2 页。

平。如此众多人口的流入进一步刺激了上海社会的娱乐需求。

**表 4—2** **近代上海人口变迁情况** 单位：人

| 年份 | 华界 | 公共租界 | 法租界 | 总人口 |
|---|---|---|---|---|
| 1843 | 500 000 | | | 500 000 |
| 1852 | 544 418 | | | 544 418 |
| 1853 | | 500 | | |
| 1855 | | 20 243 | | |
| 1865 | 543 110 | 92 884 | 55 925 | 691 919 |
| 1866 | 543 110 | | | |
| 1870 | | 76 713 | | |
| 1876 | | 97 335 | | |
| 1879 | | | 33 660 | |
| 1880 | | 110 009 | | |
| 1885 | | 129 338 | | |
| 1890 | | 171 950 | 41 616 | |
| 1895 | | 245 679 | 52 188 | |
| 1900 | | 352 050 | 92 268 | |
| 1905 | | 464 213 | 90 963 | |
| 1909 | 671 866 | | | |
| 1910 | 671 866 | 501 541 | 115 946 | 1 289 353 |
| 1914 | 1 173 653 | | | |
| 1915 | 1 173 653 | 683 920 | 149 000 | 2 006 573 |
| 1920 | | 783 146 | 170 229 | |
| 1925 | | 840 226 | 297 072 | |
| 1927 | 1 503 922 | 840 226 | 297 072 | 2 641 220 |
| 1928 | 1 516 090 | | 358 453 | |
| 1929 | 1 620 187 | | | |
| 1930 | 1 702 130 | 1 007 868 | 434 807 | 3 144 805 |

续表

| 年份 | 华界 | 公共租界 | 法租界 | 总人口 |
|---|---|---|---|---|
| 1931 | 1 836 189 | 1 025 231 | 456 012 | 3 317 432 |
| 1932 | 1 580 436 | 1 074 794 | 478 552 | 3 133 782 |
| 1933 | 1 795 953 | 1 111 946 | 496 536 | 3 404 435 |
| 1934 | 1 925 778 | 1 148 821 | 498 193 | 3 572 792 |
| 1935 | 2 044 014 | 1 159 775 | 498 193 | 3 701 982 |
| 1936 | 2 155 717 | 1 180 969 | 477 629 | 3 814 315 |
| 1937 | 2 155 717 | 1 218 630 | 477 629 | 3 851 976 |
| 1940 | 1 479 726 | | | |
| 1942 | 1 049 403 | 1 585 673 | 854 380 | 3 919 779 |
| 1945 | | | | 3 370 230 |
| 1946 | | | | 3 830 039 |
| 1947 | | | | 4 494 390 |
| 1948 | | | | 5 406 644 |
| 1949(3 月) | | | | 5 455 007 |
| 1949(12 月) | | | | 5 062 878 |

资料来源:编委会:《上海通志》第 3 卷,上海人民出版社 2005 年版;邹依仁:《旧上海人口变迁的研究》,上海人民出版社 1980 年版,第 90—91 页。

3. 娱乐设施容量不断增大

近代上海娱乐设施的容量始终在不断增大,民国以后这种情况更加明显。首先,在娱乐样式增加的同时,各类娱乐企业的数量也在不断增加。至 20 世纪 30 年代,上海至少已有戏院 101 家、电影院 44 家、舞厅 28 家、游乐场 10 家、溜冰场 6 家、书场 52 家、跑狗场 3 家、回力球场 1 家、弹子房 19 家、跑马场 3 家(见表 4—3)。在此过程中,一些规模较大、容量较高的企业不断涌现。

如 1927 年建成的大新舞台,占地2 000多平方米,建筑面积6 200多平方米,其中演出使用面积3 600多平方米,观众席有 4 层,一共

3 900多个座位[1]；建成于20世纪20年代的卡尔登大戏院有座位909个，中央大戏院有座位1 177个，光陆大戏院有座位1 000个，1930年建成的南京大戏院的座位达1 450个，黄金大戏院的座位达1 800个，1932年建成的融光大戏院的座位达1 900个，1933年建成的大光明电影院的座位更达1 986个[2]；1932年建成的百乐门舞厅可容纳近千人同时起舞。

如此规模的娱乐设施容量，为娱乐市场规模的发展提供了重要保证。

正是在上述原因的作用下，近代上海的娱乐市场规模不断增加。据不完全统计，至上海娱乐业最为辉煌的20世纪30年代，上海娱乐市场上每天的消费人数在29万人左右(见表4—3)。

**表4—3　　20世纪30年代上海娱乐业的市场情况和就业情况**

| 行业名称 | 数　量 | 日均消费人数(人) | 就业人数(人) |
|---|---|---|---|
| 戏院 | 82(1937年) | 74 235(可接待能力) | 2 500—3 000 |
| 电影院 | 44(1937年) | 131 076(可接待能力) | 1 350—1 760 |
| 舞厅 | 28(1936年) | 5 000 | 3 600 |
| 游乐场 | 10(20世纪30年代) | 40 000 | 6 000 |
| 溜冰场 | 6(1938年) | 4 200 | 90—120 |
| 书场 | 52(1936年) | 22 880(可接待能力) | 880 |
| 跑狗场和回力球场 | 4(20世纪30年代) | 12 000 | — |
| 弹子房 | 19(1937年) | — | 133 |
| 跑马场 | 3(20世纪30年代) | — | — |
| 合　计 | 245 | 289 391 | 14 553—15 493 |

资料来源：楼嘉军：《上海城市娱乐研究(1930—1939)》，华东师范大学博士论文2004年。

---

① 熊月之等：《上海通史》第10卷，上海人民出版社1999年版，第208页。

② 《上海市年鉴》(1937)。

## 二、报刊、出版业的市场规模

就报刊、出版业而言，其市场规模主要通过报刊发行量和图书出版量以及市场域来表述。

近代上海的报刊就发行量而言，是非常可观的。如《申报》初创时发行量仅有 600 份，1881 年增加到2 000份，1897 年每天销数已达7 000份以上[①]，1907 年更增加到万余份[②]。1931 年全国 6 家日发行在35 000份以上的报纸中，有 5 家在上海，其中《申报》《新闻报》的日发行量在 15 万份以上[③]。当时上海著名的《生活周刊》1925 年初创时的发行量不过1 000—2 000份，1929 年发展到4 000多份，1929 年增加为8 万份，1931 年"九・一八"事变后增加为 12 万份，而 1933 年被国民党政府查封前，发行量更高达 15 万份之多，荣膺民国时期发行量最大的杂志之宝座。上海另一家著名杂志《良友画报》的发行量也相当可观，其第 1 期的销量即达7 000份，第 2 期起销量超过 1 万，第 37 期起销量达到 3 万，第 45 期后销量达到 4 万以上。[④]

近代上海的图书出版量也十分巨大。早在清末时期，上海的石印书籍的出版量即已十分可观。除点石斋印书局所印《康熙字典》曾达10 万册外，同文书局印的《古今图书集成》1 万卷达1 500部、《二十四史》达1 000部，而扫叶山房所印书籍则达 419 种之多[⑤]。民国以后，上海出版企业出版的书籍数量更令人瞩目。据统计，20 世纪 30 年代上海曾出版过数万种书籍。1927—1937 年的 10 年间，仅上海的商务印书馆等三家出版社出版的新书就占全国新书出版的半壁江山。[⑥] 1932 年全国书业营业额为3 000万元，其中，商务印书馆约占 30%，中华书

---

① 徐载平、徐瑞芳:《清末四十年申报史料》，新华出版社 1988 年版，第 73 页。

② 徐载平、徐瑞芳:《清末四十年申报史料》，新华出版社 1988 年版，第 73 页。

③ 黄樾:《文化产业研究中的"上海经验"》，同济新闻网 2005—03—28。

④ 熊月之等:《上海通史》第 10 卷，上海人民出版社 1999 年版，第 188、192 页。

⑤ 熊月之等:《上海通史》第 10 卷，上海人民出版社 1999 年版，第 93—94 页。

⑥ 黄樾:《文化产业研究中的"上海经验"》，同济新闻网 2005—03—28。

局约占15%，世界书局约占5%，三家合计占全国书业营业额的50%[①]。

近代上海的报刊出版市场已不限于本地，而是在全国许多城市销售，甚至还销往国外。

早在清末近代上海的报刊发展就以全国乃至更大的市场范围为目标[②]。如《申报》创刊之后不久就开始不断地向外拓展市场，并自1873年起先后在杭州、宁波、苏州、南京、扬州、北京、天津等地设立了分销处。到1881年2月，其已在国内设立分销处17家之多，1887年后《申报》又开始进军海外市场[③]。《新闻报》也是如此，曾销往苏州、常州、无锡、镇江等地[④]。其他如广州、南京、芜湖、南昌等地都曾出现过来自上海的报刊销售[⑤]。

民国以后，随着交通条件的改善，上海报刊的市场域更进一步增加。如20世纪二三十年代我国最畅销的杂志《生活周刊》，即通过邮递发往全国各地；《良友画报》也销往广州、香港等地。此外，商务印书馆在20世纪二三十年代先后在各省市和重要商埠设有85个分馆，并在北京、香港设有印刷厂，在新加坡、吉隆坡等海外各地亦设有分馆[⑥]。

## 第三节　文化产业在国民经济中的作用

作为现代服务业的一个重要组成部分，文化产业对国民经济发展有着十分重要的意义。它可以为社会提供众多的就业岗位，可以为国

① 胡远杰：《福州路文化街》，文汇出版社2001年版，第103页。

② 戈公振：《中国报学史》，三联书店1955年版。

③ 徐载平、徐瑞芳：《清末四十年申报史料》，新华出版社1988年版，第73页。

④ 孙玉声：《报海前尘录·对待报贩之难》，1934年1月《晨报》连载。

⑤ 张敏：《略论辛亥时期的上海报刊市场》，《史林》2003年第2期。

⑥ 章锡琛：《漫谈商务印书馆》，载《商务印书馆九十年》，商务印书馆1987年版，第102—103页。

家提供大量的税源。而这一切在近代上海文化产业化的发展过程中已开始显现出来。

## 一、文化产业与就业

如前所述，开埠以后上海的人口大量集聚，由原来的50万人飞速发展到1900年的100万人、1915年的200万人、1930年的300万人、1948年的500万人，并日益发展为世界上的特大城市。在如此众多的人口中，移民占了绝大多数。据1950年1月的统计，在上海当时498万的人口中，上海本地人仅有75万余人，来自其他地区的人口达到423万余人，分别约占人口总数的15%和85%①。

如此众多的人口集聚在这里，生活与就业问题自然十分严重。尽管随着近代工业以及商业服务业的兴起，相当一部分人群被吸纳其中，但仍然无法完全解决就业问题。尤其是在这些众多的移民中还存在有大量的女性成员。如1950年1月上海的女性人口为226万余人，其中只有不到39万人是本地人，其余187万余人均为外地来沪者，分别约占女性人口总数的17%和83%②。

在上海的这些女性，“家中都有寡母、弱弟等。即使有父兄，也是贫病交煎，及不能养家的流浪汉”③。于是，为生活所迫，她们中的许多人承担起了养家糊口的重任。

然而，由于“她们都是一班没有机会受教育的失学女子，平均的教育程度是初小三年级不到”，受文化水平的限制，再加上社会观念的制约，她们的就业范围十分有限，给人帮佣或进工厂做女工似乎是她们仅有的选择，但女佣的数量毕竟是有限的，“她们要是去做女工，根本没有那么多的工厂可以容纳她们，而且微薄的工资也不够养活她们自

① 《1949年上海市综合统计》。

② 《1949年上海市综合统计》。

③ 嘉谟：《舞女及舞厅》(1)，《申报》1946年10月30日。

已呢”。[①] 文化产业的兴起正适应了这种社会需要。它创造了大量的新的有别于传统的就业岗位，吸纳了大量的就业人群。

随着报刊出版业的兴起，上海开始出现记者、编辑、翻译、自由撰稿人、发行人、印刷工人，甚至专门的卖报人等多种职业；娱乐业兴起后，上海开始出现职业舞女、舞女大班、侍应生、小郎、账房、社侦、茶房、乐师等职业；电影业兴起后，上海开始出现制片人、编剧、导演、演员、灯光师、美工、摄影师、化妆师、经纪人、电影发行商等职业。

据不完全统计，19 世纪 90 年代《新闻报》成立时，上海“已有报贩数百人”[②]；而在 20 世纪初时，上海至少有新式文化人才3 000人，他们主要的活动领域为报刊出版业[③]。在 20 世纪二三十年代上海电影业发展的高峰时期，该行业有从业人员近2 000人，20 世纪 40 年代有1 000多人，20 世纪 50 年代初为1 300多人[④]。20 世纪 30 年代上海的娱乐业至少有 1.4 万—1.5 万人在此就业（见表 4—3），若加上演出艺员人数，就业人数达 1.9 万—2 万人[⑤]。

## 二、文化产业与政府财政收入

随着近代上海文化产业化发展，文化产业促进经济繁荣的功能也开始日益显现。也正因此，近代上海文化产业化发展日益获得了相对宽松的环境。一些原来被禁止的剧种开始逐渐获得了发展的机会。如原来的滩簧等花鼓戏一向被正统思想视为淫戏而加以禁止。但进入 20 世纪这种情况开始发生改变，其理由则是以兴市面。

如 1900 年 1—3 月（光绪二十五年十二月至光绪二十六年二月），法租界市面冷落，经禀请，工部局董事准予演唱对白滩簧，以兴市面。

① 嘉谟：《舞女及舞厅》(1)，《申报》1946 年 10 月 30 日。

② 孙玉声：《报海前尘录·对待报贩之难》，1934 年 1 月《晨报》连载。

③ 熊月之：《略证晚清上海新型文化人的产生与汇聚》，《近代史研究》1997 年第 4 期。

④ 吴贻弓：《上海电影志》，上海社会科学院出版社 1999 年版，第 147 页。

⑤ 据估计，当时上海娱乐场所的签约艺人在4 800—5 320人。见楼嘉军：《上海城市娱乐研究(1930—1939)》，2004 年华东师范大学博士论文，第 221 页。

嗣后，自公馆马路（今金陵东路）以及小东门外各茶肆每晚宾客常满，演唱花鼓戏之风盛行一时[①]。诚然，这一次解禁很快被法国驻沪总领事白薄泰认为是藏垢纳污之举，谕令法租界自3月4日起重新禁演花鼓戏[②]，但它昭示了文化产业的经济影响力已被当时的管理者所注意。

又如，过去每当皇帝皇后驾崩时戏园等娱乐场所均须停演，且时间一般较长。如1875年1月12日（同治十三年十二月初五）同治帝去世，上海各戏园奉令停演，直到2月10日（光绪元年正月初五）时仍未恢复。丹桂、金桂、一桂、山雅、富春、久乐等戏园主到公堂请愿，谓各班人员历久停演，未免糊口无资，请求准予开演，但未获批准。此后，其他戏园主亦赴公共租界公堂请求开演，均未获准。不得已，1875年2月13日（正月初八）宝兴园以国丧期间遏音乐不遏歌唱为由挂牌清唱，金桂轩等继之响应。[③]

1881年4月（三月）慈安太后去世后，各戏园也奉令停演，直到6月23日（五月二十七日）仍未恢复。无奈之下，喜椿茶园园主投诉法租界公堂称停演已两月，各伶人衣食无着，拟请四天后挂牌清唱，未获准许。6月25日（五月二十九日），天仙茶园伶人蔡其桂等23人又投诉公共租界公堂请准开演，也未获准许。事后天仙茶园挂牌清唱，旋因太守查究，不得已而除牌。29日（六月初四），因大观戏园挂牌客串清唱，太守提领班黄月山、司账人吴长林到案究问。黄、吴等人据理力争，太守仍谕黄月山具结过本月二十日开演，唯稍为从宽，先期数日准其清唱。[④]

但这一切到了20世纪初时开始发生变化。如1908年11月（十月），光绪帝、西太后相继病殁，戏园按惯例须停演27天，但各国领事及租界工部局董事核议后认为，此事关系市面繁荣，遂决定租界各戏

---

① 胡晓明：《近代上海戏曲系年初编》，上海教育出版社2003年版，第154—155页。
② 胡晓明：《近代上海戏曲系年初编》，上海教育出版社2003年版，第155页。
③ 胡晓明：《近代上海戏曲系年初编》，上海教育出版社2003年版，第74页。
④ 胡晓明：《近代上海戏曲系年初编》，上海教育出版社2003年版，第95页。

园停3日①。1916年6月,袁世凯病殁,淞沪警察厅厅长令境内各戏院停演七日,新舞台等戏园鉴于营业与市面关系申请停演三天,获准②。此一方面可以看出社会风气的转变,另一方面也反映了文化产业与城市经济发展的关系。

20世纪二三十年代文化产业更日益成为政府税收的一个重要来源。如在孤岛时期,租界当局为解决汇聚在此的大量难民的生活问题,曾自1939年2月起对境内舞业开征救济捐,此项税收"颇为丰厚,平均每月可达一万元左右"。日军占领上海后曾视舞业为一重要税源,并开征娱乐税,甚至账单上也须粘贴印花。③ 1949年6—12月上海的娱乐税收入达45.6亿元,占同期税收总额的1.67%,在所有41个税收类型中排第12位(见表4—4)。

**表4—4　　1949年6—12月上海市税务收入情况　　单位:亿元**

| 税收类型 | 总计 | 占比(%) | 税收类型 | 总计 | 占比(%) |
|---|---|---|---|---|---|
| 总计 | 2 736.08 | 100 | 化妆品税 | 33.00 | 1.21 |
| 地价税 | 117.03 | 4.28 | 皮毛类税 | 7.20 | 0.26 |
| 土地增值税 | — | — | 味品类税 | 3.40 | 0.13 |
| 契税 | — | — | 饮料品税 | 3.77 | 0.14 |
| 房捐 | 49.78 | 1.82 | 糖类税 | 20.92 | 0.74 |
| 屠宰税 | 52.86 | 1.93 | 麦粉税 | 8.26 | 0.30 |
| 筵席税 | 30.07 | 1.10 | 火柴税 | 13.42 | 0.49 |
| 娱乐税 | 45.56 | 1.67 | 水泥税 | 2.12 | 0.08 |
| 旅机捐 | 2.43 | 0.09 | 玻璃税 | 3.53 | 0.13 |
| 码头捐 | 3.22 | 0.12 | 颜染化学胶碱税 | 94.03 | 3.44 |
| 车辆使用捐 | 50.25 | 1.84 | 迷信品税 | 1.62 | 0.06 |
| 船舶使用捐 | 0.67 | 0.02 | 矿产税 | 1.03 | 0.04 |
| 公用事业附加捐 | 114.04 | 4.17 | 水产品税 | 7.66 | 0.28 |
| 印花税 | 231.06 | 8.44 | 农林产品税 | 18.34 | 0.67 |

① 胡晓明:《近代上海戏曲系年初编》,上海教育出版社2003年版,第218页。
② 胡晓明:《近代上海戏曲系年初编》,上海教育出版社2003年版,第276页。
③ 马军:《1948年:上海舞潮案》,上海古籍出版社2005年版,第19页。

续表

| 税收类型 | 总计 | 占比(%) | 税收类型 | 总计 | 占比(%) |
|---|---|---|---|---|---|
| 营业税 | 298.86 | 10.92 | 营业税罚款 | 5.13 | 0.19 |
| 薪给报酬所得税 | 0.08 | — | 印花税罚款 | 1.71 | 0.06 |
| 利息所得税 | 0.72 | 0.03 | 行政规费 | 15.09 | 0.55 |
| 营利事业所得税 | — | — | 事业规费 | 52.32 | 1.91 |
| 烟类税 | 878.10 | 32.09 | 货物规费 | 0.20 | 0.01 |
| 酒类税 | 20.44 | 0.75 | 罚金及赔偿 | 28.10 | 1.03 |
| 纤维类税 | 512.52 | 18.73 | 其他收入 | 7.54 | 0.28 |

资料来源:上海市政府秘书处:《1949 年上海市综合统计》,第 82—83 页。

# 小 结

企业设施是企业经济活动展开的基础性保证,一定程度上决定着产业效率的水平和竞争能力的大小。市场规模则是指现阶段文化消费的总量特征,展示着行业或产业目前的发展成就,决定着行业或产业未来的发展前景。而以提供就业机会和增加政府财政收入为核心的社会经济效益不仅彰显着产业的社会责任,更体现了其发展的水平和能力。

近代中国处在一个由传统社会向近代社会变迁的过程中,由此生发出种种推动近代上海文化产业化发展的动力因素。正是在这些因素的推动下,近代上海文化产业化发展克服重重阻碍,逐步发展起来。近代上海文化产业不仅企业或行业内部设施先进,也形成了一定的市场规模,在国民经济中的作用不断显现并日益加强。所有这些均进一步表明,近代上海文化产业化发展已经取得了令人瞩目的成就。

# 第五章　战争与近代上海文化产业化发展

## 第一节　文化生产要素的流失

近代中国战乱频仍，整个社会动荡不安。所有这些无疑严重制约了中国社会、政治、经济的正常发展，上海自然不能例外。

战争对近代上海文化产业化发展所造成的不利影响，首先表现在文化生产要素的流失上。这可以追溯到 1855 年。该年，上海第一家营业性质的昆剧戏园三雅园，为清兵在镇压小刀会起义时"焚掠所毁"[①]。但其时上海文化产业化发展刚刚萌芽，故其影响尚属微不足道。此后，在很长的一段时间里，因有租界的庇护，上海几乎再没有遭到战争的侵扰。更有甚者，当战争在其他地区发生时，因上海的特殊地位，各色人等纷纷来到上海避难，从此种意义上说，战争甚至成了刺激近代上海文化产业化进一步发展的重要因素。

---

① 《上海昆剧志》编辑部：《上海昆剧志》，上海文化出版社 1998 年版，第 215 页。

真正对近代上海文化生产化发展造成影响，使得文化生产要素大量流失的战争是发生在20世纪三四十年代的日本侵华战争。在这场战争中，上海大量的文化企业和设施或毁于战火，或迁往内地，大量的文化人才也相继离开此地。

## 一、文化企业和设施的毁坏

在20世纪三四十年代的日本侵华战争中，日军曾两次进攻上海，而每一次进攻都使近代上海的许多文化机构和设施遭到严重的破坏。

日本对上海的第一次进攻发生在1932年1月28日，史称“一·二八”事变。此次战争持续了30余天，直至3月6日才宣告结束。在这场战争中，日军多次出动飞机对上海的闸北、虹口两区进行轰炸，致使上述地区的大批民房、工厂、文化企业和设施被毁。对于文化企业而言，损失最为惨重的当数中国出版业的领军企业——商务印书馆，其位于闸北区宝山路占地80余亩的总厂房全部被毁，所属东方图书馆也被“焚毁一空”[①]。据资料记载，在此次事件中，商务印书馆“总计被毁之建筑及一千余部之机器，巨量之书籍、仪器、纸张，损失当达千万元”[②]。

此外，在此次事变中，设在虹口、闸北和江湾地区的电影公司也全部被毁，其他地区的中小电影公司亦被迫停业。据不完全统计，在“一·二八”事变中被迫停业的电影公司有联华四厂、友联、华剧、大中国、复旦、孤星、昌明、锡藩、大东、金狮、慧冲、海峰、瑞龙、凤凰、天马、时事、明华、青天、海滨、大华、黄浦、瑞田、星光、新天、飞鹰、沪江、金龙、孔雀、合群、现代30家，设在虹口和闸北一带的16家电影院也同时被毁，由华商投资建造于20年代的最为豪华的奥迪安电影院亦在

---

① 孙林:《商务印书馆被毁实录》,《湖北档案》2007年第7期。

② 上海市档案馆:《日本帝国主义侵略上海罪行史料汇编》(上编),上海人民出版社1997年版,第32页。

其中,毁坏的数量约占当时上海 44 家电影院总数的 36%[①]。战前,虹口区号称占上海电影院业的"半壁江山",此后一蹶不振[②]。

1937 年 7 月 7 日卢沟桥事变爆发,日本全面侵华战争打响。8 月 13 日,日军再次进攻上海,"八一三事变"爆发。此次战争持续长达三个月之久,直到 11 月 11 日华界全部沦陷才宣告结束。这次战争对上海各类企业和设施的摧残更加严重,当时上海的5 000余家大小工厂中,有2 375家遭到不同程度的毁坏,其中 905 家完全被毁,损失达 8 亿元以上。[③] 虹口、杨树浦、闸北、南市等处"两旁街道尽为废墟,往往延长几里……三公里以上的面积内,往往片瓦无存"[④]。

在此次战争中,开明书店的编辑、出版、发行部门以及为开明书店印刷书刊的美成印刷厂,被日军炮火炸毁,损失达全部资产的 80%以上。商务印书馆、中华书局、世界书局、良友图书印刷公司等机构在战火中的损失也极大。[⑤]

明星公司所在地在国民党军队从上海撤退后为日军侵占,成了日军驻南市部队的司令部,尽管公司战前曾将部分设备转移到租界内,仍损失惨重,在孤岛以后的岁月里几乎无力拍片;新华公司在斜徐路谨记路(今宛平南路)以西的总厂,亦被日军占领;由联华公司改组而成的华安公司虽然在战争中的损失不是很大,但人员零散,已于无形中解体;其他(如月明公司、快活林公司等)小型电影制片企业也因战争的原因或处于停顿状态,或宣告破产。因此,从"八一三"起到上海沦为"孤岛"的几个月时间里,"上海各影业公司都没有从事过制片工作",而"与之有关的电影期刊和报纸等有关电影的副刊、专栏,这时也

---

① 吴贻弓:《上海电影志》,上海社会科学院出版社 1999 年版,第 33 页。

② 周世勋:《上海市大观》,上海华美图书公司 1933 年版,第 16 页。

③ 熊月之等:《上海:一座现代化都市的编年史》,上海书店出版社 2007 年版,第 404 页。

④ 《密勒氏评论周报》,1938 年 3 月 19 日。

⑤ 编委会:《上海革命文化大事记》(1937—1949),上海翻译出版公司 1991 年版,第 26 页。

随着影业的中断而纷纷停刊、消失”[①]。

娱乐业的损失也十分惨重。有统计数字显示，“八一三”以前上海有 42 家专映国产片的电影院，“八一三”后日军占领了虹口、闸北、南市等地，“这些地区的影院或毁于战火，或虽幸存但已为日军所控，以致在 1937 年底、1938 年间的‘孤岛’上，放映国产影片的影院不过 30 家，而其中放映首轮片的仅金城、新光两家”[②]。目前学者对当时上海是否有如此众多的专映国产片的电影院存在质疑，但这并不影响它从另一侧面所反映的上述战争对近代上海文化企业和设施的摧残情况。

## 二、文化企业的搬迁

近代上海因有租界的庇护，发展环境相对稳定，因此曾被各方人士视为安全的庇护所，进而吸引了大量的各色人等来此创业。在抗战爆发前，这里积聚了大量的各类文化企业。然而，“八一三”事变后，随着战事的不断升级，上海的环境日益恶化。于是，许多文化企业开始迁往内地或其他远离战场的地方。

在这段时间，上海迁出的文化企业主要集中在报刊出版业，包括在上海乃至全国有着重要影响的众多名牌企业，如商务印书馆、中华书局、世界书局、生活书店、新知书店、读书生活出版社、开明书店、光明书局、大东书局、良友图书印刷公司等，以及《科学》《世界知识》《教育与职业》《旅行杂志》等出版机构（见表 5－1）。此外，抗战爆发后，作为中国当时最有影响的三大影片公司之一的天一影片公司也结束了在上海的制片活动，将资产迁往香港，改称南洋影片公司。

---

① 陈青生：《“孤岛”时期的上海电影》，《电影艺术》1981 年第 8 期。

② 《电影》，1939 年第 28 期。

**表 5—1　　　　抗战期间上海部分内迁文化企业情况**

| 企业及书刊 | 创办时间 | 创办或负责人 | 搬迁前后情况 |
| --- | --- | --- | --- |
| 生活书店 | 1932 年 7 月 1 日 | 邹韬奋 | 前身是《生活》周刊社。店址在陶尔斐斯路(今兴业路)42 号,后迁至霞飞路(今淮海中路)桃源坊,1934 年再迁到福州路 384 弄复兴里 4 号。先后出版的杂志共有 29 种,出版图书约有1 000种。1933 年生活书店注册时,额定资金为 5 万元,1937 年增加至 10 万元,职工人数由 20 几人发展到 500 人,拥有 6 万户邮购读者,存款 15 万元,成为资金来源之一。抗日战争爆发后,总店迁往武汉,改为总管理处,后迁至重庆冉家巷 16 号,1941 年后又迁往香港。上海设分店,由王泰雷任经理,开设“远东图书杂志公司”(后改名为兄弟图书公司),进行门市供应。书店的编辑、校对、出版、财务等内部工作则秘密设在爱多亚路(今延安东路)河南路口中汇大楼和萨坡赛路(今淡水路)18 号。沦陷后,兄弟图书公司被日军查封。启封后,缩小业务范围,与一文具商合作开设新光教育用品社,经营文具仪器。以后招股成立新光百货公司,经营百货的批发、零售。新光公司后盘给一个商人做西药房。抗日战争胜利后,生活书店在上海吕班路(今重庆南路)6 号复业,另在迈尔西爱路(今茂名南路)余庆里 1 号设立编辑部。 |
| 新知书店 | 1935 年 8 月 | 钱俊瑞等 | 社址初在华龙路(今雁荡路)元昌里,后迁到爱多亚路(今延安中路)成都南路转角处,以后又迁至环龙路(今南昌路)福寿坊 4 号。书店存在期间曾先后出版刊物近 10 种,图书约 400 种。抗日战争爆发后,书店迁往武汉,1938 年 8 月迁桂林,1944 年 9 月日军向湘桂进犯之前撤退到重庆,但经铁路托运的存书、纸型、印刷器材等物资全部毁于战火。1938 年底,总店派王益回上海设立上海办事处,恢复组稿、出版和发行业务,为半秘密状态。日军占领租界后,上海办事处完全转入地下。 |

续表

| 企业及书刊 | 创办时间 | 创办或负责人 | 搬迁前后情况 |
|---|---|---|---|
| 新知书店 | 1935 年 8 月 | 钱俊瑞等 | 1944 年 10 月上海办事处被日军破坏，工作人员被捕，被迫停止活动。抗日战争胜利后，新知书店迁回上海。先设址在蒲石路（今长乐路）378 号，后顶下北四川路 8 号店址。 |
| 读书生活出版社（读书出版社） | 1936 年底 | 艾思奇等 | 社址在静安寺路斜桥弄（今南京西路吴江路）71 号。由艾思奇、郑易里邀约黄洛峰出任经理，艾思奇为编辑部主任。出版艾思奇著《哲学讲话》（《大众哲学》）、柳湜著《如何生活》和《社会相》、曹伯韩著《生活的逻辑》等书，极受欢迎。抗日战争爆发后迁往武汉，次年又撤退到重庆。上海设分社，由郑易里主持工作。“孤岛”后期，读书出版社已不能公开营业，曾改用辰光书店、鸡鸣书店、高山书店、彗星出版社、北极书店、富春书店等名义出书。总店在桂林曾以新光书店名义出书。日军进占租界后，上海分社转入地下，郑易里、罗稷南一度被日伪特务机关逮捕。抗日战争胜利后，读书出版社总社迁回上海，设址武昌路 476 号。 |
| 正中书局 | 1933 年 | 陈立夫等 | 是国民党官办的出版机构。总局设在南京，资本 30 万元。上海、杭州、重庆、北平、天津等地设有分局。抗日战争时期，总局迁往重庆，上海分局撤销。抗战胜利后，迁回的上海分局管理处、编辑部地址在新乡路 1 号，印刷厂设在西康路。 |
| 中国文化服务社 | 1935 年 | 刘百闵 | 国民党官办出版机构。抗战后迁往重庆。抗战胜利后迁回上海，国民党指定接管内山书店等资产。 |

续表

| 企业及书刊 | 创办时间 | 创办或负责人 | 搬迁前后情况 |
| --- | --- | --- | --- |
| 商务印书馆 | 1897年 | 夏瑞芳等 | 1907年，在闸北宝山路建成占地80余亩的总厂，包括4个印刷所和编译所等。以后，又在闸北天通庵路设立第五印刷所，并先后在北京、香港设立分厂，还陆续在国内各省市及新加坡等处设立分支馆，前后共80余处。1912年在河南路211号建造总发行所新楼。1922年资本增为500万元。1932年前后，上海总馆职工人数已达4 500人，居中国出版界之首位。“一·二八”事变后，地处闸北战区的总管理处、总厂及编译所、东方图书馆等被日军炮火炸毁，损失巨大，被迫停业。同年8月复业，资本缩减为300万元，职工人数不足1 000人。后在原址上修复总厂，又在杨树浦辽阳路添设印刷厂、平版厂，业务逐渐恢复，至1937年，资本又达500万元。“八一三”淞沪抗战爆发，原印刷厂业务停顿，另在静安寺路(今南京西路)和戈登路(今江宁路)建立印刷工场。抗日战争期间，总管理处内迁，先设长沙，后迁重庆，并在上海、香港两地设办事处。太平洋战争爆发后，上海商务印书馆曾被日军查封。抗日战争胜利后，总管理处迁回上海。此时，商务印书馆的规模已大为缩小，职工人数仅为600人。 |
| 神州国光社 | 1901年 | 黄宾虹、邓秋枚(邓实) | 社址初在河南路136号，后迁福州路378号，不久迁至福州路384弄4号。以印行美术书刊为主，兼营印刻、装潢、琉璃、陶瓷、茶艺、文房四宝等。因经营不善，连年亏损。1928年陈铭枢出资盘下该社，由黄居素任经理，王礼锡任总编辑。添置机器厂房，扩大业务范围，成立读书会和函授学校，并在北京、南京、汉口、广州等地设立分支机构。除了继续出版销售美术书刊外，出版重点改为社会科学和文艺译著，创办了《读书杂志》《文化杂志》《十月》《学术界》等刊物。较有影响的出版物是 |

续表

| 企业及书刊 | 创办时间 | 创办或负责人 | 搬迁前后情况 |
| --- | --- | --- | --- |
| 神州国光社 | 1901 年 | 黄宾虹、邓秋枚(邓实) | 《中国社会史论战》《中国内乱外祸历史丛书》等。因受陈铭枢“反蒋抗日”的牵连，1933 年后无法正常营业，遂另外申请成立“言行出版社”，出版《科学知识小丛书》等书。1941 年上海沦陷后，先后迁汉口、韶关。抗战胜利后迁回上海。 |
| 中华书局 | 1912 年 1 月 1 日 | 陆费逵(伯鸿)等 | 民国年间第二大出版机构。总店(发行所)先设在抛球场(今河南路南京东路口)，1916 年迁至棋盘街(今福州路河南路转角)新建的五层楼大厦，店面 10 间，与商务印书馆贴邻。同年，在静安寺路(今南京西路)哈同路口(今铜仁路)建成总厂，除印刷所外，总办事处和编辑所也设于此。总厂占地面积 40 余亩，居当时上海各印刷厂之首。后因经营问题而一度衰弱。1920 年前后，书局承接印制克劳广告公司和南洋兄弟烟草公司烟壳的业务，获利丰厚。1930 年孔祥熙任董事长以后，书局大量承印国民党有价证券和小额钞票，印刷业务更加发展。1933 年在香港九龙建立印刷分厂，设备之新号称远东第一。1935 年在澳门路 469 号建成新厂，总办事处和编辑所也设于此。抗日战争时期，静安寺老厂印钞部转移至香港分厂，澳门路总厂改名“美商永宁公司”，由美籍商人 A. F. 沃特生任经理。日军进占租界后，永宁公司被封，第二年才启封。1942 年 2 月书局在重庆成立总管理处，抗战胜利后迁回上海。 |

续表

| 企业及书刊 | 创办时间 | 创办或负责人 | 搬迁前后情况 |
| --- | --- | --- | --- |
| 世界书局 | 1917年 | 沈知方 | 初设于闸北义品里及福州路青莲阁茶馆对面弄内的其昌旅馆内，所出图书委托大东书局代为发行。1921年7月改组为股份有限公司，局址位于福州路、山东路处的怀远里，并于怀远里口(福州路320号)租店面为门市部，同时在闸北香山路和虬江路设立编辑所和印刷所。1923年受盘俄商西伯利亚印书馆。1925年在虹口大连湾路(今大连路)建造总厂。1926年总务处、编辑所、印刷所迁入总厂。1932年建成五层楼厂房，又添置大批印刷设备，拥有全张密勒机17部。同年，发行所迁入福州路390号。是仅次于商务、中华的出版机构。后因沈知方以大量资金投资房地产失利，加上出版物库存积压等，书局发生经济危机，被迫与李石曾集团联合，资金增为银币73万元。抗日战争期间，书局迁往重庆，大连湾路的总厂被日军占用，厂内财物损失严重。抗战胜利后回沪。 |
| 大东书局 | 1916年 | 吕子泉等 | 资本3万元。门市部初设在福州路昼锦里口，后移至福州路110号。印刷所先后设在蒙古路森康里和北西藏路公益里。1924年改组为股份有限公司，资本增至10万元。1931年总店迁到福州路山东路口310号，1932年资本增至60万元。印刷所也一再迁徙，曾设址牯岭路101号，又迁到北福建路2号。并先后合并了上海大东橡皮印刷公司、别美彩色照相制版公司、龙飞印刷公司等，逐步发展成为铅印、胶印、凹印、制版和装订几大工段齐全的全能印刷厂。除印书籍外，还承印钞票、邮票、印花税票、证券等。陆续在南京、北京、汉口、重庆、成都、长沙、广州、杭州8个市设立分局，还附设东方舆地学社及法律函授学校。抗日战争爆发后，大东书局的印刷设备分别运往江西、香港、重庆等地， |

续表

| 企业及书刊 | 创办时间 | 创办或负责人 | 搬迁前后情况 |
| --- | --- | --- | --- |
| 大东书局 | 1916 年 | 吕子泉等 | 设立了印刷分厂。留在上海的部分则紧缩业务,由吕子泉勉强维持。1944 年由杜月笙、陶百川接办重庆大东书局,成立了总管理处。抗战胜利后,总管理处迁回上海,杜月笙任董事长,后又兼任总经理。 |
| 良友图书印刷公司 | 1925 年 | 伍联德 | 初时为良友印刷公司,主要承印社会印件。后出版画报、画册、图书等,改为良友图书印刷公司,地址在北四川路 851 号。该公司第一次招股 4 万元,第二次招股 6 万元,1929 年招股 10 万元,成立良友图书印刷股份有限公司。"八一三"事变中,该公司因地处战区,损失严重,于 1938 年 5 月停业。1939 年 1 月复业后改称良友复兴图书公司,地址在四川中路 215 号企业大楼五楼。1941 年 12 月被日军查封,1942 年 2 月启封,1943 年 2 月内迁桂林。湘桂战起,又迁重庆。抗战胜利后迁回上海,后因新公司股东内部矛盾而停业。 |
| 开明书店 | 1926 年 8 月 | 章锡琛 | 地址在宝山路宝山里 60 号(即章锡琛的家),不久又扩展到 64 号。1928 年由夏丏尊、刘叔琴、杜海生、丰子恺、胡仲持、吴仲盐等人发起,改组为股份有限公司。第二年公司正式成立,杜海生任经理,章锡琛任协理,夏丏尊任编辑所长。杜海生逝世后,章锡琛任经理,范洗人任协理。随着业务发展,其发行所从宝山路迁往望平街(今山东中路)165 号,后又迁至福州路中华书局对面,总店(经理室、编译所、总务处、货栈)先后设于宝山路、兆丰路(今高阳路)和梧州路。"八一三"战事爆发,设在梧州路的总店和专为开明书店排印书刊的美成印刷厂全部毁于战火,开明书店损失达 80% 以上。章锡琛等拟将开明书店迁至汉口,因书籍、纸型被日军劫走,章锡琛只得停业回沪。留守在上海的章锡琛、夏丏 |

续表

| 企业及书刊 | 创办时间 | 创办或负责人 | 搬迁前后情况 |
| --- | --- | --- | --- |
| 开明书店 | 1926 年 8 月 | 章锡琛 | 尊曾被日军关押 10 多天。协理范洗人等于 1941 年在广西桂林设立开明总办事处，重组董事会，范洗人任总经理。日军进犯桂林，总办事处迁重庆，由叶圣陶主持。抗战胜利后，总办事处迁回上海。 |
| 光明书局 | 1927 年 10 月 | 王子澄 | 社址初在福州路太和坊，1938 年 1 月迁至福州路 296 号。初期以编印学校参考用书为主，并出版新文艺小说及社会科学读物。1936 年出版金则人与骆耕漠合编的《知识》半月刊和周渊(邱韵铎的化名)主编的《文学界》月刊，都遭到当局的扣留没收。先后出版的书籍有：谭正璧编的《中国文学史大纲》《中国文学家大辞典》，邱韵铎著译的《深渊下的人们》《现代青年书信》，平心编著的《中国近代史》《现代语辞典》，金则人译的《世界情势图解》，冰莹著的《从军日记》，金人译的《静静的顿河》，阿英编的《中国新文学运动史资料》《现代十六家小品》等。丛书有林林编的《文艺理论丛书》，抗战时期平心编的《抗战小丛书》等。抗日战争期间，迁汉口、广州、桂林、重庆，上海设办事处。在重庆，书局还参加了新出版业联营书店。1941 年 12 月，上海光明书局被日军查封，所有历史、地理及抗日书刊共一二万册被没收，直到次年 1 月才启封。 |
| 上海杂志公司 | 1934 年 5 月 | 张静庐 | 社址初在福州路 300 号，后迁至福州路 324 号。初以代订代办杂志为主，是中国第一家专门发行杂志的书店。1936 年起成立编辑部，编辑出版杂志和图书。先后出版《读书生活》《译文》《作家》《中流》《自修大学》《文学丛报》等杂志，并出版《中国文学珍本丛书》《当代青年丛书》《高尔基选集》，以及于伶著《大明英烈传》、王任叔著《学习与战斗》、叶灵凤著《读书随笔》、廖蕊光译《唯物史观文学论》 |

续表

| 企业及书刊 | 创办时间 | 创办或负责人 | 搬迁前后情况 |
|---|---|---|---|
| 上海杂志公司 | 1934年5月 | 张静庐 | 等图书。抗日战争时期，该公司迁至汉口，后又迁长沙、桂林，先后在武汉、广州、金华、重庆等地设立分支机构12处。这一时期出版配合抗战的宣传书刊百余种，如《八路军七将领》（刘白羽著）等。抗战胜利后，总公司迁回上海。 |
| 文化生活出版社 | 1935年5月 | 李尧棠（巴金）等 | 原名文化生活社，1935年9月改名为文化生活出版社，巴金任总编辑，吴朗西任经理，地址在昆明路德安里20号。1936年营业部设于福州路436号，次年编辑部迁至巨籁达路（今巨鹿路）福润里。抗战期间，在广州、桂林、重庆、成都等地设有分社。上海基地由陆圣泉负责。1938年6月在霞飞路（今淮海中路）霞飞市场设门市部。该社出版的《少年读物》半月刊被日军查禁。1942年陆圣泉被日军拘捕杀害。抗战胜利后，该社迁回上海。 |
| 棠棣出版社 | 1938年10月 | 经理徐启堂 | 社址在广东路广福里内。出版的第一本书是史沫特莱著《为中国自由而战》，出版后即遭查禁。当时主要出版物还有《华北前线》《新四军漫记》等20余种，因时遭敌伪搜查而改用长风书店名义发行，该社被迫改营文具。太平洋战争爆发后，曾先后内迁桂林、重庆，其存货纸型在柳州车站的大火中被毁。抗战期间出版过平心的《论鲁迅的思想》等书。抗战胜利后迁回上海，以长风书店名义复业，店址在山东中路128弄201号。 |

续表

| 企业及书刊 | 创办时间 | 创办或负责人 | 搬迁前后情况 |
|---|---|---|---|
| 亚光舆地学社 | 1938年11月 | 金振宇兄弟 | 社址在慕尔鸣路（今茂名北路）86弄3号。主要业务为编制出版地图。1939年出版了第一本地图《袖珍中国分省详图》。第二次世界大战爆发后出版了《世界分国详图》。曾先后在昆明、金华、吉安、武汉、宁波、衡阳、韶关、西安、桂林、贵阳和重庆等处设立办事处。1941年上海沦陷后，该社迁往桂林，后又迁到重庆。1942年约请顾颉刚组织中国史地图表编纂社和大中国图书局，编制了三百万分之一的《中国分省地图》，还编制了《中印缅地区形势图》《开辟欧洲第二战场形势图》《中国沿海地图》等。抗战胜利后迁回上海，设址在北四川路180弄45号，与大中国图书局联合编制发行地图。 |
| 国讯书店 | | | 系生活书店的二线出版机构，抗战爆发后迁往重庆，1946年4月迁回上海。 |
| 大时代书局 | | | 抗战爆发后迁出上海，1946年11月返沪复业 |
| 《国讯》周刊 | 1931年 | 黄炎培等 | 原名《救国通讯》，抗日战争爆发后迁重庆。抗战胜利后返上海。 |
| 《新中华》 | 1933年1月 | 中华书局 | 半月刊。16开本。中华书局出版。由周宪文、钱歌川、倪文宙主持，设有论著、文艺、谈薮、新刊介绍、讽刺漫画、时论摘萃、半月要闻、通讯等栏目。是有一定影响的综合性刊物。1937年8月出版第5卷第15期后停刊。1943年在重庆复刊，改为月刊，由金兆梓、章丹枫、姚绍华主编。1947年出版第6卷第11期后回上海，仍改为半月刊。卷期另起，由卢文迪主编。 |

续表

| 企业及书刊 | 创办时间 | 创办或负责人 | 搬迁前后情况 |
| --- | --- | --- | --- |
| 《世界知识》 | 1934 年 9 月 16 日 | 胡愈之 | 国际政治经济文化半月刊。16 开本。毕云程编辑(实际上由胡愈之主持)。1935 年由张仲实编辑,后由金仲华主编。金仲华主编《永生》及《生活日报》国际版时曾请钱俊瑞、钱亦石短期代编。“八一三”事变后,曾和《国民》周刊、《妇女生活》、《中华公论》出过《战时联合旬刊》4 期。1938 年 1 月 1 日迁汉口出版第 7 卷第 2 期,后又在广州、香港出版,均由金仲华主持。1941 年 12 月太平洋战争爆发时停刊。抗战胜利后组织独立机构在上海复刊。 |
| 《抗战》 | 1937 年 8 月 19 日 | 邹韬奋主编 | 三日刊,每逢 3、6、9 日发行。16 开本。抗战三日刊社发行。同年 9 月 9 日第 7 号起,由于受上海租界当局的压制,被迫改名《抵抗》。同年 12 月 23 日第 30 号起迁汉口出版,并恢复原名。1938 年 7 月 7 日,与《全民》周刊合并,改名《全民抗战》三日刊。主要撰稿人有邹韬奋、郭沫若、柳湜、沈兹九、金仲华、钱俊瑞、张志让、章乃器、杜重远、胡愈之、潘汉年、艾思奇、张仲实、冯玉祥等。辟有时评、论文、前方与后方、战时常识、新诗、随笔、特载、战地通讯、特约通讯、漫画、短简等栏目。以政论、述评和战地通讯为主,坚持宣传抗日、团结和民主,在群众中有很大的影响。 |
| 《集纳》 | 1937 年 12 月 19 日 | 宜闲(胡仲持)编辑 | 国际时事翻译周刊。是《世界知识》的姐妹刊物,以翻译同情中国抗战的外论和报道为主。自第 1 卷第 3 期起,改由邵冢寒(邵宗汉)编辑。1938 年 2 月 19 日出版第 9 期后迁汉口,并入《世界知识》。共出版 9 期。 |

续表

| 企业及书刊 | 创办时间 | 创办或负责人 | 搬迁前后情况 |
|---|---|---|---|
| 《东方杂志》 | 1904年3月11日 | 商务印书馆 | 月刊，每年12期为一卷。第8卷以前为大32开，以后为16开。第17卷起改为半月刊，第44卷以后又改为月刊。1948年12月终刊。共出44卷，816期，810册。前后历时45年，为近代中国历史最久的大型综合性杂志。初名《东亚杂志》，因与德国驻上海领事馆所办刊物译名相同，遂改本名。徐珂、孟森、陈仲逸、杜亚泉、陶惺存、钱智修、胡愈之、李圣五、郑允恭、苏继先后主编，商务印书馆出版。早期是一种文选性质的刊物。除本社自撰社说外，各栏文字多选自当时国内外报纸期刊；以后自撰文章逐步增加，内容广泛，资料丰富，有"杂志的杂志"之称。先后辟有社说、时评、选论、谕旨、内务、外交、军事、教育、财政、实业、交通、商务、宗教、杂俎、记载、文件、调查、附录、译件、小说等栏目。中间曾数度休刊：1911年11月～1912年4月，正值辛亥革命期间；1932年2月～10月，因"一·二八"事变遭日机轰炸而休刊；抗日战争爆发后，1938年1月由上海迁长沙出版，同年11月再迁香港出版，兼出渝版。1941年12月—1943年3月，因日本侵占香港而休刊；1946年10月—1947年1月，抗日战争胜利后迁返上海，继而休刊。 |
| 《西风》 | 1936年9月 | 黄嘉德、黄嘉音编辑 | 月刊。大32开本。西风社发行。主要撰稿人有林语堂、黄嘉德、黄嘉音、罗一山、许以牧、林疑今、老舍、胡悲、凌霜、默然、金安人等。以译述西洋杂志精华，介绍欧美人生社会，提倡有思想、有情感、有个性、有趣味的通俗文章为宗旨。内容分专篇、科学·自然、心理·教育、妇女·家庭、传记·史话、游记·探险、军备·战争、社会·暴露、政治·经济、艺术·文学、电影·戏剧·娱乐等部门，另辟冷眼旁观、雨丝风片、西洋幽默、书评、西书精 |

续表

| 企业及书刊 | 创办时间 | 创办或负责人 | 搬迁前后情况 |
| --- | --- | --- | --- |
| 《西风》 | 1936年9月 | 黄嘉德、黄嘉音编辑 | 华、笔花、名人隽语、漫画、插图、木刻等栏，兼有创作和翻译。1941年12月出版第65期后休刊。1944年7月在重庆复刊，期数续前。1945年12月第81期迁回上海出版。 |
| 《文摘》 | 1937年1月 | 复旦大学文摘社主办 | 月刊。16开本。孙寒冰主编。同年9月起出版《文摘战时旬刊》，期数另起。自16期起迁汉口出版，34期迁重庆出版。1945年12月出"复员纪念号"后，迁回上海出版，仍恢复原名《文摘》，从第10卷第1期起计算，10卷1期即总号137期。 |
| 《教育杂志》 | 1909年2月15日 |  | 月刊。32开本，后改16开本。商务印书馆出版发行。1932年12月曾停刊，1934年9月复刊。历任编辑有：陆费逵、李石岑、唐钺、何炳松、黄觉民等。以"研究教育，改良学务"为宗旨。先后设有社说、学术、教授管理、史传、教育人物、调查、评论、文艺等栏目。主要介绍西方教育思想和各国教育制度，讨论国内教育问题，报道国内外教育动态，刊载各时期教育法规、章程、重大会议记录及历次学潮。亦注意中小学教学方法，职业教育、成人教育以及图书馆等辅助手段。黄炎培、蒋维乔、严复、陈鹤琴、蔡元培等都有译著在该刊发表。包天笑译著名教育小说《馨儿就学记》即在该刊连载。抗战期间迁长沙、香港等地出版。 |
| 《教育与职业》 | 1917年10月 | 黄炎培 | 双月刊。32开本。第17期起改为月刊。旨在"推广职业教育，改良职业教育，改良普通教育为适于职业之准备"。分设评论、杂谈、社务丛录、通信等栏目。注重研究职业教育理论，调查中国职业教育现状，报道西方职业教育经验。对改革近代学制，推广平民化教育，提高职工知识水准，推动职业教育有过重要贡献。抗战前后，该刊呼吁举国抗日救亡， |

续表

| 企业及书刊 | 创办时间 | 创办或负责人 | 搬迁前后情况 |
| --- | --- | --- | --- |
| 《教育与职业》 | 1917年10月 | 黄炎培 | 揭露日本侵略阴谋，宣传爱国进步的教育思想。蔡元培、张元济、余日章、蒋梦麟、陶行知等均在该刊发表过文章。1940年第192期起迁重庆，1946年第201期迁沪。 |
| 《中学生》 | 1930年1月 | 夏丏尊主编 | 月刊。32开本。综合性刊物。开明书店出版。抗战时停刊。抗战后，先在桂林复刊，由叶圣陶主编。后在重庆、北京出版。出至第76期休刊。 |
| 《妇女生活》 | 1935年7月1日 | 编辑兼发行人沈兹九 | 月刊。32开本。第3卷起改半月刊，16开本。生活书店总经销。辟有短评、论文、我们的论坛、通俗演讲坛、译文、读书栏、创作、世界女性群像、生存线、地方与人物、书报批评与介绍、时事讲话、时事漫画、电影漫画、读者园地和信箱、科学与医学等栏目。曾出版《何香凝近作集》《救亡运动特辑》《“三八”纪念特辑》《儿童问题特辑》《蔡特金逝世三周年特辑》等。“八一三”事变后与《世界知识》、《国民》周刊、《中华公论》出版《战时联合旬刊》4期。自第5卷第6期起，迁汉口出版。第6卷第9期迁重庆出版。1940年12月9日出版第9卷第6期后终刊。 |
| 《科学》 | 1915年1月 | 任鸿隽等 | 是中国历时最长、影响最大的综合科学期刊，对中国现代科学的萌发、成长有着独特的贡献。任鸿隽、杨杏佛等留美学生发起，是中国科学社之言论机关，以传播世界最新科学知识为宗旨，月刊。16开本。在美国编辑，上海环球学生会干事朱少屏经理出版发行。1918年杨杏佛等回国，由商务印书馆出版发行。杨杏佛、刘咸、卢于道、张孟闻先后主编。1941年，日军侵占上海租界后迁重庆，抗战胜利后迁回上海。 |

续表

| 企业及书刊 | 创办时间 | 创办或负责人 | 搬迁前后情况 |
| --- | --- | --- | --- |
| 《宇宙风》 | 1935 年 9 月 16 日 | 林语堂主编 | 半月刊。自第 51 期起改为旬刊。16 开本。林语堂主编，陶亢德、林憾庐等先后担任编辑。主要撰稿人有林语堂、周作人、俞平伯、黄嘉德、黄嘉音、何容、老向、许钦文、毕树棠、刘大杰、朱自清、陶亢德、施蛰存、谢冰莹、萧乾、陈衡哲、李健吾、郁达夫、郭沫若、老舍、丰子恺等。设有姑妄言之、小大由之、可嘉语等栏目。以发表随笔、小品为主，间或刊登小说、诗歌。创刊号林语堂《且说本刊》称："《宇宙风》之刊行，以畅谈人生为主旨，以言必近情为戒约；幽默也好，小品也好，不拘定裁；议论则主通俗清新，记叙则夹叙夹议，希望办成一合于现代文化贴切人生的刊物。"曾发表郭沫若的《海外十年》《北伐途次》，老舍的《骆驼祥子》《牛天赐传》，丰子恺的《缘缘堂随笔》，谢冰莹的《一个女兵的自传》《随军杂记》等。1938 年 4 月 11 日迁到广州出版，同年 10 月因广州陷落而休刊。1939 年 5 月 16 日在桂林复刊，1944 年 11 月再度停刊。1945 年 5 月在重庆复刊，仅出 3 期又告休刊。1946 年 7 月在广州复刊，1947 年 8 月终刊。前后共出版 152 期。 |
| 《烽火》 | 1937 年 9 月 5 日 | 茅盾主编 | 是"八一三"上海战火中诞生的小型文艺刊物，内容大多为宣传抗日救国。以报告文学和诗歌为主，也刊登一些短篇小说、杂文和美术作品，迅速反映前线的战局、各地抗日救亡的动态和军民的爱国热情。周刊。32 开本。前身为《文学》《文季》《中流》《译文》战时联合出版的《呐喊》，同年 8 月 22 日创刊，仅出两期即遭查禁。后由上海文学社、文季社、中流社、译文社同人自筹经费印行，改名《烽火》。茅盾主编，文化生活出版社出版，巴金为发行人。同年11月7日出版第 12 期后因日军侵占上海而休刊。1938 年 5 月 1 日在广州复刊， |

续表

| 企业及书刊 | 创办时间 | 创办或负责人 | 搬迁前后情况 |
| --- | --- | --- | --- |
| 《烽火》 | 1937年9月5日 | 茅盾主编 | 续出第13期。改为旬刊。巴金主编，烽火社发行，茅盾为发行人。同年10月11日出版第20期，因广州战事危急而停刊。连同《呐喊》在内，共出版22期。主要撰稿人有茅盾、巴金、王统照、郑振铎(又署郭源新)、刘白羽、骆宾基、靳以、杨朔、田间、胡风、蔡若虹、陆蠡、周文、碧野、邹荻帆、孙钿、刘火子、钱君等。 |
| 《旅行杂志》 | 1927年3月 | 上海中国旅行社 | 季刊。16开本。自1929年第3卷起改月刊。1942年第16卷第7期起迁桂林，1944年18卷4期起迁重庆。1946年第20卷起迁回上海出版。 |
| 《工程》 | 1925年3月 | 中国工程学会 | 季刊。1933年第8卷起改双月刊。抗战期间迁香港、重庆出版，1948年第20卷迁回上海。自第7卷改由中国工程师学会编。1948年第20卷第2期后停刊。 |
| 《立报》 | 1935年9月20日 | 成舍我 | 是文救会开展抗日救亡宣传的重要阵地之一，先后担任总编辑的有张友鸾、萨空了等。1937年11月24日出版最后一号后被迫停刊，后迁往香港，并于1938年4月1日继续出版，1945年10月1日迁回上海。 |
| 《生活教育》 | 1934年2月16日 | 陶行知 | 编委有陶行知、丁华、王洞若、张劲夫、戴白韬、朱泽甫等人，1937年9月25日改名《战时教育》，迁移至武汉出版。 |
| 《救亡日报》 | 1937年8月24日 | 郭沫若 | 该刊是以国共合作的合法形式，以上海文化界救亡协会名义创办的四开报纸，由郭沫若任社长，夏衍、阿英、樊仲云为总编辑，阿英、汪馥泉为编辑(实际由夏衍、阿英负责编辑)，于11月22日在上海出最后一号(即85号)后，迁往广州继续出版，后又迁至桂林，直到1941年初皖南事变后停刊。 |

续表

| 企业及书刊 | 创办时间 | 创办或负责人 | 搬迁前后情况 |
| --- | --- | --- | --- |
| 《七月》 | 1937 年 9 月 11 日 | 胡风 | 周刊，16 开本。该刊于 9 月 25 日出版第 3 期后，移至武汉，改出半月刊，后撤退至重庆，1941 年 9 月停刊。主要撰稿人有艾青、萧军、萧红、聂绀弩、冯乃超、田间、辛人、曹白、端木蕻良、吴奚如、路翎、丘东平、阿垅、邹荻帆、鲁藜、绿原、艾漠(贺敬之)、冀汸、孙钿、庄诵、彭燕郊、天蓝等。发表了大量为抗战服务的各种形式的文艺作品，包括诗歌、报告文学、小说、散文、剧本、杂感、文艺专论、译著、绘画、木刻等。其中尤以诗歌最能代表其宗旨和风格，形成了中国文学史上的“七月诗派”。它和《文艺阵地》同为抗日战争时期最重要的文艺刊物。 |
| 天一影片公司 | 1925 年 6 月 | 邵醉翁(仁杰)兄弟 | 公司地址在虹口横浜桥。自 1925 年至 1937 年，该公司在沪共完成故事片约百部(包括有声片 35 部)、长短纪录片 20 部。1931 年拍摄的《歌场春色》是中国最早的两部片上发音的有声片之一。“九一八”事变和“一·二八”事变后，在左翼电影运动的影响与推动下，于 1933 年拍摄了《挣扎》《飞絮》《飘零》等反映现实的影片。1934 年后，相继拍摄了《王先生》《花花草草》等影片，并在香港成立公司分厂。1937 年抗战爆发后，结束在上海的制片活动，将全部资金、设备转移香港，成立南洋影片公司。 |

资料来源：编委会：《上海出版志》，上海社会科学院出版社 2000 年版；编委会：《上海革命文化大事记》(1937—1949)，上海翻译出版公司 1991 年版；吴贻弓：《上海电影志》，上海社会科学院出版社 1999 年版；熊月之等：《上海通史》第 10 卷，上海人民出版社 1999 年版。

这些企业的搬迁不仅使上海的文化产业化发展在此一时期遭到重创，而且由于在战争及搬迁过程中屡受损失，故即使战后其中大部分企业返沪后，上海的文化产业化发展也没能恢复到战前的水平。

## 三、文化人才的流失

在抗日战争期间，上海的文化人才流失也很严重。

早在1937年8月，即有部分文艺工作者离开上海，去外地从事救亡工作。其时，上海戏剧界组成了13只救亡演剧队，其中除于伶、凌鹤等以暨南剧社的成员为骨干组成第十二队留在上海工作外，其余各队均离开上海分赴全国各地宣传抗日。如袁牧之、陈波儿、崔嵬、贺绿汀、王震之、欧阳山尊参加了救亡演剧队的第一队，由王震之和崔嵬率领转往延安，参加延安鲁迅艺术学院的工作；上海先锋演剧队编为第五队，队长为左明，入陕后即至西安，左明执教于鲁迅艺术学院戏剧系，其他队员大多在延安和敌后工作；第十三队由陈铿然带领，经水路赴潮州工作；其他如洪深、金山、田方、王莹、欧阳红樱等参加了第二队，应云卫、郑君里、瞿白音、陈鲤庭、徐韬、王为一、沙蒙、顾而已、吕班、赵丹等参加了第三队，魏鹤龄、陶金、赵慧深、李琳（孙维世）等参加了第四队，也分赴大后方从事救亡工作。①

另一部分电影工作者则组成上海影人剧团，直奔四川。其中有编导沈浮和陈白尘，女演员吴茵、白杨、刘莉影，男演员谢添、施超、龚稼农、王征信、王献斋、徐莘园、汤杰等。万籁鸣、万古蟾、万超尘三兄弟则到武汉中国电影制片厂绘制抗日卡通片，后又转移到重庆，从事抗战宣传工作。摄影师吴印咸等也从上海奔赴解放区。而蔡楚生和司徒慧敏等人则南下香港。②

此后，因各种原因离沪他往的文化人才日益增加。如1937年11月上海沦陷前夕，郭沫若、邹韬奋等离沪赴港，夏衍、钱俊瑞等亦撤离

---

① 吴贻弓：《上海电影志》，上海社会科学院出版社1999年版，第156页。

② 吴贻弓：《上海电影志》，上海社会科学院出版社1999年版，第156—157页。

上海;1938年夏,欧阳予倩因参加抗日救亡活动,引起日伪注意,形势险恶,离沪经香港赴桂林;1939年初夏,林淡秋离沪去皖南,秋回沪,1942年离沪,去苏中根据地;1940年2月,中华戏剧研究会成员孔麟因出版描写民族英雄文天祥的独幕剧,遭到上海租界当局查询,不得不随同该会一批青年离沪去后方;1940年3月,《美术界》的部分编辑人员离开上海;1940年7月,汪伪政府当局下令驱逐《大美晚报》发行人、美国人史带,《每日译报》发行人、英国人裴士和电台播音员奥尔考克,《密勒氏评论报》主笔鲍威尔,以及高尔德、阿尔满、密尔士等人出境;1940年8月,上海民治新闻专科学校校长、《新闻报》采访部副主任顾执中遭日伪特务枪击受伤,8月底去香港;1941年3月,于伶、王任叔从上海撤往香港;1941年12月太平洋战争爆发后,日军侵入租界,查封进步报刊,解散进步剧社,搜捕进步文化工作者,阿英、池宁、白沉、李求实、金鑫等一批比较暴露的文化工作者被迫撤往敌后根据地;1944年底"孤岛"时期在新华影业公司任摄影师的薛伯青秘密离沪,前往淮北新四军根据地。①

此外,在此期间离沪的文化界著名人士还有巴金、叶盛陶、田汉、冯乃超、徐迈进、叶以群、宋之的等。②

如此众多的人才流失,对上海"孤岛"期间乃至沦陷以后的文化产业发展有着十分重要的影响。如就导演来说,孤岛时期沪上的电影导演人才只留下11人,而其中8人又为新华公司所有,"以致后来其他公司拍片时,一度都要向它借人"③。而1942年沦陷后上海文坛更出现了"出版荒和作家荒"的局面④。

---

① 编委会:《上海革命文化大事记》(1937—1949),上海翻译出版公司1991年版。

② 编委会:《上海革命文化大事记》(1937—1949),上海翻译出版公司1991年版。

③ 陈青生:《"孤岛"时期的上海电影》,《电影艺术》1981年第8期。

④ 《女声》第2卷第12期。

## 第二节 文化生产与消费的畸形发展

战争对经济发展的破坏性不仅表现在使其发展的环境动荡不安，以致生产要素大量流失，还表现在战争期间由于环境的变化和理性产业政策的缺失所带来的文化生产和消费的畸形发展上。就近代上海文化产业化发展来看，这一切在抗日战争期间表现得尤为突出。

### 一、文化企业的大量减少

20世纪三四十年代的抗日战争沉重地打击了上海的城市建设和经济发展，使文化产业发展的土壤受到了严重的破坏。

正如在第一章中我们所探讨的，近代上海文化产业化发展的一个重要动力即来自开埠以来上海形成的稳定发展环境、城市经济的迅速崛起和人口的大量积聚。而"一·二八"事变和"八一三"事变恰恰使上述条件发生了根本改变。

在"一·二八"事变中，尽管战争只在局部地区发生，但对上海城市建设和经济发展的影响仍然十分巨大。在战争中，全市工厂、商店、住房等损失达16亿元，工人失业25万人，学生失学4万人，市民死难者6 080人，伤者2 000余人。战争还造成大量居民逃离家园、流离失所，致使战后全上海人口比战前减少81万之多。[①]

接下来的"八一三"事变因是在上海全面展开，并以上海华界的沦陷而告终，其破坏性又远远超出了"一·二八"事变的影响，不仅大量工厂、民房、学校及其他建筑被毁，损失惨重，军民死伤人数亦甚巨，达

① 熊月之等：《上海：一座现代化都市的编年史》，上海书店出版社2007年版，第394页。

30万人[①]。战争还造成众多工厂、机构的内迁以及大量人口的流失。而所有这些均严重影响了上海文化产业化的发展进程。其最直接的表现就是文化产业规模的萎缩。

"八一三"事变后大量报刊出版企业的内迁，本身就预示上海文化企业数量和规模的缩小，而大量企业因战争原因停业或缩小营业规模更进一步加剧了这一事态的发展。如前文所述的被毁于"一·二八"事变中的电影公司和电影院在战争结束后大多没有恢复，而"八一三"事变后又有大批企业相继停业或收缩业务（见表5—2）。

**表5—2　"八一三"事变后部分留沪文化企业简况**

| 企业名称 | 创办时间 | 创办人或负责人 | 抗战前后简况 |
|---|---|---|---|
| 亚东图书馆 | 1913年 | 汪孟邹 | 初设址于福州路惠福里。不久迁到河南路平和里，后又迁到江西路福华里。1919年从弄堂内迁至五马路（今广东路）棋盘街（今河南中路）西首84、85号，主要业务是经售北京大学出版部的书籍，并发售图书杂志、仪器文具。1920年租牯岭路114号为编辑所，后又迁正贤坊（今长沙路）、鸿祥里（新闸路）、温州路等处，最后落址西藏中路。五四运动以后，亚东图书馆首创新式标点符号和分段的中国古典小说（通称"亚东本"），风行一时，并出版了众多新文化书籍，营业兴旺，工作人员达20多人。20世纪30年代因盗版书的盛行，营业大受影响。抗战爆发后，收缩门市部，只留西藏中路编辑所，靠卖存书勉强维持，工作人员减少到三四人。 |
| 中国科学图书仪器公司 | 1929年6月 | 中国科学社 | 创办时集资6万元，设印刷厂于慕尔鸣路（今茂名北路）。1932年8月迁至福煦路（今延安中路）537号。至1936年资本增至20万元。抗战期间业务长期停顿。 |

① 熊月之等：《上海：一座现代化都市的编年史》，上海书店出版社2007年版，第403页。

续表

| 企业名称 | 创办时间 | 创办人或负责人 | 抗战前后简况 |
|---|---|---|---|
| 儿童书局 | 1930年2月 | 张一渠、石芝坤合资创办 | 初设址于浙江路同春坊，资本3 000元。次年迁至广东路西段，正式设立门市部，改组为股份有限公司，资金增至3万元。石芝坤任董事长，张一渠任经理。1933年增资至6万元。后又迁至福州路424号。1936年增资至15万元。潘公展任董事长，职工40余人。又设分店于北四川路，并先后在广州、汕头、汉口、长沙、重庆、成都、昆明等地设立分局。“八一三”事变后，外地分局陆续结束，上海总店紧缩机构，出版销售被迫停止。1939年其门市部一半租给中华图书文具公司，1944年又与该公司合作，改组为儿童书局图书文具股份有限公司，黄仲明任董事长，张一渠任总经理，庞来青任经理，资金为中储券1 000万元。1945年改名为儿童书局股份有限公司，潘公展复任董事长，资本为法币2 000万元。又设分局于广州、北京、台北等处，业务逐渐恢复。1948年资本增为法币50亿元。 |
| 海燕书店 | 1940年 | 俞鸿模 | 原于1937年在上海筹办，因日军发动侵华战争而未能成立。1938年3月在汉口独资经营，出版文艺书刊，初名海燕出版社。后因资金太少而停业。1939年以“香港海燕出版社”名义出版了《在北线》和《夏夜血战记》等书，由上海新知书店代印。1940年迁上海，改名海燕书店，设址于蒲石路(今长乐路)善钟路(今常熟路)西的合兴里，出版的书由新知书店代理发行。以后又随新知书店迁到爱文义路(今北京西路)戈登路(今江宁路口)的众福里。太平洋战争爆发后，海燕书店被迫停业，全部纸型被毁。抗战胜利后恢复营业。 |

续表

| 企业名称 | 创办时间 | 创办人或负责人 | 抗战前后简况 |
| --- | --- | --- | --- |
| 《学艺》 | 1920 年 | 丙辰学社 | 1917 年 4 月，丙辰学社在日本东京创刊《丙辰杂志》。季刊。后迁上海，改名《学艺》月刊。以昌明学术、输入文明为宗旨。1920 年自第 2 卷第 1 期起由商务印书馆出版。分文科、理科、小说、杂文、通信等栏目，抗战期间停刊，1947 年 1 月在上海复刊。 |
| 《小说月报》 | 1910 年 7 月 | 王蕴章等 | 月刊。16 开本。近现代大型文学期刊。商务印书馆印行。是中国早期文学期刊中出版时间最长、影响最大的刊物。初创之时，由王蕴章（莼农）编辑。第 3 卷第 4 期起改由恽树珏（铁樵）编辑。1918 年又由王蕴章编辑。1921 年 1 月 10 日第 12 卷第 1 号起由沈雁冰主编。1923 年郑振铎接任主编。1927 年 5 月叶圣陶代主编。1932 年“一·二八”淞沪战争时期停刊。共出 22 卷 263 期（除第 1 卷出 6 期外，其余各卷均为 12 期；另第 1 卷增刊 1 期，以及《中国文学研究》上下册、《法国文学研究》《俄国文学研究》增刊 4 期）。 |
| 《论语》 | 1932 年 9 月 16 日 | 林语堂等 | 半月刊。16 开本。初由林语堂主编。时代书局出版。第 27 期起改由陶亢德主编。第 85—105 期由郁达夫、邵洵美编辑。第 106—109 期由邵洵美编辑。第 110—117 期由林达祖、邵洵美合编。第 118—121 期由李青崖编辑。第 122—177 期仍由林达祖、邵洵美合编。抗战爆发后停刊。1946 年 12 月 1 日出 118 期复刊，1949 年 5 月终刊。共出版 177 期。主要撰稿人有林语堂、周作人、刘半农、简又文（大华烈士）、李青崖、沈从文、章衣萍、老舍、老向、姚颖、叶灵凤、张乐平、华君武、丰子恺、俞平伯、郁达夫、徐懋庸、阿英等。辟有多种专栏，还有连载小说等。 |

续表

| 企业名称 | 创办时间 | 创办人或负责人 | 抗战前后简况 |
|---|---|---|---|
| 《中华教育界》 | 1912年1月 | 顾树森、沈颐等 | 月刊。16开本。初由顾树森、沈颐等主持，后余家菊、陈启天、左舜生先后接任。“一·二八”事变后由倪文宙主持。本着“研究教育，促进文化”的宗旨，围绕教育制度改革，广泛探讨和介绍西方教育思想、教育内容、教育政策和教育方法。前期设有教育评论、教育论著、中小学研究、国外教育译述、国内外教育新闻等栏目。主要撰稿人有范源廉、黄炎培、黎锦熙、周建人、陆费逵等。“八一三”事变后停刊。1947年1月在上海复刊，姚绍华主编。 |
| 《文学》 | 1933年7月1日 | 茅盾等 | 月刊。16开本。大型文学刊物。生活书店出版。编辑委员会有茅盾、郁达夫、胡愈之、洪深、陈望道、徐调孚、傅东华、叶绍钧、郑振铎等。1937年11月10日出至第9卷第4期因上海沦陷而停刊。共出版52期，是继《小说月报》后在20世纪30年代出版时间最长、影响最大的文学刊物之一。 |
| 《半月戏》 | 1937年6月10日 | 梅花馆主（郑子褒） | 抗战爆发后一度停刊，1938年2月复刊，期数续前。不定期刊。16开本。声美出版社出版。分设图片、人物评述、脚本、梨园大事记等栏目。注重戏曲，尤重京剧、昆剧，兼涉话剧、越剧、梆子戏。内容有演出动态、演员小史、考据史论等，附套色剧照、便照等。主要撰稿人有刘菊禅、张肖伦、苏少卿、郑过宜等。发表过梅兰芳、俞振飞、田汉、石挥等人的专论。1948年11月终刊。共出6卷，每卷12期。 |

续表

| 企业名称 | 创办时间 | 创办人或负责人 | 抗战前后简况 |
| --- | --- | --- | --- |
| 上海影戏公司 | 1920年 | 但杜宇 | 位于闸北地区。1922年首次摄制完成的《海誓》是中国最早问世的长故事片之一。次年完成的《古井重波记》是中国最早的在艺术上比较完整的爱情片。1927年取材于古典名著《西游记》片段的《盘丝洞》，反响较大。公司所摄制的故事片还有《万丈魔》《糖美人》《古屋怪人》《东方夜谭》等。1931年秋并入联华影业公司，次年退出，曾一度与艺华影业公司合作拍片。1934年夏改组为上海有声影业公司。1937年抗日战争爆发后歇业。 |
| 明星影片股份有限公司 | 1922年3月 | 张石川、郑正秋、周剑云、郑鹧鸪、任矜苹 | 位于贵州路7号亭子间，原大同交易所旧址。最初拍摄滑稽短片，营业不佳。1923年转而投拍正剧长片《孤儿救祖记》，大获成功。遂相继拍摄《玉梨魂》《最后的良心》《挂名的夫妻》等以妇女的悲惨命运为题材的故事片。1928年起三年内连续拍摄18集武侠片《火烧红莲寺》。1930年摄制中国第一部蜡盘配音有声片《歌女红牡丹》。1932年"一·二八"事变后，建立由洪深、黄子布(夏衍)、席耐芳(郑伯奇)、钱杏邨(阿英)、郑正秋、程步高等参加的编剧委员会，陆续摄制《狂流》《女性的呐喊》《脂粉市场》《前程》《铁板红泪录》《姊妹花》《时代的儿女》《丰年》等20余部揭示社会矛盾、反映人民呼声的左翼影片。1936年春，公司新建的枫林桥总厂完工，同年7月进行改组，建立一厂、二厂，摄制了《生死同心》《压岁钱》《十字街头》《马路天使》等优秀影片。1937年抗战爆发后，生产陷于停顿。翌年，总厂又毁于战火，被迫停业。该公司从成立到结束，历时15年，共拍摄无声故事片142部、有声故事片50部、动画短片13部、短纪录片30余部。曾创办《明星》《明星特刊》《明星月报》《明星半月刊》等杂志和明星影戏学校，是中国电影事业发展史上经营时间最长、具有广泛社会影响的民营影片公司。 |

续表

| 企业名称 | 创办时间 | 创办人<br>或负责人 | 抗战前后简况 |
|---|---|---|---|
| 民新影片股份有限公司 | 1926 年 12 月 | 黎民伟、李应生等 | 成立时发表宣言:“宗旨务求其纯正,出品务求其优美”,以期借电影向国外宣扬中国传统的“超迈之思想、纯洁之道德、敦厚之风俗”;在国内的立足点,应“不独在都会,而在穷乡僻壤之间”。先后拍摄了《玉洁冰清》《和平之神》《三年以后》《木兰从军》《热血男儿》等影片 17 部。1927 年,黎民伟将在 1924－1925 年拍摄的有关孙中山先生重要活动的素材、新闻短片,重新编辑成一部大型新闻纪录片《国民革命军海陆空大战记》(9 本),具有很高的历史文献价值。1930 年 8 月,加入联华影业制片印刷有限公司(后改名联华影业公司)。1936 年 7 月退出联华,恢复“民新”公司名义拍片,在完成《母爱》等 3 部影片后,于 1937 年“八一三”事变后歇业。 |
| 艺华影业公司 | 1932 年 10 月 | 严春堂(棠) | 初名“艺华影片公司”。1933 年扩大规模,在康瑙脱路(今康定路)金司徒庙附近新建摄影棚。9 月,改组为艺华影业有限公司。严春堂任总经理。请田汉主持影片创作并领导编剧委员会,阳翰笙、沈端先(夏衍)也参加剧本创作,先后完成了具有鲜明的抗日反帝色彩的《民族生存》《肉搏》《中国海的怒潮》《烈焰》4 部影片。在此以后的两年里,摄制了影片《女人》《黄金时代》《生之哀歌》《逃亡》《凯歌》等 11 部,其中进步影片仍占多数。1935 年下半年至 1937 年抗日战争爆发时止,又摄制了《化身姑娘》(正、续集)《新婚大血案》《弹性女儿》《女财神》《三〇三大劫案》等 19 部。其中《化身姑娘》被认为是“软性电影”的代表作。上海沦为“孤岛”后,由严春堂之子严幼祥出面主持,继续摄制影片《凤求凰》《三笑》等 54 部。1941 年底太平洋战争爆发后歇业。 |

续表

| 企业名称 | 创办时间 | 创办人或负责人 | 抗战前后简况 |
|---|---|---|---|
| 国华影业公司 | 1938年 | 柳中亮、柳中浩、张世铨等 | 1940年6月在拉都路(今襄阳南路)福履理路(今建国西路)自建摄影场。由张石川主持创作,先后摄制故事片《风流冤魂》《孟姜女》《杨乃武》《董小宛》《夜深沉》《奈何天》《金粉世家》等37部。1940—1941年,曾以国泰影片公司和华美影片公司名义,摄制《黑天堂》《济公活佛》等故事片4部。1942年初完成影片《艺海春秋》的摄制后歇业。 |
| 金星影片公司 | 1940年 | 周剑云 | 是上海"孤岛"时期制作态度比较严肃的制片机构。于伶、柯灵、吴永刚等均为其提供剧本或导演影片。共拍摄故事片《李香君》《秦淮世家》《花溅泪》《乱世风光》等14部。并开办"金星影业公司戏剧电影训练班",先后聘请周贻白、周剑云、黄佐临等担任教职,学员有谢晋、欧阳莎菲等。1941年12月太平洋战争爆发后,公司与训练班全部结束。 |

资料来源:编委会:《上海出版志》,上海社会科学院出版社2000年版;编委会:《上海革命文化大事记》(1937—1949),上海翻译出版公司1991年版;吴贻弓:《上海电影志》,上海社会科学院出版社1999年版;熊月之等:《上海通史》第10卷,上海人民出版社1999年版;张静庐:《中国现代出版史料》丁编上卷,中华书局1956年版。

对于抗战爆发后上海文化产业规模的萎缩,还可以从租界工部局登记的娱乐业的经营执照以及娱乐业捐税数量的变化上找到证明。资料显示,1936年上海娱乐业在工部局登记的经营执照数量为6 815张,娱乐业捐税额达246 932元,而1937年上述数字则相应减少为

5 632张和212 003元,分别下降了21%和14%。[①] 上海文化企业减少的原因自然是多方面的,有的可能是在战争中被破坏了,如上文所言的电影院等;有的则可能是因为观众的减少或经营困难而歇业了,如1937年11月周信芳的移风剧社在卡尔登戏院演出,后因上海失守,人心惶惶,观众稀少,剧团无法维持,只得暂告停演[②]。对于这一点,我们可以从对企业增加的数量预期上来找到证据。

如电影曾是20世纪二三十年代上海最受欢迎的娱乐样式之一,因此电影院的发展十分迅速。据1930年美国商务局统计,当时上海的电影院数量(包括各种游乐场的影戏院在内)已达53座之多,占全国电影院总数的22.7%以上[③]。面对此蓬勃发展的情景,时人曾乐观地估计,"三年之内"上海的电影院"一定可以添到100家以外"[④]。我们姑且不论"100家"的推论是否合理,有一点是可以肯定的,那就是以当时的上海人口数量来看,电影院的发展空间是具备的。[⑤] 事实却是,直到抗战爆发前,上海的电影院数量并没有太大的变化。这自然与人们对时局以及市场的预期密切相关。

## 二、文化产业功能结构的变化

抗日战争改变了时代的主旋律,也一定程度上改变了近代上海文化产业的功能结构。

文化产业具有文化与经济的双重属性,是文化与经济的一体化[⑥]。

① 《公共租界工部局年报》(1932—1937)。尽管20世纪30年代有关娱乐业的统计尚包括妓业等不属于本文探讨的行业,但我们仍然能够从中了解当时整个娱乐业的一个大概情况。

② 编委会:《上海革命文化大事记》(1937—1949),上海翻译出版公司1991年版,第39页。

③ 《上海市年鉴》(1935),V一,第58页。

④ 《晶报》1930年3月27日。

⑤ 楼嘉军认为,上海至少还有20家电影院的发展空间。参见楼嘉军:《上海城市娱乐研究(1930—1939)》,华东师范大学2004年博士论文。

⑥ 欧阳友权:《文化产业通论》,湖南人民出版社2006年版,第23页。

因此，在发展过程中，文化企业既要追求利润的最大化，也要承担起荡涤人类心灵、升华人类情感的历史重任。二者互为因果，不可偏废。也正因此，抗战爆发后，留守在上海的众多文化界人士乃至部分文化企业，主动承担起了宣传抗日、抨击日本侵略以及汪伪政权等卖国求荣的使命。在此过程中，文化产业的文化意义亦往往超过了经济的意义。

"一·二八"事变后，随着整个时局的变化，抗日救亡已成为上海城市生活的主旋律。而宣传抗日，反对内战，则更成为当时上海众多文化界人士以及部分文化企业的主要思想。如史量才主持的《申报》曾猛烈抨击国民党的不抵抗政策，积极报道东北义勇军、民权保障同盟等抗日救亡团体的活动；邹韬奋主办的《生活》周刊，也开始以救亡和爱国为中心进行报道①。

1935 年 12 月"一二·九"运动发生后，上海文化界人士马相伯、沈钧儒、周建人、章乃器、陶行知、邹韬奋、郑振铎等 283 人签名发表《上海文化界救国运动宣言》，呼吁国民党政府"尽量地组织民众，一心一德地拿铁和血与敌人进行殊死战，是中国民族的唯一出路"，号召民众"早日奋起，更有效地保存民族元气，争取民族解放"②。

不久后，上海文化界人士王造时、沈钧儒、邹韬奋、张志韩、马相伯、陶行知、陈宾和、诸青来、廖茂如、周建人、郑振铎、张乃器、孙寒冰、李公朴、褚辅成、蔡正雅、陈高佣等 200 余人再次举行集会，宣布成立上海文化界救国会，并发表宣言，"否认一切有损领土主权的条约和协定"，"坚决反对在中国领土内以任何名义成立由外力策动的行政组织"，"坚决否认以地方事件解决东北和华北问题"，"要求即日出兵讨伐冀东及东北伪组织"，"要求用全国的兵力财力反抗敌人的侵略"，并要求"保障集会、结社、言论、出版的绝对自由""撤废新闻检查制度，开

① 熊月之等：《上海：一座现代化都市的编年史》，上海书店出版社 2007 年版，第 394 页。

② 熊月之等：《上海：一座现代化都市的编年史》，上海书店出版社 2007 年版，第 396 页。

放新闻封锁”。[①]

1936年1月欧阳予倩、蔡楚生、周剑云、孙瑜等人发起成立电影界救国会，并在宣言中呼吁全国电影界联合起来组成救国统一战线，发展民族解放运动，撤废现行的电影检查制度；用自己组织的力量检查一切反大众化要求的影片的制作，制裁一切直接、间接有害民族解放运动的中外影片的放映；动员整个电影界的力量，摄制鼓吹民族解放的影片。

1936年6月，茅盾、傅东华、夏丏尊等人发起成立中国文艺作家协会，协会宣言表示坚决拥护民族救国阵线的最低限度的基本要求：团结一致抵抗侵略，停止内战，言论出版自由，民众组织救国团体自由等。

1936年9月，巴金、王统照、茅盾、陈望道、郭沫若、夏丏尊、洪深、鲁迅等21人，在《新认识》杂志上发表《文艺界同人为团结御侮与言论自由宣言》，要求政府竭力援助东北义勇军，严命冀绥当局坚决保卫华北各项主权；即刻开放人民言论自由，废止阻碍人民言论自由之法规，并主张文艺界不分新旧派别，为抗日救国而联合。[②]

1937年“八一三”事变后，上海文化界的救亡热情进一步高涨。1937年9月20日，上海漫画界救亡协会开始创办发行《救亡漫画》，由丁聪、王彦存、王敦庆、江敉、江栋良、朱锦楼、沈振黄、汪子美、宣相权、马梦尘、陈浩雄、张严、黄嘉音、黄尧、华君武、童漪珊、董天野、万籁鸣、鲁夫、鲁少飞、蔡若虹组成编委会，王敦庆担任主编，鲁少飞为发行人。

1937年9月24日上海伶界联合会国难后援会为筹募救国公债及救护伤兵、救济难民、慰劳将士等款项，特邀梅兰芳参加，上海名伶周信芳、林树森、小达子、李少春、高百岁、芙蓉草、毛韵珂，电影明星袁美云，北京名伶王玉蓉、华惠麟等以及上海部分名票亦出席，连续播音三天，共募得13 000余元。

---

① 《上海文化界救国会第二次宣言》，中共上海市委党史资料征集委员会编：《“一二·九”以后上海救国会史料》，上海社会科学院出版社1997年版，第68页。

② 熊月之等：《上海通史》第10卷，上海人民出版社1999年版，第396—397页。

1937年10月1日,电影界爱国人士吴邦藩创办《民族呼声》周刊,宣传抗日。

1937年10月5日因战事停刊的《上海报》《大晶报》等10家报纸联合出版《战时日报》,由龚之方主编,冯梦云为编辑顾问。

1937年10月22日,上海电影界假中西电台播音募款,救济难民,为期3天①。

"八一三"事变后,上海进入"孤岛"时期。1941年12月太平洋战争爆发后,上海全部沦陷。直至1945年8月日本投降后,上海才得以光复。在此过程中,反抗日本帝国主义侵略、抗日救亡等思想情绪始终存在于上海社会之中;而文化则成为表达、宣传这些思想情绪的重要工具。在此期间,上海出现了大量以宣传抗日救亡为主题的报刊(见表5—3)。

**表5—3　　抗战期间上海部分新办进步报刊概况**

| 创办时间 | 报刊名称 | 主办或负责人 | 简况 |
|---|---|---|---|
| 1937年12月9日 | 《译报》 | 中共江苏省委文委主办 | 由夏衍、梅益负责。翻译或转载外国报纸的新闻报道。12月20日出版第12期后被迫停刊。 |
| 1937年12月9日 | 《团结》周报 | 各界救亡协会的机关刊物 | 主要报道国内外时事新闻,介绍、宣传中共的抗战主张,团结各阶层人民进行持久的斗争。1938年11月被迫停刊。 |
| 1937年12月19日 | 《集纳》周刊 | 宜闲(胡仲持) | 编辑人为宜闲(胡仲持),实际主持工作的是冯宾符。自第3期起,编辑人改为邵宗汉。1938年2月19日出版第9期后迁汉口,并入《世界知识》。 |

① "八一三"事变后上海各界进行反日宣传活动,参见编委会:《上海革命文化大事记》(1937—1949),上海翻译出版公司1991年版,第33—35、37页。

续表

| 创办时间 | 报刊名称 | 主办或负责人 | 简　况 |
|---|---|---|---|
| 1937年12月20日 | 《离骚》 | 阿英 | 综合性文艺刊物，仅出一期。 |
| 1937年12月下旬 | 《导报》 | 梅益、杨潮（羊枣）、林淡秋等 | 以英商为发行人。着重登载有关抗战尤其是八路军、新四军英勇杀敌、抗击日军的通讯、报道和评论等，1939年6月30日被迫停刊。 |
| 1937年12月 | 《译丛》周刊 | 由暨南大学和上海中学的中共党员和部分进步学生创办 | 主编周鸿熹（周维平）、梅汝和。中英文对照的综合性期刊，以辅导大中学生英语学习的方式，通过译文介绍进步的外文报刊文章、论述、创作和报道，宣传党的抗日救亡主张，反映抗日战争和世界反法西斯战争动态。1938年8月停刊，共出80期。 |
| 1938年1月15日 | 《上海人报》 | 胡震亚（胡愈之）编 | 只出版了一两个月，即被迫停刊。 |
| 1938年1月21日 | 《每日译报》 | 中共地下文委领导的报纸 | 高薪聘用英商孙特司·裴士和拿门·鲍纳出面担任发行人。编辑部由梅益、王任叔、杨帆等负责，营业部由王纪华、许德民、石志昂等负责。1939年5月18日，被租界当局强令停刊。 |
| 1938年1月24日 | 《劳动》 | 中共江苏省委工委主办 | 工人刊物。同年8月改名《朋友》，1939年又改名为《生活通讯》。 |

续表

| 创办时间 | 报刊名称 | 主办或负责人 | 简 况 |
|---|---|---|---|
| 1938年1月25日 | 《文汇报》 | 爱国人士严宝礼创办 | 以高薪雇用英国人克明担任发行人兼总主笔。2月20日前后由徐铸成担任主笔。1939年5月9日，在日军逼迫下，租界当局以“宣传抗日，破坏治安”为名，勒令《文汇报》等宣传抗日的报纸停刊一周。此后，《文汇报》没有再复刊，直到1945年8月抗战胜利后才重新出版。 |
| 1938年1月25日 | 《一般》 | 陈伟达、周一萍主编 | 半月刊。挂美国商人玛霭丁为发行人，主要通过转载国外进步刊物的文章、消息及国内进步作家的创作，宣传政治形势和中共坚持抗战的方针，介绍国际反法西斯战争的情况。同年5月停刊，共出4期。 |
| 1938年4月16日 | 《文艺阵地》 | 茅盾 | 第2卷第8期改由楼适夷主编。1942年11月停刊。 |
| 1938年4月20日 | 《上海妇女》半月刊 | 由许广平、蒋逸霄负责 | 16开本。《上海妇女》社出版，中国图书杂志公司发行。编辑兼发行人蒋逸霄，具体负责人姜平(即孙兰)。面向大中学生、家庭妇女。分设论坛、家事顾问、上海妇女动态、半月世界动态、半月漫谈、文艺园地、创作选载、生活自述、中国妇女抗战史料、连环图画、读书随笔、国内外通讯、信箱等栏目。自第5期起，取消家事顾问栏目，增加戏剧小说。曾销往福州、厦门、广州、汉口、南昌等城市。撰稿人以女性为主，有关露、风子、姜平、樊英、白薇等。1940年1月25日出第4卷第3期后停刊，同年6月1日复刊，续出第4卷第4期，旋终刊。 |

续表

| 创办时间 | 报刊名称 | 主办或负责人 | 简　况 |
|---|---|---|---|
| 1938年4月23日 | 《华美》周刊 | 梅益主编 | 16开本。美商华美出版公司出版,发行人宓尔士,实际编辑者为梅雨(梅益)、王任叔。连载勃脱兰著《中国的新生》,林淡秋译。次年7月停刊。共出版2卷61期(第1卷50期,第2卷11期)。设有短评、国际展望、辩论会、特稿、学校讲坛、译论、速写、街头、大众讲座、报告、读书随笔、时事演义、特约通讯、青年习作等栏目。是一本形式多样、内容丰富、坚持抗战和进步的时事政治性综合刊物。 |
| 1938年5月 | 《读物》月刊 | 徐圩、冯宾符主编 | |
| 1938年5月 | 《大美画报》半月刊 | 张似旭 | 伍联德主编。1938年10月,伍联德辞职后由赵家璧主编。内容完全按照抗日爱国的方针编辑。1939年被迫停刊。 |
| 1938年5月 | 《杂志》 | 吕怀成、刘涛天 | 半月刊。主要反映世界反法西斯阵线的呼声,大量转载英、美等国报纸的言论和国内抗日报刊的言论。曾刊载周恩来《论中日新战略》等政论。1939年7月停刊,11月复刊,改由吴诚之编辑,内容及思想倾向取"中立"态度,增加了日本报纸关于时局的评论和通讯。但反对法西斯侵略战争的议论仍占主要篇幅,其间曾连载毛泽东与斯诺的谈话。至1941年4月第二次停刊。1942年8月再次复刊,编者仍为吴诚之,改为月刊,并由16开本改为32开本。抗战胜利后停刊。 |

续表

| 创办时间 | 报刊名称 | 主办或负责人 | 简　况 |
| --- | --- | --- | --- |
| 1938年<br>7月2日 | 《涛声》<br>月刊 | | 1937年曾出版6期，此次出版从第1卷第1期开始。 |
| 1938年<br>7月4日 | 《大英夜报》 | 翁率平和邵洵美等人 | 发行人是英侨孙特司·裴士和拿门·鲍纳，实际负责人是暨南大学教授翁率平和邵洵美等人。 |
| 1938年<br>9月1日 | 《少年读物》 | 陆圣泉主编 | 同年11月被迫停刊，共出6期。1939年2月，在陆蠡主持下出版《少年读物小丛刊》。 |
| 1938年<br>9月10日 | 《公论丛书》<br>（即《民族公论》） | 八路军驻沪办事处委托王任叔主编 | 大32开本。公论社编辑，上海《译报》图书部出版。1939年9月终刊。共出版12辑。每辑以第一篇文章的标题作为刊名。内容侧重理论，举凡国际、政治、军事、经济等重要问题每辑均有详细的分析。此外，如学术研究、文艺作品等有价值的文章，每辑亦有刊载。主要撰稿者有曹靖华、郭源新（郑振铎）、郭沫若、巴人、潘梓年等。是宣传中共抗日民族统一战线政策的大型理论月刊。 |
| 1938年<br>10月10日 | 《文献》<br>月刊 | 八路军驻沪办事处主办，钱杏邨（阿英）主编 | 月刊。大32开。上海风雨书屋发行。以“纪念抗战建国，保留伟大史迹”为宗旨，辟有画报、卷头语、抗战将领言论特辑、特稿、专论、新闻特辑、每月战况、游击区纪事、战事特写、世界之动态、经济动态、学生生活、孙中山先生诞辰纪念特辑、文化动态、文化特辑、电影与戏剧、文艺、大事记等栏目。1939年5月10日出版第8卷后被迫停刊。 |

续表

| 创办时间 | 报刊名称 | 主办或负责人 | 简　况 |
|---|---|---|---|
| 1938年10月10日 | 《译报周刊》 | 《每日译报》编辑部增出 | 时事政治周刊。16开本。孙特司·裴士主编。实际上由梅益、王任叔、林淡秋、冯宾符等编辑。译报周刊社发行。主张团结抗战,反对妥协投降。内容丰富,栏目众多,有社论、小言、每周展望、论著、译述、内地通讯、每周时事问题讨论、人物介绍、知识讲座、科学小品、读书指导、战争新闻、战争知识辞典、读书顾问、书报介绍、生活漫谈、读者信箱、文艺、漫画·木刻等。主要撰稿人有吴穆、守康、张香山、刘振汉、平生、叶舟、沙漠、定中、李正等。发行量达2万多份。共出37期。因租界当局干预,于1939年6月22日被迫停刊。 |
| 1938年10月16日 | 《文艺新潮》月刊 | 宇文节(钱君匋)、林之材(李楚材)等 | 16开本。上海野马文艺研究会发行,万叶书店总经销。撰稿者有楼适夷、王任叔、许广平、林淡秋、阿英、钟望阳、石灵、关露、陈望道、丰子恺、巴金、郭绍虞、许钦文、王西彦、罗洪、白曙、冒舒湮、靳以、朱雯、王亚平、白薇、何为等。形式多样,有论坛、小说、书报评述、诗、歌曲、翻译、报告文学、文艺通讯、速写、戏剧、散文、杂文、漫画等。发表了多篇报告文学和速写,及时报道和介绍解放区与全国各地的战斗情况,为人们所喜闻乐见。从第2卷起还出了6个特辑:《鲁迅先生逝世三周年纪念》《语文特辑特大号》《诗歌特辑》《小说特辑》《米价和生活特辑》《关于现实主义讨论特辑》《戏剧特辑》。1940年5月1日出版第2卷第7号后终刊。共出版2卷18期(其中第1卷第4—5号合刊)。 |

续表

| 创办时间 | 报刊名称 | 主办或负责人 | 简　况 |
| --- | --- | --- | --- |
| 1938年11月20日 | 《剧场艺术》月刊 | 李伯龙 | 松青(李伯龙)编辑,剧场艺术出版社出版,光明书局总经销。主要执笔者有姜椿芳、李健吾、顾仲彝、陈西禾、周贻白、吴仞之、吴天、于伶、张骏祥等。该刊系统地译介了史坦尼斯拉夫斯基的戏剧理论,包括《演员自我修养》《我的艺术生活》和《剧艺手记》等。登载唐钦柯的《高尔基与莫斯科艺术剧院》以及张骏祥的戏剧理论,还登载吴祖光的《正气歌》和曹禺的《正在想》及纪念戏剧家宋春舫的专辑等。此外,还出版《剧场艺术戏剧丛书》5种。1941年10月10日出版第3卷第5—6期合刊号后停刊。 |
| 1938年11月23日 | 《联声》半月刊 | 上海基督教学生团体联合会创办 | 1941年9月停刊,共出36期。 |
| 1939年1月11日 | 《鲁迅风》 | 文载道(金性尧)主编 | 月刊。16开本。署冯梦云编辑,实为文载道(金性尧)主编。发行人来小雍。主要撰稿人有巴人、唐弢、柯灵、辨微(周木斋)、文载道、郑振铎、石灵、景宋(许广平)、骆宾基、齐明(陈望道)、应服群(林淡秋)、王统照、锡金等。该刊还发表了鲁迅的部分书信、日记和手迹。同年5月20日第14期起改为半月刊,由天马书店出版发行。同年7月20日第17期起改由石灵(孙大珂)编辑。同年9月5日出版第19期后停刊。 |
| 1939年 | 《野火》 | 中共文艺通讯委员会出版 | 1940年1月《野火》的出版登记证被租界工部局吊销,被迫停刊。 |

续表

| 创办时间 | 报刊名称 | 主办或负责人 | 简　况 |
| --- | --- | --- | --- |
| 1939 年 1 月 | 《绿洲》月刊 | | 共出 6 期，同年 7 月被迫停刊。 |
| 1939 年 3 月 25 日 | 《中学生活》半月刊 | | 1939 年 6 月停刊，共出 7 期。1940 年 9 月复刊。 |
| 1939 年 4 月 5 日 | 《时论丛刊》 | 八路军驻上海办事处 | 以美商好华图书公司名义创办。 |
| 1939 年 4 月 15 日 | 《职业生活》 | 上海职业界的进步刊物 | 1940 年 4 月 24 日被迫停刊，改为《人人月刊》出版。 |
| 1939 年 5 月 | 《新中国文艺丛刊》 | | 新中国文艺丛刊社编辑，上海好华图书公司发行。不定期刊物，主要撰稿人有巴人、林淡秋、景宋（许广平）、郭源新（郑振铎）、柯灵、锡金、文载道（金性尧）、辨微（周木斋）、楼适夷、严文井、钟望阳、梅益、司徒宗、岳昭（戴平万）、满涛等。内容丰富，形式多样，设有短论、小说、报告、通讯、散文、诗歌、论著、杂文、书评、木刻等栏目。1940 年 2 月停刊。共出版 4 册：第 1 册《钟》；第 2 册《高尔基与中国》；第 3 册《鲁迅纪念特辑》；第 4 册《鹰》。 |
| 1939 年 5 月 | 《青年生活》 | 上海学生界救亡协会主办 | 12 月被租界当局查禁而停刊，共出 9 期。 |
| 1939 年夏 | 《汇报》 | 朱人俊在南汇创办 | 以后又改成刊物，曾用《锻炼》《老百姓》等名称，并由油印改成铅印。《字林西报》曾比之为比利时的《自由报》。这些报纸和刊物都通过小学教师散发。 |
| 1939 年 9 月 10 日 | 《美术界》 | | 1940 年 3 月 20 日，因编辑人员离开上海或从事其他工作而停刊。 |

续表

| 创办时间 | 报刊名称 | 主办或负责人 | 简　况 |
| --- | --- | --- | --- |
| 1939年9月16日 | 《学习》 | 中共江苏省委文委主办 | 16开本。韩述之(张纲)、方行、范秉黎、徐达、李铮、姚溱等组成编委会,韩述之为主编,贾进者任庶务。由女同学郁静(刘也苹)申请登记。编辑柳静,发行人王方舟。设有专题论文、专题讲座、信箱、通讯和文艺等栏目。刊出“关于实施宪政问题”“纪念鲁迅六十周年诞辰”“文艺通俗化问题”等专辑并发表来自抗日根据地的苏北通讯等。1941年12月8日日军进驻租界,被迫停刊,共出版5卷5期。 |
| 1939年9月 | 《大陆》 | 王任叔 | 32开本。月刊。大陆月刊社出版,主编裘重(裘柱常),实际上是楼适夷。以“介绍一般知识,提倡高尚娱乐”为宗旨,设有社会闲评、修养讲话、历史小品、留美生活、剧人新作等栏目。每期均请名家撰述,普及各类学科知识、政治时事常识,报道各地抗战动态,以及发表一些文学作品。被认为是“最合社会各级人士求知、消遣之需”的刊物。为淡化该刊的政治色彩,撰稿人都用笔名,主要撰稿人有梅益、蒯斯曛、裘重、柯灵、满涛、包天笑、王小逸等。1941年11月出版第2卷第6期后停刊。共出12期。 |
| 1939年10月1日 | 《文艺新闻》半月刊 | | 1940年2月25日出版最后一期(第11号)后停刊。 |

续表

| 创办时间 | 报刊名称 | 主办或负责人 | 简　况 |
| --- | --- | --- | --- |
| 1939 年 11 月 1 日 | 《上海周报》 | 张宗麟等 | 16 开本。弗利特挂名编辑，实属中共地下党领导。发起人张宗麟，总编辑吴景崧，编辑邹云涛。英商独立出版公司发行，《上海周报》社总经销。辟有社论、一周简评、论文、外论译丛、经济讲话、学术讲话、思想讲话、科学小品、社会相、书评、小说、读者信箱等栏目。曾译载斯诺的《毛泽东访问记》。梅益、胡愈之、巴人、千家驹常为该刊撰稿。后因洋商受日伪收买，公开宣布《上海周报》合同期满，该刊难以继续，1941 年 12 月 6 日出版最后一期，被迫停刊。共出 102 期。 |
| 1939 年 11 月 15 日 | 《小说月刊》 | | 1940 年 7 月停刊，共出 9 期。 |
| 1939 年 11 月 25 日 | 《天下事》 | 陶亢德主编 | 月刊。16 开本。以译文为主，分设天下事、欧洲大战、知识文化、生活见闻、世界工业、山水人物、史料珍闻等栏目。其特约通讯内容主要取自美国、英国、法国等地的通讯述评。曾出《欧战增刊》，报道第二次世界大战欧洲战场的战地新闻。1941 年 8 月以港版、航空版形式出过多期，内容侧重远东战争太平洋局势之评论。约 1942 年 6 月停刊，共出 49 期。 |
| 1940 年 1 月 25 日 | 《戏剧与文学》月刊 | 中共江苏省委文委主办 | 共出 4 期，后停刊。 |
| 1940 年 3 月 25 日 | 《大众呼声》 | | 半月刊 |

续表

| 创办时间 | 报刊名称 | 主办或负责人 | 简　况 |
| --- | --- | --- | --- |
| 1940年3月 | 《青年知识》半月刊 | 上海学生界救亡协会的第三个机关刊物 | 同年11月因“孤岛”形势恶化，自动停刊，共出17期。 |
| 1940年4月1日 | 《大学季刊》 | 上海部分高等学校师生创办 | 专载学术研究文章。 |
| 1940年7月8日 | 《五金半月刊》 | 五金商业系统出版 | |
| 1940年9月20日 | 《大陆》月刊 | | 1941年11月因经费困难而停刊，共出12期。 |
| 1940年10月30日 | 《小剧场》半月丛刊 | 海风出版社出版 | 共出5期，1941年1月16日停刊。 |
| 1941年1月 | 《奔流文艺丛刊》 | 中共江苏省委文委主办 | 每月出刊一次，先后出版6辑。太平洋战争爆发、日军侵入租界后停刊。 |
| 1941年3月10日 | 《生活与实践丛刊》 | 范泉主编 | 文艺综合性刊物，共出4辑。 |
| 1941年3月 | 《知识与生活》半月刊 | 沪江大学、大同大学、暨南大学和浙光中学的部分学生创办 | 以群众文艺为主要内容的综合性通俗刊物，得到中共江苏省委文委的支持。 |
| 1941年3月 | 《译文丛刊》 | | 月刊。译文丛刊社编辑出版，海燕书店发行。以发表俄国作品为主，亦重视译载欧美各国的名作。内容多系文学创作，兼及文艺评论等。主要翻译者有什之(姜椿芳)、朱萸、蒋天佐、秋斯、穆俊、锡金、鲛人、金人、贺一清等。1941年7月停刊，共出版4辑。 |

续表

| 创办时间 | 报刊名称 | 主办或负责人 | 简　况 |
| --- | --- | --- | --- |
| 1941 年 4 月 15 日 | 《杂文丛刊》 | 进步学生创办 | 不定期刊。以杂文为主的文学刊物。杂文社编辑发行。主要编辑和撰稿人是倾向革命与进步的暨南大学文科学生；王任叔(一士)、唐弢(风子)、柯灵(丁一之)、孔另境(东方曦)、陆象贤(列车)等也经常为之写稿。内容多为坚持抗日救国，无情揭露汉奸丑行，批评国民党当局的反共，注重繁荣杂文创作，推进杂文理论研究，是继《鲁迅风》后又一有影响的战斗杂文刊物。同年 11 月 16 日终刊。共出版 9 期。 |
| 1941 年 6 月 | 《北斗》杂志 | 由北社出版 | 是一份政治、文学兼容的刊物，只出 2 期，因太平洋战事爆发而停刊。 |
| 1941 年 10 月 1 日 | 《文艺春秋》 | 由洪荒文艺社出版 | 只出版 2 期，于 11 月停刊。 |
| 1941 年 11 月 1 日 | 《萧萧》 | 金性尧等 | 文艺刊物，半月刊。32 开本。署“萧萧社编辑出版”，实为金性尧与桑弧发起，金性尧编辑，桑弧联系印刷发行事宜，长城书局出版。辟有杂文、漫谈、史料、影评、速写、札记、书评等栏目。文章多短小精悍，尖锐泼辣，言之有物，有的放矢。主要撰稿人有巴金、唐弢、柯灵、林淡秋、许广平、石灵、阿英、师陀、李健吾、满涛、文载道(金性尧)等。曾发表郁达夫《郭沫若先生返国信》、鲁迅遗书《致冶秋的信》等有史料价值的文字，创刊号曾出“周木斋先生纪念特辑”。同年 12 月 1 日出版第 3 期后，因太平洋战争爆发而停刊。 |

续表

| 创办时间 | 报刊名称 | 主办或负责人 | 简　况 |
| --- | --- | --- | --- |
| 1941 年 11 月 19 日 | 《奔流新集》 | 楼适夷等 | 不定期刊。32 开本。奔流社编，编者楼适夷、锡金、满涛(张逸候)。奔流出版社印行。主要撰稿人有景宋(许广平)、适夷、佐思(蒋天佐)、锡金、田青、茅盾、钟望阳、林淡秋等。辟有投枪和唾沫、短刺、每月书话、特约寄稿等栏目。同年 12 月 8 日出版第 2 集后停刊。共出版 2 集：《奔流新集》之一《直入》;《奔流新集》之二《横眉》。其前身为《奔流文艺丛刊》。 |
| 1941 年 11 月 16 日 | 《万人小说》 | 中共江苏省委文委创办 | 只出 1 期，太平洋战争爆发，日军进入租界，该刊主动停刊。 |
| 1941 年 12 月 1 日 | 《妇女时代》 | 朱素萼等创办 | 出版第 1 期后，因太平洋战争爆发未能续出。 |
| 1942 年 5 月 | 《时代》 | 罗果夫 | 周刊。16 开本。苏商时代杂志社出版发行，社长罗果夫，编辑人匝开莫。自第 307 期起由姜椿芳主编，并改为半月刊。前期的基本内容是介绍第二次世界大战期间苏联红军反法西斯战争的军事形势，兼及苏联国内的政治、经济、文化、教育等方面的情况。以后增加了报道中国共产党关于抗日的言论以及抗日前线的消息等内容。1944 年 2 月被勒令停刊。 |
| 1942 年 11 月 | 《苏联文艺》 | 中共上海地下组织以苏商时代书报社的名义创办 | 以翻译介绍苏联最新战时文艺作品为主，也适当介绍俄罗斯古典文学的优秀作品。初为半月刊，实际上从创刊到 1944 年 2 月休刊，仅出 11 期，1945 年又出 1 期后停刊。 |

续表

| 创办时间 | 报刊名称 | 主办或负责人 | 简　况 |
|---|---|---|---|
| 1943年6月23日 | 《万象》 | 陈蝶衣主编 | 月刊。原是侧重趣味性的综合性期刊。柯灵接编后转移侧重点，提倡新文艺，得到不少进步作家的支持。是上海沦陷后影响较大的一种文学期刊。1944年12月1日出版本年第6期后休刊。1945年6月1日出版第7期，由郑兆年编辑，旋即停刊。共出版43期，另有号外1册。 |
| 1944年1月1日 | 《锻炼》 | 恽逸群主编 | 半月刊。由建文出版公司发行，对象是学生及职业青年。 |
| 1945年2月1日 | 《莘莘》 | 中共上海地下学委 | 月刊。以莘莘杂志社名义公开出版的学生刊物。共出4期后停刊。 |
| 1945年6月1日 | 《国际知识》 | 沈志远 | 半月刊。由上海文汇书报社经销。 |
| 1945年7月23日 | 《工程界》 | 王天一 | 月刊。 |
| 1945年7月 | 《故音》 | 萧岱和王楚良创办 | 文学杂志，仅出1期。 |

资料来源：编委会：《上海出版志》，上海社会科学院出版社2000年版；编委会：《上海革命文化大事记》(1937—1949)，上海翻译出版公司1991年版；张静庐：《中国现代出版史料》丁编上卷，中华书局1956年版；朱敏彦：《“孤岛”时期的上海抗日进步报刊》，《抗日战争研究》1993年第2期。

诚然，迎合时代主题，反映群众呼声，是文化企业的责任和义务，也是其拓展市场、不断发展壮大的重要前提。我们也看到，在“孤岛”时期，《新闻报》和《时报》等报纸在日军的新闻管制下失去了新闻自由，内容远离了时代的主题，销量受到很大的影响；而新创刊的《文汇报》则因其较高的编辑水准以及自由的言论和爱国主义倾向，颇受市民的欢迎。创刊之初，《文汇报》的目标是1万份发行和1万元广告。

结果不到半个月，其发行量就突破了 1 万份，4 个月后其发行量已近 6 万份，超过了老牌的《新闻报》，居当时上海日报发行量之首①。

但在当时特殊的时代氛围下，抗日爱国遭到了日本占领军政府和租界当局的双重打击，这些报刊大多旋生旋灭。且因时局动荡等原因，这些报刊的生意并不好做，大多步履维艰、惨淡经营，如 1939 年初春，中共上海地下组织就曾发动读者捐钱帮助《每日译报》②。即便如此，它们中的一部分在短暂存留一段时间后仍摆脱不了倒闭的命运。因此，我们不难推断出这些报刊出现的目的与使命。在此，政治抑或文化的成分超过了经济的成分，由此其运作自然背离了市场化的精神，也从某种程度上扰乱了近代上海文化产业化发展的步伐。从此，政治或意识形态介入文化发展开始成为传统，文化的经济意义开始被人们所忽视。

## 三、殖民文化与反日文化的斗争

在抗日战争期间，日伪机构和租界当局对上海文化界的掌控意图以及对进步报刊、文化人士和文化团体的打压，进一步摧残了已属奄奄一息的近代上海文化产业。

“八一三”事变后，日本占领了华界，随后其势力开始向租界延伸，并于 1941 年 12 月太平洋战争爆发后完全占领租界。在此过程中，一方面为荡涤租界内日益弥漫的抗日气氛，另一方面为阻断中华民族发展的文脉，日本占领当局力图掌控上海的文化界，并对进步报刊、文化人士和文化团体进行打压，为此不惜采取各种手段。

1. 建立各种新的由之操控的文化机构，传播殖民思想

中华联合制片股份有限公司（简称“中联”公司），是日伪政府成立的旨在控制上海电影制作的机构，成立于 1942 年 4 月，由“新华”“艺

① 徐铸成：《炸弹与水果》，香港三联书店 1983 年版，第 73、85 页。

② 编委会：《上海革命文化大事记》（1937－1949），上海翻译出版公司 1991 年版，第 78 页。

华”“国华”“金星”“华新”“合众”“大成”“华年”“光华”“天声”“华成”“华新”12家影片公司合并组成，总管理处设于海格路(今华山路)，汪伪政府宣传部部长林柏生任董事长，川喜多长政(日)任副董事长，总经理张善琨。

中联公司下辖5个摄影场，从1942年5月到1943年4月共拍摄影片47部，其中大多以男女情爱、家庭纠葛为题材，如《香衾春暖》《恨不相逢未嫁时》《牡丹花下》《香闺风云》《水性杨花》《红粉知己》《情潮》《断肠风月》《寒山夜雨》《良宵花弄月》等，以及宣传日伪的所谓“中日亲善”、为日本侵略中国效劳的作品，如《博爱》和《万世流芳》等。①

1943年5月，日本占领军为进一步强化对上海电影业的控制，指使汪伪政府颁布《电影事业统筹办法》，以全面垄断电影的制片、发行和放映，“实施三位一体之电影国策”，并借机将中华联合制片股份有限公司、中华电影股份有限公司和上海影院公司合并，成立中华电影联合股份有限公司(简称“华影”)，由汪伪政府立法院院长陈公博、财政部部长兼警政部长周佛海、外交部部长褚民谊任名誉董事长，仍由林柏生任董事长，川喜多长政(日)任副董事长，并由汪伪政府宣传部驻沪办事处处长冯节任总经理，张善琨、石川俊重(日)任副经理。②

从1943年5月至1945年8月，华影公司除制作报道“大东亚共荣圈”动态的新闻片《中华电影新闻》外，还成立了“国际合作制片委员会”，与日本合作拍摄了《万紫千红》《春江遗恨》《侬本痴情》《歌衫情丝》《逃婚》《美人鱼》《两地相思》《何日君再来》《恋之火》《冤家喜相逢》《摩登女性》《吸血魔王》等80余部故事片，贯彻所谓“担负大东亚战争中文化战的任务”，被日伪称为“中日电影合作共存共荣的象征。”③

上述两家公司成立后，上海电影业全部为日伪当局所控制。一些爱国的电影工作者，如柯灵、费穆等，拒绝与日伪合作，纷纷退出影坛。

此外，抗战期间，日伪机构还先后在上海出版发行《新申报》《新中

---

① 吴贻弓:《上海电影志》，上海社会科学院出版社1999年版，第47—48页。

② 吴贻弓:《上海电影志》，上海社会科学院出版社1999年版，第48页。

③ 吴贻弓:《上海电影志》，上海社会科学院出版社1999年版，第48—49页。

国报》《风雨谈》《女声》等报刊，组建了远东剧团、建国剧团等汉奸剧团。这些机构尽管没有像在电影业那样对各相关行业起到绝对控制的作用，但其大量刊发并上演的宣传建立所谓“大东亚共荣圈”“中日亲善”等反动思想的作品，仍然冲击了近代上海的文化市场[①]。

2. 加强新闻出版及其他文化活动的监督、检查，取缔进步报刊和文化活动

“八一三”事变后，随着战事的结束，上海以租界为中心的文化活动开始逐渐恢复。但是，此时的租界与往昔相比已经有了很大的不同，原来的自由、宽松的环境已然消失。日本占领军和租界当局均从各自的利益出发，加强了对租界内文化活动的控制。为此，他们相继颁布了一系列的管理条令，如：

1937 年 12 月 14 日日军宣布对租界内华人所办华文报纸实施新闻检查。

1938 年 3 月 11 日日本侵略军新闻检查所通知各华人创办的通讯社发送各报新闻稿，一律先送该所检查，外国通讯社按日送副稿两份。

1939 年 4 月起租界当局发布公告，禁止抗日活动。

1940 年 5 月 9 日公共租界工部局规定，登记出版书刊的编辑，一律要缴验照片。

1940 年 8 月 6 日公共租界警务处设立新闻检查部，8 日起由华、英籍人员各一名合署办公，实行新闻检查。

---

① 涂晓华曾在《上海沦陷时期〈女声〉杂志的历史考察》一文中指出，“《女声》的创刊体现了日本法西斯力图粉饰太平、力图使宣传有效地服务于日本国策的一种强烈愿望，但实际上在宣传上并没有实质性地产生影响，由此可见证在上海日本殖民统治的文化干预的结果并不大，这也是上海能发展沦陷期文学的重要因素。《女声》尽管是由日方出资出版，但它从内容上自始至终提倡新女性追求独立、自主，同时它登载的以丁景唐为主的不少中国共产党地下党员的关于各阶层的地方妇女生活的报告文学，反而成为沦陷时期进步青年的发稿阵地，在一定层面上延续着战前上海的新文化思潮。在战争期间，尽管日本军人仍然在征服中国，田村俊子却同情中国人民的不幸，她在中国创办的《女声》杂志无疑实现了她实践了一生的女权主义理想。”——涂晓华：《上海沦陷时期〈女声〉杂志的历史考察》，《中国现代文学研究丛刊》2005 年第 3 期。此种说法固然也是事实，其他日伪报刊中一定程度上也会存在着类似的情况，但它并没有也不可能改变这些报刊创立的初衷及其主要的办刊方向。

1940年11月25日汪伪集团颁布《电影检查法》，不久又成立“电影检查委员会”，对放映的影片实行检查。

1942年5月9日公共租界警务处开始实施电影院、剧场和话剧团体的登记手续，凡开设在公共租界内的电影院、剧场和其他娱乐场所均需向该处特高课登记。

1943年1月上旬日伪当局强令各电影院“一律停止放映英美敌性影片”，规定“今后各影院一律上映国产（指汪伪）及友邦（指日本）影片”。

1943年1月中旬汪伪中央宣传部驻沪办事处强令上海各小报自2月1日起分别实行合并。

1943年8月23日汪伪集团为统治音乐宣传，下令禁演抗日救亡歌曲200多首。

1943年9月11日汪伪上海特别市第三警察局特警处发布《文化剧艺管理检查注意事项》，规定各种出版物除必须在该处进行登记外，还应于发行前三日将稿样一式两份送检，发行时应由发行人以一式两份送检备查；剧本（包括歌曲词谱）应由负责人于一星期前出具报告，连同说明书各两份一并送审；文化剧艺团体请求公演或展览，应由负责人于一星期前出具申请报告，并附详细说明书各两份一并送审，未经许可，不得公演。

1944年1月18日汪伪上海特别市第一区公署和上海特别市第一警察局分别发出布告，规定即日起本市报纸、杂志、刊物的出版登记证均归汪伪中央宣传部核发，前由租界工部局发放的登记证一概作废，均需重新登记，并以本月31日为最后期限。

1944年2月5日汪伪上海特别市第一警察局在各大戏院派驻特别警员，每院两名，分驻内外，专事注意“形迹可疑奸佞之徒”混入，必要时有权“搜查”观众。

1944年6月初汪伪中央宣传部电影检查委员会实施唱片检查，规定：“凡中外各种唱片均须呈经该会检查核准，给有执照，始得发行。在唱片检查实施前业经发行的各种影片，亦须一律向该会申请补行检查”。

1944年8月20日汪伪上海市宣传处修正公布《上海特别市戏剧检查规则》，规定：“凡在本市上演之一切戏剧，除电影外，不论为职业性或业余性者，非依本规则检查核准，不得上演”；“戏剧应于上演十日前，由上演负责人备具申请书及剧本各两份，向宣传处申请检查”；“宣传处认为有实地检查之必要时，得令申请人先行试演”；“凡经核准之剧本，不得私自加添节目或增删窜改台词”，还规定该处可以随时派员至各剧场检查演出；等等[①]。

如此众多的条令只有一个中心，即禁止抗日。正如前文所述，其时抗战已成为时代的主题，亦成为上海文化界的奋斗目标和历史使命。因此，在上述条令指导下的检查便带有了极强的破坏性，严重摧残了上海仅存的一点文化产业发展的基础。

如就报刊来说，1937年12月14日日军宣布对租界内华人所办华文报纸实施新闻检查后，许多华文报纸不愿受制于敌，毅然宣布停刊，一时间上海几乎成了“无报的城市”。《大晚报》接受了检查，该报编辑周木斋、邵宗汉等公开登报退出该报，表示抗议；《新闻报》接受检查后，余空我、严谔声（即“小记者”）等也退出了该报[②]。

此后，尽管许多报刊因挂到洋商旗下得以继续生存，但被迫停刊的厄运始终伴随其左右。如1939年5月19日，《文汇报》（包括《文汇报晚刊》）《每日译报》被公共租界当局勒令停刊两周，《大美报》《中美日报》被工部局警务处吊销登记证；1940年5月3日，《华美晚报》被公共租界工部局勒令停刊三星期[③]。其他尚有大量战时创办的报刊亦因此被迫停刊（见表5－3）。在此期间，具有悠久历史、享誉中国的《申报》也多次被勒令停刊，直至最终完全沦为汉奸报纸[④]。

出版业的情况也是一样。1939年4月6日，日本驻沪领事署派员

---

① 编委会：《上海革命文化大事记》（1937－1949），上海翻译出版公司1991年版。
② 编委会：《上海革命文化大事记》（1937－1949），上海翻译出版公司1991年版。
③ 编委会：《上海革命文化大事记》（1937－1949），上海翻译出版公司1991年版。
④ 编委会：《上海革命文化大事记》（1937－1949），上海翻译出版公司1991年版。

会同上海公共租界警务当局，对福州路上的中国图书杂志公司、光明书局、兄弟图书公司、五洲书局等进行搜查，《游击队之工作》《上海一日》等抗日书籍被抄去；1939年12月，棠棣出版社开业，因经营进步书籍，遭公共租界巡捕房搜查，一度停业，曾改名长风书店继续出书，抗战胜利后恢复原名；1941年12月26日，上海出版进步和抗日书刊的8家书店——中华、商务、开明、良友、世界、兄弟图书公司（即生活书店）、光明和大东，被日本宪兵队查封，所有被认为抗日的书刊全部被劫，直至翌年2月1日启封[①]。

抗战期间，上海的戏剧业相对较为繁荣。但在租界当局及日伪机构的控制下，一些剧目亦常遭禁演。如1941年1月1日上海剧艺社原定演出的话剧《红粉喋血记》遭租界当局禁演，临时改演《圆谎记》等；1941年6月20日华声公司话剧部在兰心大戏院上演话剧《风波亭》，遭租界当局禁演；1942年5月20日大上海大戏院上映金星影业公司摄制的影片《乱世风光》，上映不久即遭禁映[②]。

3. 以收买、暗杀、恐吓等手段破坏文化企业的进步活动

抗战期间，日伪政权曾多次采取收买的手段破坏上海的进步文化活动。如《文汇报》停刊两周期满后，并未复刊。原因即为该报英商发行人克明被汪伪汉奸收买，组织了一个汉奸班子，准备盗用《文汇报》名义继续出版。而为挫败这一阴谋，《文汇报》编辑部和经理部的负责人严宝礼、李子宽在凑足三分之一以上的股份后，申请停止经营。《每日译报》的停刊原因亦基本相似[③]。

除此而外，日伪特务还对一些文化企业进行恐吓，以阻挠其抗日宣传。如于伶组织的"青鸟剧社"曾于1938年1月起在新光大戏院（今新光电影院）演出《雷雨》《日出》《女子公寓》《大雷雨》《不夜城》《衣锦荣归》等。演出过程中，不断受到日伪特务的恐吓与干扰。1938年9月始，周信芳领导的移风剧社在卡尔登大戏院公演《徽钦二帝》等历

---

① 编委会：《上海革命文化大事记》（1937—1949），上海翻译出版公司1991年版。

② 编委会：《上海革命文化大事记》（1937—1949），上海翻译出版公司1991年版。

③ 编委会：《上海革命文化大事记》（1937—1949），上海翻译出版公司1991年版。

史剧，日伪一再施展恐吓和骚扰手段进行阻挠，直至1942年周信芳病倒，移风剧社被迫宣告解散①。

1938年2月9日文汇报馆接到日伪特务以所谓“正义团”名义寄来的恐吓信，扬言“倘再有反日言论”，将杀害报馆人员。10日下午6时，一暴徒闯入报馆，投掷手榴弹一枚。发行科职员陈桐轩被炸重伤；广告科职员萧岫卿、毕祉芬(志奋)同时受伤。12日，报馆再次收到日伪特务投寄的恐吓信。2月21日陈桐轩因伤重不治，在仁济医院去世②。

1938年3月1日日伪特务将一只已经腐烂的人手臂送至文汇报馆，并附一匿名信，警告《文汇报》改变抗日立场。22日，又指使暴徒三人，驾车至报馆门前，夺去门卫枪支，并开枪将其击伤，同时投掷手榴弹2枚。27日，又派人将注有毒液的水果3篮送至报馆，妄图暗害报馆的工作人员③。

1940年6月24日《大美报》《大美晚报》的印刷所遭到暴徒的硫磺弹袭击起火。1938年2月4日凌晨一暴徒向大美晚报社二楼投掷手榴弹，12日，该报社又第二次被炸。

抗战期间，日伪政权针对上海文化界爱国人士的迫害行为日益增多，包括拘捕和暗杀等行为。如：

1939年7月下旬日本军部会同工部局巡捕房到《文献》编辑部进行搜捕，经理金学成被捕，编辑部存书及抗战史料全部遭殃，阿英被通缉。

1943年12月15日著名教育家、作家夏丏尊遭到日本宪兵司令部非法拘捕，后经内山完造营救获释。不久，我国近代著名出版家、开明书店创办人章锡琛也被日军逮捕。

1941年11月伪特务机关逮捕读书生活出版社主持人郑易里和负责编辑工作的罗稷南(不久郑易里交保获释)。

---

① 编委会:《上海革命文化大事记》(1937—1949)，上海翻译出版公司1991年版。

② 编委会:《上海革命文化大事记》(1937—1949)，上海翻译出版公司1991年版。

③ 编委会:《上海革命文化大事记》(1937—1949)，上海翻译出版公司1991年版。

1942 年 4 月 13 日上海公共租界巡捕房会同法租界巡捕房派人搜查文化生活出版社编辑部，陆圣泉被捕后失踪。

1940 年 7 月 2 日汪伪政府发布对 83 人的通缉令，罪名是“潜身上海报界，献媚独夫……或假借第三国人名义，经营报馆，终日造谣，煽动破坏”。被通缉者半数是新闻工作者。

1939 年 8 月 30 日《大美晚报》（华文版）副刊《夜光》主编朱惺公被日伪特务暗杀。

1940 年 7 月 1 日大光通讯社社长邵虚白遭暗杀。

1940 年 7 月 19 日《大美晚报》董事、经理张似旭被汪伪特务暗杀身亡。

1940 年 8 月 17 日上海民治新闻专科学校校长、《新闻报》采访部副主任顾执中遭日伪特务枪击受伤。

1940 年 8 月 19 日《大美晚报》记者、国际版编辑程振章被刺，21 日身亡。

1941 年 2 月 3 日《申报》编辑金华亭遭汪伪特务暗杀。①

由此可见，日本占领军和租界当局对上海文化界的掌控意图以及对进步报刊、文化人士和文化团体的打压，使文化产业失去了其发展所需要的较为宽松的环境。在此过程中，人才进一步流失，老的企业进一步减少，虽然也有许多新的企业问世，但大多旋生旋灭。

## 四、市民消费心态的改变

20 世纪三四十年代的抗日战争严重影响了上海市民的消费心态。

“八一三”事变后上海租界成为未被日军占领的孤岛，一时间逃难的人群大量汇至，其中既有普通的平民，也有有钱的达官贵人，更有一些失意的政客和汉奸卖国贼。血淋淋的战争所带来的恐惧以及日本占领军政府的高压政策和白色恐怖，严重摧残了上海市民的心灵。尽

① 编委会：《上海革命文化大事记》（1937－1949），上海翻译出版公司 1991 年版。

管有一部分民众不甘屈服，奋起反抗，但更多的人则陷入迷惘乃至消沉，“人人无精打采，对政治极其消极，毫不关心”[①]。

受此影响，再加上租界当局以及日伪政权的威逼利诱，当时的上海，“无论上层下层，都弥漫着人生无常，及时行乐的风气”。这种心态也严重影响了近代上海文化产业化发展，它使其发展在一定程度上走向了庸俗与堕落，降低了文化企业在时代发展中应有的作用。

市民心态的这种变化对近代上海文化产业化发展的影响主要表现为抗战期间上海舞厅业等娱乐场所的畸形繁荣和混乱不堪，以及电影业中神怪片的再次流行和粗制滥造。

如就舞厅业来看，抗战爆发前的 1936 年上海有舞厅 28 家[②]，抗战爆发后的 1939 年在其他文化行业不断萎缩的情况下，上海的舞厅数量却增加至 33 家[③]，此后伊文泰舞厅、银都舞宫、金蕾花园舞厅、米高美舞厅等相继开张。至抗战结束后的 1946 年，上海舞厅仍有 29 家之多[④]。如此可见，在经过战火的冲击、其他各业日益萧条时，上海的舞厅业似乎变得更加繁荣了。而其内部则混乱污浊，舞女被玩弄侮辱后的强颜欢笑、舞客的穷凶极恶、淫亵放荡充斥其中。

而就电影业来看，上海沦为孤岛之初，由于战争的破坏，电影产量急剧下降。此后，随着局势的渐趋平稳，上海的电影制作活动有所恢复，并相继成立了一些新的影片公司，如国华、光明、合众等。据统计，孤岛时期，上海曾先后出现过大小十多家制片公司，摄制了 200 余部影片。[⑤] 就企业数量和产品来看，上海这一时期的电影制作似乎仍在发展。

然而，受当时社会风气的影响，这一时期的电影尽管也有如根据巴金的作品《家》所改编的同名电影这样的好作品问世，但更多的影片

---

① 上海市档案馆：《日本帝国主义侵略上海罪行史料汇编》（上编），上海人民出版社 1997 年版，第 653 页。

② 上海市政府统计处编印：《上海市统计总报告》，1937 年版，警卫一，第 39 页。

③ 郑逸梅：《上海通》（新编），1940 年版，第 95—96 页。

④ 马军：《1948 年：上海舞潮案》，上海古籍出版社 2005 年版，第 8 页。

⑤ 陈青生：《“孤岛”时期的上海电影》，《电影艺术》1981 年第 8 期。

则以神怪、武侠、恐怖等内容为主，且粗制滥造。正如当时的有识之士所指出的，当时上海的电影除少数佳片外，“已从古装片、民间故事片滑到了佛教片、道教片，粗制滥造，发展到七日一片、十日一戏的新纪录”①；“恐怖片泛滥，占一年来影片总产量的十分之三，大多粗制滥造”②。

上海沦陷后，电影业为日本帝国主义所控制，更成为其宣传殖民思想的工具。战争期间，上海的文化市场仍有一定的发展，但这种发展是畸形的，并没有为日后上海文化产业化的进一步发展提供积累，甚而言之，反而成为其发展的羁绊，甚至影响了战后国民政府乃至中华人民共和国政府对它的管理态度。

## 五、解放战争与近代上海文化产业化发展

1945 年 8 月 15 日，经过艰苦卓绝的不懈斗争，中国的抗日战争终于迎来了最后的胜利。然而久违的和平并不长久，一场新的战争在中国大地上旋即爆发，这就是 1946 年 6 月至 1949 年 10 月的 3 年解放战争。在这场战争中，上海的文化产业化发展再次受到了严重的影响。

抗战胜利以后，随着日本帝国主义的投降，战争期间撤出上海的一些文化企业和机构重新回到上海，一些文化界名人也相继返沪，上海的文化产业化发展有所恢复。但是，因为内战的爆发，上海的经济很快再次陷入危机。由于国民党政权加强了对文化界的控制，上海文化产业化发展的环境仍然未能回到抗战前宽松、自由的状态，而抗日战争中培养起来的政治传统在抗战后的上海文化界依然存在，要求民主、反对内战的呼声不断高涨，于是两者之间的冲突日益激烈。

在此过程中，国民党政权再次对上海的文化界进行了打压，一些进步的企业再次被迫关闭，一些进步的文化界人士也被迫再次离开上

---

① 冷观：《两年来的游艺界》，《申报》1940 年 10 月 10 日。
② 景毅：《一年来艺坛大事记》，《申报》副刊《游艺界》1941 年 12 月 30 日。

海。上海的文化企业大受影响,大多经营十分困难。周武在谈到此一时期的上海出版业时曾言:"抗战胜利后,上海出版业曾经充满期待,但是愈演愈烈的内战强有力地抑制了这种期待。1949年上海出版业除了极个别的书局尚可勉强维持外,从整体上说,已到了山穷水尽、命若游丝的地步,出版实力受到严重削弱。"[①]出版业如此,其他文化各业又何尝不是。

## 小　结

近代上海文化产业化发展是伴随着近代上海乃至中国的社会变迁而出现的一个新事物。由于其时中国已经沦为半殖民地半封建社会,因此它的发展自一开始就遇到了诸多的阻力。在这些阻力中,战争的影响是最为显著的。经济的发展需要稳定的环境和符合产业发展规律的政策支持,才能促成生产要素的集聚和产业的良性发展。战争所带来的一切无疑是与此要求背道而驰的。

在近代中国发生的各种战争中,日本帝国主义发动的侵华战争的影响无疑最为严重。在这场战争中,日军不仅两次进攻上海,且对上海进行了长期的殖民统治,严重阻碍了近代上海文化的产业化发展。它不仅割裂了近代上海文化产业化发展的链条,延缓了上海文化产业化的发展进程,而且某种程度上亦扰乱了上海文化产业化日后的发展步伐。发生在20世纪40年代末期的解放战争尽管并没有以上海为主战场,但战争的气氛以及国民党政府在特殊时期的特殊管理政策都影响了近代上海的文化产业化发展历程。

---

① 周武:《从全国性到地方化:1945—1956年上海出版业的变迁》,《史林》2006年第6期。

# 第六章　社会形态与近代上海文化产业化发展

## 第一节　半封建社会形态的制约

近代中国是半封建社会，尽管新的资本主义的思想观念已开始传入，但传统的、封建的思想观念依然大行其道，这使得近代上海的文化产业化发展不仅饱受战争的影响，还深受中国传统的封建思想观念的制约。

### 一、传统观念对女性参与文化生产和消费的束缚

中国传统的封建思想观念对近代上海文化产业化发展的制约，首先表现在对于女性参与文化生产和消费的态度上。

如前所述，在传统中国，男尊女卑、男女有别、男女授受不亲、女子无才便是德等狭隘的思想观念根深蒂固。在此种思想观念的影响下，女性活动的空间被挤压得十分狭小，所谓“大门不出，二门不迈”。她

们没有与男子平等受教育的权利，不能到茶馆、酒楼、戏园等娱乐场所消闲娱乐，不能外出工作，更不能从事娱乐演出活动。

正因此，清中叶即流行于上海农村的花鼓戏，因有女演员并和男子同台献演，被正统思想描述为“不逞之徒于旷野搭台演戏敛钱”“无耻棍徒，纠率少妇，演习种种俚歌淫态”“淫奔扒窃，杂出其间”[①]“男女混杂，有伤风化”，一再遭到饬禁。由是，占总人口一半左右的女性娱乐市场一直处于沉寂状态，而女性对于表演艺术活动的独特感悟以及应有的创造性作用也处于被埋没状态。

晚清以后，随着近代西方先进思想观念的传入和社会的变迁，女子出入戏园等娱乐场所进行文化生产和消费的现象逐渐增多。与之相伴，政府对女子演戏和出入戏园的禁令亦相应增加，如：

1872 年 6 月，上海道台沈秉成与各国领事商议禁绝洋泾浜地区女艺人演唱花鼓戏。

1874 年 1 月 7 日，上海县绅董江承桂、郁熙绳等以杨月楼案为由上书县衙，请求禁止妇女入馆看戏，上海县令叶廷春允准，并颁布《严禁妇女入馆看戏告示》。

1874 年 3 月 6 日，法国总领事命法租界各小戏馆禁演花鼓戏。

1890 年 1 月 27 日，英租界会审官以髦儿班艺人演剧“伤风败俗”为由，会同巡捕房下令停演。

1892 年 10 月 15 日，清政府禁妇女听书宴会。

1896 年 6 月，宝善街满庭芳同庆戏园雇广东女艺人美玉、桃仔演剧，公共租界会审员屠兴之以男女混杂有伤风化，致函广肇公所董事传谕该园园主驱逐女艺人，并颁布告示，严禁戏园聘请女艺人演剧，后因同庆戏园主请美国商人出面交涉，并以园中亏累额巨，托律师向上海道台黄祖络恳商，才获准该女艺人不挂牌号续演两月，一俟期满，立即回籍。

---

① 上海地方志办公室编：《月浦志、月浦里志、杨行志、杨行乡志》，上海社会科学院出版社 2006 年版，第 190—191 页。

1900年1—3月，法租界市面冷落，经禀请，工部局董事准予演唱对白滩簧，以兴市面。嗣后，自公馆马路（今金陵东路）以及小东门外各茶肆每晚宾客常满，演唱花鼓戏之风盛行一时，而法国驻沪总领事白薄泰认为此举藏垢纳污，谕令法租界自3月4日起重新禁演花鼓戏。

1908年上海旧城区花衣街第一家演唱本滩的万福茶楼开业，未满一年即遭禁演。同年，城区四牌楼附近的一家茶楼书场开业，演出半年左右也遭禁演。

1909年1月下旬，会审公廨谳员宝颐就丹凤茶园男女合演事上书上海道台蔡乃煌，称该戏园"虽名为分剧演唱，然经卑谳调阅戏单，其配角之中实系男女混杂。伤风化而败治安，莫此为甚，亟应严行禁止"。[①]

上述禁令无疑对娱乐业的发展有着重要的影响。

首先，禁止女性入馆看戏阻碍了女性娱乐市场的开拓。尽管晚清时期上海地区妇女出入戏园等娱乐场所进行消费的现象始终存在，且数量是在不断增加的，但女性大规模走入上述娱乐场所进行消费却是民国以后的事情。由此不难看出，女性娱乐市场的开发受到了延迟。此种延迟自然主要归结于封建思想的束缚，而政府的禁令则使日益松动的社会风气受到了压制，从而起到了强化传统思想的作用。

其次，禁止女演员登台表演或男女合演，降低了戏剧的艺术表现力，也阻碍了戏剧市场的繁荣。如1872年6月，随着上海道台沈秉成与各国领事商议禁绝洋泾浜地区女艺人演唱花鼓戏后，公共租界开始驱逐女艺人，所有演唱花鼓戏的戏园均遭封闭[②]。

又如1898年本滩艺人许阿方、顾长生、应羽生、红鼻头掌生、水果景唐等进入四马路石路口（今福州路福建路东首）升平楼茶园演唱"东乡调"，因当时政府不准男女合演，于是采用男扮女装（扎头笄）的形式

---

① 胡晓明：《近代上海戏曲系年初编》，上海教育出版社2003年版。

② 胡晓明：《近代上海戏曲系年初编》，上海教育出版社2003年版。

来表演。后男扮女也不准，演员只能以抽象动作代替女角[①]。其具体的演出效果我们不得而知，但这种不伦不类的演出形式必然降低了该剧种本身的艺术魅力，对于其进一步开拓市场有着十分不利的影响。

辛亥革命以后，尽管封建的清王朝寿终正寝，新的资产阶级共和国已经建立起来，但来自官方的对于艺术演出活动的打压仍未完全消失。如 1918 年 1 月松江恒兴茂等 16 家商号及蔡叔明等人即以在松江开设戏馆、败坏社会风俗、妨碍商务治安为由，请求县署永远禁止在该地设立剧场串演戏剧。该请求最终得到县署及淞沪护军使卢永祥的批准[②]。

## 二、封建陋规对文化产品内容的限制

地方政府不仅对女性介入娱乐产业有着种种限制，甚至对一些涉及男女问题的戏目亦常视为“淫戏”或“有伤风化”而加以禁止，如：

1872 年 12 月，江苏学台颁布严禁“淫戏”告示，称“现在戏园中无论文武京班，大率以淫戏动人，据为利薮”，下令“梨园子弟嗣后此种不准再演，违者绳之以峻法”。

1874 年 1 月，上海道台传谕上海县及公共租界会审公廨查禁“淫戏”，并具列所禁“淫戏”戏目。其中，昆腔有《挑帘裁衣》《茶坊比武》《来唱》《下唱》《倭袍》《斋饭》，京戏有《翠屏山》《海潮珠》《晋阳宫》《梵王宫》《关王庙》《卖胭脂》《巧姻缘》《卖徽面》《盲人捉奸》《双钉记》《双摇会》《截尼姑》等。

1880 年 5 月，会审公廨奉苏松太道刘瑞芬之命颁布严禁“淫戏”告示。

1882 年 4 月，鉴于租界各戏园重又挂牌演出禁戏，公共租界会审公廨重申严禁“淫戏”规定。

---

① 胡晓明：《近代上海戏曲系年初编》，上海教育出版社 2003 年版。

② 胡晓明：《近代上海戏曲系年初编》，上海教育出版社 2003 年版。

1885年5月,英租界会审委员黄芝生太守传谕各戏园:"所有艳曲淫词,一概不准演唱。如敢违犯,定予严惩。"

1885年12月,上海租界会审官奉命颁布严禁"淫戏"告示,指责租界内各戏馆将所禁"淫戏"改换名目、穿着近时官服扮演,"实属有伤体统"。所列"淫戏"有《月英偷情》(即《卖胭脂》)《庙中会》(即《关王庙》)《杀嫂上山》(即《翠屏山》)《天缘巧配》(即《巧姻缘》)《第一报》(即《杀子报》,又名《油坛记》《仍还报》《冤还报》《孽缘报》《善恶报》)《盲人算命》《送灰面》《打斋饭》《百花赠剑》《珍珠衫》《双沙河》《杀皮》(即《万安情》)《赠剑投江》《巧洞房》《崔子杀妻》《青纱帐》《错杀奸》《荣归祭祖》(即《小上坟》)《月中情》《金镯记》等。

1890年3月7日,《申报》刊登《谕禁淫戏》,所禁剧目为《杀子报》。

1890年6月14日,《申报》刊登江南布政司使《禁演淫戏告示》,所禁剧目有《卖胭脂》《打斋饭》《唱山歌》《巧姻缘》《珍珠衫》《小上坟》《打樱桃》《看佛手》《挑帘裁衣》《下山》《倭袍》《盲人捉奸》《送灰面》《杀子报》《秦淮河》《关王庙》《八蜡庙》《赵家楼》《青枫岭》《浔阳楼》《武十回》《三上吊》《绿牡丹》《鸳鸯楼》《杀嫂》《刺惜》《盗甲》《劫狱》等。而在升平楼茶园演唱的本滩艺人许阿方、顾长生、应羽生、红鼻头掌生、水果景唐等更因对子戏《磨豆腐》被指"有伤风化",被禁演。

1880年5月,为端正风化,苏松太道刘瑞芬将协赈公所绅士谢家福等募资刊行的余治遗作《庶几堂今乐》,共剧本28种,饬发各戏园演出,"每日搭演一出"。①

对于什么样的戏是"淫戏"及"有伤风化",清政府并没有明确的界定。毋庸讳言,在当时,为招徕观众,一些戏班所演出的部分剧目有低级淫秽的情节夹杂其中,但清政府所禁止的各戏是否完全从此角度出发则有待商榷了。

清末哀梨老人在其所著《乐府新声》中曾记叙这样一件事情:光绪二十四年冬,丹桂戏园排演《湘军平逆传》时,内中有"官军大营无端起

① 胡晓明:《近代上海戏曲系年初编》,上海教育出版社2003年版。

火，轰毙全军，带兵官某提督及哨弁同罹斯灾”的情节，“特命林步青扮一巡更小兵，深夜巡营，忽欲大解，手遗吸烟之火，为火神引动凡火，延及火药，登时轰烧，全军焚尽”。没有想到，“乃翌日清晨，新署差持传单传丹桂园主及林步青投质。原告为捕房一蓝姓西人。略谓……林步青在台上大便，有违禁令，蹲伏为万目所观，虽未脱裤，即淫戏也，请堂上判罚”。当时在堂上的谳员郑瀚生闻言，“既不容被告申诉，自亦不代辩，竟罚洋二百元，当堂即缴完案”。而其时租界“小便仅罚洋三角”。①

由此可见，当时有关“淫戏”“有伤风化”戏的界定是十分宽泛的。除真正的淫戏外，但凡描写男女恋情或有诸如上述写实情节的剧目都有“淫戏”“有伤风化”之嫌。

艺术本身来源于生活并再现生活，在此过程中观众和演员的情感都得到升华，进而产生一种愉悦的感受。晚清政府对戏曲剧目的上述限制，使戏剧表演的内容受到了极大的限制，对生活的反映与再现能力相应减弱，进而影响了其演出市场的扩大。也正因此，晚清政府对戏曲剧目的种种限制遭到了艺人们或明或暗的抵制。而对苏松太道刘瑞芬饬演的“端正风化”的剧目，各戏园园主虽具结“遵示演戏”，却也只是“以灯戏敷衍”②。

## 三、封建陋习与文化市场的间断

在封建社会，君权是至高无上的。“普天之下莫非王土，率土之滨莫非王臣。”每当君王或皇后驾崩之时，全国各地均须停止一切娱乐活动，以示哀悼和尊敬。“国丧期间禁止一切娱乐活动”的封建陋规也严重影响着近代上海文化产业化发展。而国丧时间往往长达月余乃至数月之久。如1875年1月12日（同治十三年十二月初五），同治帝去

① 哀梨老人：《乐府新声》，上海国华书局印行，第160－161页。

② 胡晓明：《近代上海戏曲系年初编》，上海教育出版社2003年版，第91页。

世，上海各戏园奉令停演；直到 1875 年 2 月 13 日（正月初八），仍未获准恢复演出；1881 年 4 月，慈安太后去世，各戏园奉令停演，并规定须过当年的农历六月二十才能恢复演出①。

在农业社会，由于文化生产十分有限，国丧时间的长短尚不足以影响社会经济发展和人们的生活。但是在近代文化产业化发展开始起步之时，如此长的国丧时间对其发展必然有着十分不利的影响。如孙菊仙所开办的升平轩戏园之所以停歇倒闭，一个很重要的原因就是“未及三月，适逢清穆宗国丧停演，至次年光绪初元正月元旦始重起演。空闭日久，虽春正生意亦难弥缝，至三月拟将馆业招盘，苦无人接”②。

而在同治帝国丧期间，其他戏园尽管坚持了下来，亦经历了重重困难。如丹桂、金桂、一桂、山雅、富春、久乐等戏园“各班人员历久停演，未免糊口无资”，因此园主纷纷到公堂请愿，以求准予开演，但始终未获允准。无奈之下，1875 年 2 月 13 日（正月初八），宝兴园以国丧期间遏音乐不遏歌唱为由挂牌清唱，金桂轩等继之响应③。

1881 年慈安太后国丧时间更长达 3 月之久，对戏园的影响更大，其间戏园主再次纷纷至公堂请求解禁。如 1881 年 6 月 23 日（五月二十七日），喜椿茶园园主投诉法租界公堂称停演已两月，各伶人衣食无着，拟请四天后挂牌清唱，但未获准许。1881 年 6 月 25 日（五月二十九日），天仙茶园伶人蔡其桂等 23 人投诉公共租界公堂请准开演，仍未获准许。事后天仙茶园挂牌清唱，未定开演日期，旋因太守查究，不得已而除牌。无奈之下，1881 年 6 月 29 日（六月初四），大观戏园挂牌客串清唱，但旋遭太守提领班黄月山、司账人吴长林到案究问。后在黄、吴等人的据理力争下，太守“仍谕黄月山具结过本月二十日开演。惟稍为从宽，先期数日准其清唱”④。

---

① 胡晓明：《近代上海戏曲系年初编》，上海教育出版社 2003 年版，第 74、95 页。
② 哀梨老人：《乐府新声》，上海国华书局印行，第 70—71 页。
③ 胡晓明：《近代上海戏曲系年初编》，上海教育出版社 2003 年版，第 74、95 页。
④ 胡晓明：《近代上海戏曲系年初编》，上海教育出版社 2003 年版，第 74、95 页。

清末以后，随着上海文化产业化的进一步发展，此种情况开始改变，一方面，规定的国丧时间越来越短，另一方面，对于娱乐演出的限制也有所放松。如 1908 年 11 月（十月），光绪帝、西太后相继病殁，戏园按惯例须停演 27 天，经各国领事及租界工部局董事核议，此事关系市面繁荣，遂决定租界各戏园停演 3 日。1916 年 6 月，袁世凯病殁，淞沪警察厅厅长令境内各戏院停演 7 日，而新舞台等戏园"鉴于营业与市面关系"，申请停演三天，获准[①]。

## 四、传统观念与艺人社会地位的低下

封建思想观念对近代上海文化产业化发展的阻碍作用还表现在社会对艺人歧视、轻慢的态度上。传统中国是一个小农社会，士、农、工、商是其最基本的社会阶层。说书、唱戏的优伶游离在社会主体阶层之外，其社会地位十分低下，甚至还不如妓女。"据说以前在相公风气很盛的时代，伶人与妓女相见时，还得行礼请安，理由是妓女一旦从良，前途还是有受诰封的希望，做戏子的连这一点也没有，所以就永远没有翻身的日子。"[②]也正因此，艺人往往成为社会所歧视、鄙夷的对象。

近代随着上海文化产业化的发展，艺人的社会地位有了一定程度的提高。但是，社会上对艺人的歧视、轻慢的态度仍然没有消失。发生在晚清时期的关于杨月楼、李春来的两桩公案，无疑是此种现象最具代表性的反映。

杨月楼（1844—1890），名久昌，字月楼，别名玉楼，安徽怀宁人，著名京剧演员，自幼入北京张二奎之忠恕堂，工老生兼武生，与武生俞玉笙（俞菊笙）齐名，被誉为文武双璧，亦为"同光朝名伶十三绝"之一。又擅演猴戏，常在《安天会》中饰孙悟空，有"杨猴子"之称。同治末至

---

① 胡晓明：《近代上海戏曲系年初编》，上海教育出版社 2003 年版，第 218、276 页。

② 潘光旦：《中国伶人血缘之研究》，上海商务印书馆 1941 年版，第 236 页。

光绪三年在上海演出，曾先后隶金桂轩和丹桂等茶园[①]。“金桂何如丹桂优，佳人个个懒勾留。一般京调非偏爱，只为贪看杨月楼”[②]“金桂仅以杨月楼一人轰动时目，遂使车盖盈门，簪裾满座，几欲驾丹桂而上”[③]。上述评语描述了杨月楼在沪演出时的盛况。

杨月楼在沪广受追捧，一方面源于其精湛的唱腔和表演艺术，另一方面亦源于其英俊的外表。“杨月楼隶丹桂时年二十六岁，相貌魁梧，长身玉立”[④]，可谓英俊潇洒。正因此，其颇受女性观众的喜爱。其时，有上海某洋行已故买办广东人韦某之妻女常出入戏园，对杨月楼青睐有加，韦母甚至将其女阿宝“许之为室”。“阿宝有一叔，适返里”，“畏其来有反复”，韦母还“私写女之庚帖给杨”。尽管如此，在阿宝之叔回来后，此事还是遭到了强烈的反对。

韦叔“乃开广肇公所会议”，并以“韦固岭南巨族，亦贸易中有体面之家，岂可以女匹配梨园中人”为由，要求杨退回庚字，但遭到了杨月楼的拒绝。杨“一面斥退来人，一面择期迎娶”。于是，“其叔再开公所”。“时宰上海为叶顾之大令（廷眷），上海道冯竹孺观察（焌光），皆广东同乡”，他们“指使韦叔具控，以优人杨月楼奸占寡嫂，谋及弱女，私写庚帖，希图蒙混等词，呈请缴究惩办”，于是“道县即据情照会领事馆转饬捕房，会同县差提人”，并施以“三木严刑”，但“杨坚不承认”。“顾令恨极，必欲置杨于死地，搜其寓得粉红色粉，谓为迷药（其实非是）”，将杨押入狱中。“后顾解任，原告亦不深究”，光绪元年乙亥杨月楼始获恩赦，“照和奸倒仗八十徒，即于丙子年释罪递解原籍安庆”。[⑤]

无独有偶，若干年后，李春来又因相似的原因被拘捕入狱。

李春来（1855—1925），字起山，河北高碑店人（一说新城人）。11岁入北京丰台喜春台梆子科班学艺，初习武丑，后改武生。17岁出科

① 胡晓明：《近代上海戏曲系年初编》，上海教育出版社2003年版，第63页。

② 《申报》1872年5月18日。

③ 《申报》1872年6月4日。

④ 哀梨老人：《乐府新声》，上海国华书局印行，第67—70页。

⑤ 哀梨老人：《乐府新声》，上海国华书局印行，第67—70页。

后唱京剧，在天津、北京等地演出。光绪元年(1875)李春来来到上海，首演于丹桂茶园，继而又入升平轩、留春等戏园与孙菊仙、黄月山等合演。光绪十年(1884)李春来回京奉母。光绪十三年(1887)后李重新回到上海并定居于此。此后，李长期活跃于上海京剧舞台，开创了早期武生三大流派之一的李派，成为南派武生的鼻祖。① 在演出的过程中，李春来也遇到了自己的知音——朱桂珍。

朱桂珍，苏州人，清末上海名妓，后被粤籍钦差大臣黄开甲纳为小妾。据说，朱从小喜欢穿男装，并爱好戏剧，经常读《水浒传》及《施公案》等小说，对黄天霸这样的英雄非常倾慕，曾经暗下决心："如遇到黄天霸这样的男子，情愿以身相许。"黄开甲死后，朱经常到戏园看戏打发时间，由此遇上有"活天霸"之称的李春来，并为其精湛的武功和英俊的外表所吸引。久而久之，两人萌生恋情，形如伉俪。后两人筹巨资租赁地皮建造了春桂戏园。

1907 年 7 月 17 日春桂戏园开张，由于设施先进，再加上有李春来为号召，一时生意兴隆。"朱、李更是春风得意，从此偕来偕往，俨然夫妇。"没有想到的是，1908 年 5 月李春来与朱桂珍同居之事被朱桂珍已故丈夫的同乡告发到官府，随后李春来被会审公廨拘捕。尽管朱桂珍为此拿出私蓄四出活动，加以营救，但仍没能够为李春来摆脱罪名。一个月后，会审公廨以"淫伶李春来奸骗宦妾黄朱氏"的罪名给李量了刑，并将其关押于公共租界监牢。三年期满后又将其递解回原籍。②

从以上两桩公案的发生、发展过程中，我们可以看出其时人们对艺人的态度。"岭南巨族""有体面之家""岂可以女匹配梨园中人"，以及"淫伶""奸骗"等词，足以道出艺人当时的社会地位。他们尽管给社会上的达官贵人诸色人等带来了欢笑与快乐，但要获得与社会上一般人的同等地位却十分困难。

不仅如此，我们还看到，两桩公案的告官之人均非当事人的直系

① 胡晓明：《近代上海戏曲系年初编》，上海教育出版社 2003 年版，第 32、110 页。
② 徐剑雄：《昙花一现的春桂戏园》，《世纪》2007 年第 1 期。

亲属。在杨月楼案中，原告为韦阿宝的叔叔，且是在同乡上海县令叶顾之、上海道冯竹孺的指使下所为；而李春来案的原告更是朱氏已故丈夫的同乡。这进一步表明了当时社会对艺人歧视、轻慢的深度和广度。与伶人通婚，不仅令家族内部感到羞愧，甚至同乡人等亦觉耻辱。也正因此，才有韦叔两次因之“开广肇公所会议”“顾令恨极，必欲置杨于死地”，为此不惜诬陷之举。

直到民国以后，社会对艺人的歧视、轻慢态度仍没有根本的改变，如当时的上海市民习用“戏子”来称谓电影、戏剧、歌舞业中的女演员。“一般顽固家庭以倡优皂卒不齿于士类，发现他们的子弟参加某一剧团，演过某一次戏，尤其是演过旦角，便以为有辱门庭，万难容忍，将他们逐出家门。”①

社会对艺人歧视、轻慢的态度对近代上海文化产业化发展有着重要的影响。

就直接层面来说，它使上海在一段时间内失去了若干优秀的艺人，进而影响到市场的开拓和文化企业的发展。如杨月楼出狱后，被押解回原籍安庆。尽管其“到地即来沪”，并曾在丹桂戏园客串三夜，演出了《四郎探母》《牧羊卷》《捉放曹》等剧，丹桂“楼上楼下每座卖洋一元，共卖三千六百有奇，洵一时之盛”，但“至己卯秋”，“闻道县欲驱逐”，“万难逗留，始去北京，从此未来”。② 自此，上海失去了一位优秀的京剧演员。

据说数年后，上海某戏馆曾思邀杨月楼到沪，并“不吝重资转托奥国领事夏士，以杨前任在上海有奥商经手未了之事”为由，禀驻京该国钦差照会总署，饬令杨“即速来申料理”，但杨月楼当时已在北京娶妻生子，并掌管三庆班，故坚辞不来。③ 李春来尽管此后仍回到上海，并活跃在上海舞台，但其当年所创办的春桂戏园因缺了李春来为号召而

① 林道源：《上海职业话剧的起源》，上海市文史馆、上海市人民政府参事室文史资料工作委员会编：《上海地方史资料》，第134页。

② 哀梨老人：《乐府新声》，上海国华书局印行，第67—70、75页。

③ 哀梨老人：《乐府新声》，上海国华书局印行，第67—70、75页。

门可罗雀，亏损连连，在其入狱后不久关闭。[①]

就间接层面看，社会对艺人歧视、轻慢的态度也影响着艺人自身的心态。在近代社会中，我们固然可以看到一部分艺人不甘于此种社会现实，他们自尊、自爱、自强，以自己精湛的技艺和优良的品格去争取应有的社会地位，甚至在民族危亡之时挺身而出，为救国救民做出了自己应有的贡献，如夏月润、欧阳予倩、于伶等。但是我们也无法否认，当时艺人中存在着自轻自贱、自暴自弃、自甘堕落等现象。他们中的一部分受社会传统思想的影响，自己亦感觉低人一等，心甘成为他人的玩物，从而降低了文化市场的艺术水平，削弱了其对近代上海文化产业化发展应有的贡献。

此外，社会对艺人歧视、轻慢的态度也在一定程度上影响了社会人群向这一行业的流动。当然，这一结论尚需进一步的资料加以佐证。

## 第二节　半殖民地社会形态的影响

近代中国是半殖民地的社会，尽管资本主义生产已在中国起步，但主权的丧失与政府管理的落后使其难以对脆弱的刚刚诞生的新式企业给予有效的保护，从而也使近代上海文化产业化发展遭到了更多的磨难。

### 一、外国资本势力的压制

诚然，外来资本主义势力对近代上海文化产业化发展的影响有着一定的积极意义。正是外国资本主义势力所带来的新的生产和娱乐

① 徐剑雄：《昙花一现的春桂戏园》，《世纪》2007年第1期。

方式，在一定程度上刺激了上海文化的产业化发展。而且，也正是因为有了租界的庇护及其所提供的相对宽松的发展环境，近代上海的文化产业才能够逐渐发展起来。即便如此，我们仍然能够看到它对近代上海文化产业化发展的阻碍。其主要表现就是外国资本对上海文化企业的投资以及外来文化商品的大量输入，一定程度上恶化了上海的竞争环境，挤压了民族资本的盈利空间。

随着近代上海文化产业化的发展，许多外国资本注入其中。如在上海早期创办的97家报刊中，半数以上为外国资本投资[①]；在20世纪初期，上海共有电影院10家，其中9家由外国资本投资经营[②]；而上海的跑马场和跑狗场等娱乐企业更大多由外国资本开设经营。尽管在以后的岁月里，随着中国民族资本主义的发展，国人自办的文化企业不断增加，外国资本企业在近代上海文化企业中所占的比重有所减少，但始终存在。

如外资所办《字林西报》不仅始终存在，而且有着十分广阔的市场。至20世纪20年代上海的电影院已发展到25家之多，其中外国资本企业16家[③]；20世纪30年代中叶上海有电影院36家，其中外国资本经营的有13家[④]；直至20世纪40年代，在上海拥有的52家电影院中仍有9家是外国资本企业[⑤]。20世纪上半叶上海较为著名的影剧院大多是由外国资本开设的，如大光明、国泰、大华、美琪、南京、平安、光陆、浙江、辣斐、上海、万国、夏令配克、兰心等[⑥]。

必须承认，这些外国资本的到来给近代上海文化产业化发展带来了良好的示范效应。汪幼海在谈到《字林西报》与近代上海新闻事业

---

① 熊月之等：《上海通史》第6卷，上海人民出版社1999年版，第51—61页。

② 《上海市年鉴》(1937年)。

③ 《上海市年鉴》(1937年)。

④ 中国教育电影协会年鉴编撰委员会：《中国电影年鉴》，中正书局1934年版，第4—19页。

⑤ 吴贻弓：《上海电影志》，上海社会科学院出版社1999年版，第620—621页。

⑥ 《上海影戏院内幕种种》，《电影周刊》第44期，1939年7月12日；吴贻弓：《上海电影志》，上海社会科学院出版社1999年版，第620—621页。

的关系时曾言:"该报把近代西方媒介资本运营理念和资本主义文化产业的商业运作方式传入中国,形成近代上海媒体职业化与产业雏形。同时,西方文化消费方式和观念也随着洋报刊移植进上海。西文报人对于上海本土文化的反应与调适,不断推动着上海文化产业向前发展。"[①]这个结论是中肯的。推而广之,其他文化各业又何尝不是如此。上述外国资本的到来还在一定程度上弥补了早期中国产业化发展过程中的资金不足问题,无疑进一步促进了上海文化产业化发展。但我们也必须看到,它也在一定程度上压制了上海民族文化资本的发展。

由于这些外国资本企业的实力一般比较雄厚,且有租界当局的庇护,经营条件较为优越,致使刚刚诞生、实力相对较弱的近代上海文化企业的生存受到了影响。以电影院为例,20 世纪二三十年代上海的电影院被区分为"首轮影院""二轮影院"和"三轮影院"。首轮影院票价在一元左右,二轮影院的票价则在六角左右,三轮影院票价一般两角到四角不等,有的影院票价甚至只售一角[②]。

由此可见,首轮影院和二轮影院在经营中无疑处于十分有利的位置。当时上海的首轮影院有:专放外国片的大光明、南京、国泰、大上海,放映国产片兼映苏俄影片及二轮美国影片的金城、新光、沪光等;二轮影院有放映外国片的金门、丽都、巴黎、光陆、平安以及放映国产片兼映三轮外国片的中央、恩派亚等;三轮影院则为其他规模较小者,大多中外国片兼映。[③] 首轮放映外国片的影院几乎全部为外资影院,而二轮影院中的光陆和平安也是外资企业。可见,外资企业在经营中无疑处于更加有利的位置。

外国资本在竞争中之所以能够居于有利位置,概有以下三个原因:

1. 区位优越

---

① 汪幼海:《〈字林西报〉与近代上海新闻事业》,《史林》2006 年第 1 期。

② 《上海影戏院内幕种种》,《电影周刊》第 44 期,1939 年 7 月 12 日。

③ 《上海影戏院内幕种种》,《电影周刊》第 44 期,1939 年 7 月 12 日。

外资影院一般位于租界内的黄金地段，如大光明、平安位于静安寺路（今南京西路），国泰位于霞飞路（今淮海路），南京则位于爱多亚路（今延安东路），光陆位于博物院路（今虎丘路），这里汇聚了大量的外国人和大商人，消费能力和欲望均强于它处。

2. 内部设施优良

上述外资影院都是当时上海的著名影院，其中大光明、南京、国泰等更属当时上海的四大影院，对观众有着极强的吸引力。“去这些豪华影院看电影不仅仅体现了一种对娱乐的需求，从另一个层次上来讲，它也成了一种身份的象征，而这同样体现于当时的太太和千金小姐身上”①。

3. 在选片方面具有一定的优势

“戏院之选片，关系营业颇巨。映首轮外国片之四大戏院，俱隶亚洲营业公司，故无须竞争，仅按各院所在地之环境需要及顾客倾向而分配之足矣。映二轮外国片之戏院，如丽都、金门、巴黎、光陆四家，则有联合合同，专映华纳、派拉蒙、福克司等六影片公司之出品。除第一轮加价片须隔六个月或若干时期后放映外，余者过二三月即可放映。沪光、平安则多映米高梅、雷电华之出品”②。

由此可见，外国资本在华经营的条件在某些方面优于民族资本。

近代上海文化市场上的外来商品以电影为巨。对我国来说，电影是一种舶来品。上海最早的一批电影院全部是外国人兴建的，上映的也全部是外国进口的影片。第一次世界大战前上海市场上放映的影片主要来自法国、美国、德国和英国等国家③，第一次世界大战后美国好莱坞影片逐渐崛起，开始独霸上海市场④。由于美国好莱坞的米高梅、二十世纪福克斯、雷电华、派拉蒙、环球、联美、华纳、哥伦比亚八大

---

① 姜玢：《20 世纪 30 年代上海电影院与社会文化》，《学术月刊》2002 年第 11 期。

② 《上海影戏院内幕种种》，《电影周刊》第 44 期，1939 年 7 月 12 日。

③ 熊月之等：《上海通史》第 10 卷，上海人民出版社 1999 年版，第 159 页。

④ 据记载，20 世纪 30 年代上海的外国片主要为美国产片，间或有苏、英、法等片，但为数甚少。见《上海影戏院内幕种种》，《电影周刊》第 44 期，1939 年 7 月 12 日。

影片公司自 20 年代起在上海设有发行机构，因此美国电影引入上海的速度非常快，一般在美国本土放映两星期左右就可以在上海的电影院上映，时间最长的也不过六个月[①]。

大量流入的外来商品严重冲击了上海的民族电影制片企业。如 20 世纪初，由于当时电影院主要由外国人经营，放映的主要是外国影片，国产影片拍出后竟无处放映，不得不租借戏院放映，亏损颇巨，直至后来上海电影界建立起了自己的专映影院，情况才有所改变。[②] 而在此后漫长的岁月里，上海的民族电影制片企业始终面临着外国电影的竞争。

如上海 1933 年共摄制国产故事片 89 部，而输入的外国故事片则达 421 部，其中美国产片就有 309 部，占全部输入量的 73.4%。1934 年上海共摄制国产故事片 84 部，而输入的外国产片则达 407 部，其中美国产片就有 345 部，占全部输入量的 84.8%。作为中国的主要电影市场，这些电影大部分在上海放映过。1936 年 5 月，上海放映的 45 部电影中有 40 部来自美国[③]。

太平洋战争爆发后，欧美影片逐渐退出中国市场。抗战胜利后，欧美影片再次卷土重来。据统计，从 1945 年 8 月到 1949 年 5 月，单从上海进口的美国 8 大公司和英国鹰狮公司的影片就达1 774部之多。1946 年，上海首轮影院共映出故事片 383 部，其中国产片 13 部、美国产片 352 部、英国产片 15 部、苏联产片 3 部。[④]

另外，根据这时期上海各大报纸刊登的首轮影院上映美国影片的广告统计，仅长故事片即有1 083部之多。[⑤] 1947 年 6 月，上海有 41 家电影院在《申报》做了电影广告，其中大光明、大华、大上海、东海、杜美、国联、国泰、光陆、金门、丽都、兰心、民光、美琪、南京、平安 15 家影

---

① 《上海影戏院内幕种种》，《电影周刊》第 44 期，1939 年 7 月 12 日。

② 熊月之等：《上海通史》第 10 卷，上海人民出版社 1999 年版，第 164 页。

③ 《二十四年度外国影片进口总额》。

④ 吴贻弓：《上海电影志》，上海社会科学院出版社 1999 年版。

⑤ 吴贻弓：《上海电影志》，上海社会科学院出版社 1999 年版。

院仅放映外国片，百老汇、光华、皇后、沪东、汇山、嘉兴、金城、金都、泰山、文化会堂10家影院仅放映国产片，巴黎、大沪、国光、国际、华德、沪西、沪光、卡尔登、蓬莱、荣金、上海、山西、新光、新新、西海、亚蒙16家影院国产片和外国片兼映，这些影院国产片放映的总数量为1 769场至1 775场，外国片放映的总数量在1888场至1894场，其中好莱坞影片的放映数量在1 600场以上，占有明显的优势地位①。由此可以看出，无论就放映影院的数量来看，还是就影片的放映场次来看，外国片均要高于国产片②。

由此可见，近代上海的竞争环境对民族文化资本企业来说是不公平的，民族企业要想得到发展必须付出艰辛的努力。而民族资本企业是国家经济发展的支柱，是国家经济稳定和人民福利增长的重要源泉和根本保证。民族文化资本企业更承担着引导意识形态，传承民族文化的重要使命。因此，对于一个国家抑或一个民族来说，它的发展无疑有着十分重要的意义。

## 二、落后的政府管理体制的制约

近代以来上海乃至中国出现的文化产业化发展的倾向，是文化本身所具有的经济属性的张扬，而这种张扬又源于时代发展所赋予的机遇与营造的条件。从此种意义上说，近代上海乃至中国的文化产业化发展是历史的必然。文化产业作为一个新兴的产业，对于国家民族经济的发展、人民生活的改善乃至民族文化的传承有着十分重要的意

---

① 叶宇：《作为镜鉴：从20世纪40年代〈申报〉广告看好莱坞与中国电影的关系》，《上海大学学报》（社会科学版）2006年第5期。

② 叶宇的研究认为，尽管这一时期外国片的放映数量要高于国产片的放映数量，但并不意味着“当时中国电影的处境和我们今天一样被动”，理由是“能够在首轮院线与美国电影同步放映的国产大片，它们的放映时间、总场次和受观众欢迎的程度并不比外国电影逊色”。——叶宇：《作为镜鉴：从20世纪40年代〈申报〉广告看好莱坞与中国电影的关系》，《上海大学学报》（社会科学版）2006年第5期。但他并没有说明，就当时的总体票房来看中国的电影业处于一个什么样的状况。结论恐怕并不乐观。

义。但是，文化产业的形成不是一蹴而就的，它需要相当长的时间。在此过程中，良好的发展环境、政府的保护与扶持起着十分重要的作用。然而近代中国政府落后的思想观念和软弱无力的管理体制，不仅没有能够为近代上海乃至中国的文化产业化发展承担起相应的责任，更有甚者，还在一定程度上阻碍了它的发展。

就思想上来看，不论是晚清政府还是民国政府都没有把文化产业作为一个重要的经济领域加以管理。

如晚清政府在对戏院进行管理时更多注重的是“风化”问题。因此，最初它颁布种种禁令（如京城不准设戏园等），限制戏园等娱乐场所的发展，之后又对女性介入文化产业活动进行种种限制，或对某些“有伤风化”的剧目加以封禁。

当然，在其封禁的剧目中也有一部分源自政治性因素，如1895年7月（闰五月），新任公共租界会审员屠兴之即曾颁布告示，指责《铁公鸡》《左公平西》《鲍公十三功》等戏“情节支离，任情捏造，颠倒是非，甚至讥将士为衰弱，指逆党为英雄，其描摹凶恶情形，尤为惊心触目，不独有亵前代名臣，而于世道人心亦大有关系”，下令一概停演，并不得改换名目再行演唱①。

电影传入以后，因多在戏园放映，所以清政府对其的管理办法与戏园一样，规定“男女座位分别于楼上楼下，各有出入途径；凡有伤风化的影片一概禁演”。后来，清廷内部认为“男女均入座，而电影又将灯光全暗才开演”，一旦发生事故，“男女逃避，倾跌奔扑，甚不雅观”，又提出“各戏园禁卖女座”，进而又饬令“即行禁演”。直到清光绪三十三年（1907年）前后，外商在北京举办电影院才告开禁，但要设军、警、宪弹压席以维持秩序②。

上海虽远离京师，且因租界的存在而导致社会风气较为开放，但其地方官吏的管理却是以中央政府的指令为指导。如1911年6月，

---

① 胡晓明：《近代上海戏曲系年初编》，上海教育出版社2003年版，第141页。

② 汪朝光：《检查、控制与导向——上海市电影检查委员会研究》，《近代史研究》2004年第6期。

上海城自治公所公布的有关放映电影的条例就规定，“开设电光影戏场，需报领执照”“男女必须分座”“不得有淫亵之影片”“停场时刻，至迟以夜间十二点钟为限”；如有违反，“将执照吊销，分别惩罚”等。[①] 因此，晚清上海娱乐业的繁荣主要体现在租界内。

与对戏园等娱乐场所管理的出发点不同，晚清政府对新闻出版业的管理更多关注的是它的舆论导向。近代报刊自诞生之后，其强大的宣传力就显现出来。尤其在戊戌变法期间，维新派以报刊为阵地，呼吁维新，宣传变法，使资产阶级思想得以广泛传播，也使清政府深切体会到了近代传媒的威力。戊戌变法后，清政府很快下令裁撤官报，查封民报。新政以后，民营报刊重新恢复了发展的势头。面对此种局面，清政府一面扶植官报与之抗衡，一面着手制定相应的法规对之进行钳制。因此，《大清印刷物件专律》《报章应守规则》《报馆暂行条规》《大清报律》《钦定报律》等相继出台。

《大清印刷物件专律》颁布于 1906 年 7 月，由商部、巡警部和学部会同拟定。其主要内容有二：

(1)“凡以印刷或发售各种印刷物件为业之人，须就所在营业地方巡警衙门，呈请注册”“凡未经注册之印刷人，不论承印何种文书图画，均以犯法论。”

(2)不准借机毁谤、讪谤、诬诈他人。其中有关讪谤的条文指出：“讪谤者，是一种惑世诬民的表揭，令人阅之有怨恨或侮慢，或加暴行于皇帝皇族或政府，或煽动愚民违背典章国制，甚或以非法强词，又或使人人有自危自乱之心，甚或使人彼此相仇，不安生业。”并规定：凡科讪谤案，处五千元以下罚款，或十年以下监禁，或罚款监禁两科之[②]。

《报章应守规则》颁布于 1906 年 10 月，由巡警部拟定。其主要内容有：

(1)不得诋毁宫廷；

---

① 程季华：《中国电影发展史》第 1 卷，中国电影出版社 1981 年版，第 11 页。

② 陈玉申：《晚清报业史》，山东画报出版社 2003 年版，第 296—306 页。

(2)不得妄议朝政；

(3)不得妨害治安；

(4)不得败坏风俗；

(5)凡关外交内政之件，如经该管衙门传谕报馆秘密者，该报馆不得揭载；

(6)凡关涉词讼之案，于未定案之前，该报馆不得妄下断语，并不得有庇护犯人之语；

(7)不得摘发人之隐私，诽谤人之名誉；

(8)记载有错误失实，经本人或有关人声请更正者，即须速为更正；

(9)除已开报馆之外，凡欲开设者，皆须来所呈报批准后，再行开设①。

《报馆暂行条规》(以下简称《条规》)颁布于1907年9月，由民政部对《报章应守规则》(以下简称《规则》)重新厘定而成。该《条规》一方面对前所颁布《规则》规定的有关内容有所调整，以放松对报业权利的规制，如将第2条的"不得妄议朝政"修改为"不得登载淆乱国体事项"，第5条的"凡关外交内政之件"修改为"凡关涉外交军事之件"，第6条的"凡关涉词讼之案"修改为"凡遇重要之刑事案件"；另一方面又试图加强政府对报纸开办的审批权力，规定"凡开设报馆者均应向该管巡警官署呈报，俟批准后方准发行"，"以前开设之报馆均应一律补报"②。

《大清报律》颁布于1908年3月，由商部、巡警部、民政部、法部共同参与制定，全律共45条。其主要内容有：

(1)凡开设报馆发行报纸者，应开具名称、体例，发行人和编辑人的姓名、履历及住址，以及发行所及印刷所之名称及地址，"于发行二十日以前，呈由该管地方官衙门申报本省督抚，咨民政部存案"(第1

① 陈玉申:《晚清报业史》，山东画报出版社2003年版，第296—306页。

② 陈玉申:《晚清报业史》，山东画报出版社2003年版，第296—306页。

条)。

(2)“发行人应于呈报时分别附缴保押费”,“每月发行四回以上者,银五百元;每月发行三回以下者,银二百五十元”(第 4 条)。

(3)“每日发行之报纸应于发行前一日晚十二点钟以前,其月报、旬报、星期报、间日报等类均应于发行前一日午十二点以前,送由该管巡警官署或地方官署随时查核,按律办理”(第 7 条)。

(4)“诉讼事件,经审判衙门禁止旁听者,报纸不得揭载”(第 10 条),“预审事件,于未经公判以前,报纸不得揭载”(第 11 条);“外交、陆海军事件,凡经该管衙门传谕禁止登载者,报纸不得揭载”(第 12 条),“凡谕旨章奏,未经阁抄、官报公布者,报纸不得揭载”(第 13 条)。

(5)“报纸不得揭载诋毁宫廷之语,淆乱整体之语,饶害公安之语,败坏风俗之语”(第 14 条),并规定对违禁行为,“其情节较重者,仍照刑律治罪”①。

《钦定报律》颁布于 1911 年 2 月,由民政部奏请对《大清报律》修订而成。该律主要对原律中的上述相关条款进行了修改,如改第 7 条为“每号报纸应于发行日递送该管官署及本省督抚或民政部各一份存查”,改第 12 条中的“外交、陆海军事件”为“外交、陆海军事件及其他政务”,删除了第 11 条和第 13 条,以及对违禁行为“情节较重者,仍照刑律治罪”的规定,减少了报纸开办时所需缴纳的保证金数额。②

就上述法律法规的内容来看,我们不能简单地一概否定。至少它承认了报刊出版业企业的合法地位,并使其在一定程度上有章可循。但是,它没有为报刊出版业提供任何发展所需要的推动性和保护性措施,也是不争的事实。不仅如此,这些法律法规还在诸多方面限制着该类文化企业的发展。如它所规定的种种禁载内容,大多是对现代报刊新闻自由要求的践踏,其报纸开办的保证金制度更是对报刊企业发展的摧残。而所有这些均是违背时代潮流的。也正因此,自始至终,

① 陈玉申:《晚清报业史》,山东画报出版社 2003 年版,第 296—306 页。

② 陈玉申:《晚清报业史》,山东画报出版社 2003 年版,第 296—306 页。

这些法律法规遭到了来自全国各地报刊出版界人士的反对。直至清终，这些法律法规的实施一直十分有限。

民国成立以后，先后建立起来的北京政府和南京政府均对日益发展的文化产业制定过相应的规章制度加以规范。

对于娱乐业，北京政府曾制定《管理女戏规则》《审查戏剧章程》《审查影剧章程》和《检查电影暂行规则》等条令。综观这些法令法规，其中一些内容不乏积极意义。

如《管理女戏规则》十八条规定，戏班"所收女艺徒均须品行端正，来历明白，其现充妓女者不得收容"；"所授戏曲，均以有益社会、无伤风化为宗旨"；"每日功课以六小时为限，排演戏曲之外，须以两小时教授文字及女工"；"所有女艺徒均宜待以普通学生礼，不得有不正当之行为，及虐待詈骂殴打情事"等条文[①]，一定程度上肯定了女艺人的社会地位，规范了戏班的管理。

《审查戏剧章程》规定，"编演戏剧，其事实深合劝惩本旨，而唱白复明了雅驯者"，"编译或排演外国剧本，有益于中国人心风俗者"，"唱演优良脚本，确能发挥编者之旨趣者"，"改革旧剧不良之点而有益于世道人心者"可以褒奖，而其"情节淫秽、有伤风化者""凶暴悖乱，足以影响人心风俗者""剧情荒谬，显悖人伦道德者"和"倡论邪说，意图煽惑者"则加以禁止，"剧中某过场或某语涉及淫邪，有伤风化者""情节离奇，淆乱观听者""形容过当，易起反感者""意在劝惩而反近诱惑者""语句鄙陋不通者""种种动作，涉及危险者"则通令修改[②]。

《审查影剧章程》规定，影剧"无论本国制造或外国输入者"，均需通过通俗教育研究会审定合格后，才能映演；对于"其事实情形深合劝惩本旨者"，"有益于各种科学之研究者"，"于教育上确有补益者"和"扮演人于前列三项确能发挥编者之旨趣者"的影片可以给以褒奖；而

---

① 中国第二历史档案馆编：《中华民国史档案资料汇编》(第三辑文化)，江苏古籍出版社 1991 年版，第 162 页。

② 中国第二历史档案馆编：《中华民国史档案资料汇编》(第三辑文化)，江苏古籍出版社 1991 年版，第 166—167 页。

对于有如戏剧章程中禁止各项内容的影片亦一律加以禁映，“外国影片中之近于侮辱中国及中国影片中之有碍邦交者”亦属禁映之列[①]。《检查电影暂行规则》除继续强调《审查影剧章程》的相关规定外，还明确表示，受检影片如因特殊情形来不及检阅时，“由内、教两部令行地方教育及警察机关合组分会，代行检查”，违反规定者将勒令停止放映，并酌量处罚[②]。

上述内容对规范娱乐市场起到了一定的作用。如 1924 年北京政府曾通令一律禁映《阎瑞生谋害王莲英案》和《张欣生谋产案》两部影片，并转咨江苏省长转饬驻沪交涉员，请领事团查取，立即销毁，以防暴力、欺诈等行为在社会上流行，进而破坏社会风俗和社会稳定[③]；江苏省亦在此思想指导下，成立了电影审阅委员会，对在上海放映的影片进行审查，其间尤其注重审查“奸盗邪淫妨碍风俗之影片”，并“依其情节轻重，分别依法处罚，或勒令停演闭业”[④]。

但是，由于民国初期军阀连年混战，政坛更迭频繁，政府权力始终处于衰弱状态，因此上述影响是相当有限的。而且仅就上述内容中，我们仍然看不到任何保护性、推动性举措。更有甚者，在封建思想观念的作用下，北京政府还颁布法令，明确规定“男女分台演戏，另行组织女伶戏班”，从思想意识上退回到了比清政府还不如的地步。

对于报刊出版业，北京政府则先后出台了《报纸条例》《出版法》等法令。《报纸条例》在厘定有关概念、保押费的缴纳标准、报刊检查方面，相较于《大清报律》等法律有所进步，但在禁载和处罚方面的规定则比《大清报律》更加苛刻、具体。如其第 15 条至第 27 条均是有关处罚的规定，几乎占到全部条款的一半，而不许登载者则列举了 8 类，几

---

① 中国第二历史档案馆编：《中华民国史档案资料汇编》（第三辑文化），江苏古籍出版社 1991 年版，第 177—178 页。

② 中国第二历史档案馆编：《中华民国史档案资料汇编》（第三辑文化），江苏古籍出版社 1991 年版，第 182 页。

③ 中国第二历史档案馆编：《中华民国史档案资料汇编》（第三辑文化），江苏古籍出版社 1991 年版，第 176 页。

④ 程树仁：《中华影业年鉴》，中华影业年鉴社 1927 年版，第 43 章第 1—3 页。

乎将“中国公民言论出版自由之权剥夺殆尽”[1]，完全是逆时代而行。也正因此，这一法令在出台后不久即宣告结束。

同《报纸条例》相似，《出版法》在对相关概念的界定以及出版发行的某些行业标准的制定方面起到了一定的作用。但是，其内容亦主要集中在对出版物的内容予以限制方面，所禁内容与《报纸条例》规定的内容基本相同。[2] 在《报纸条例》被废止后，《出版法》成为北京政府时期报刊出版业的基本法规。以其为指导，上海先后有数十家报纸杂志被查禁[3]。

相对于北京政府而言，南京国民政府的各项管理政策要更加系统与强硬，但仍没有摆脱只注重文化产业各业的舆论宣传与对社会风俗的影响等思想观念的束缚。

就娱乐业来看，由于电影业的迅速发展，南京国民政府进一步加强了对电影业的管理。如 1927 年 8 月 18 日，上海市公安局公布的《戏园营业取缔规则》就将电影业纳入适用范围，并根据“不准开演淫亵戏剧或词曲及有淫秽之讲演”的规则，“查获明星影戏院不宜公开之影片十本”。虽然最后经核查，认定“该影片完全为生理解剖医疗手术影片”，仍对“其中三本不宜公开映演者进行了限制，规定其嗣后不得再演”。[4]

1928 年 8 月 18 日，上海市成立第一个具有强制性行政权力的地方电影检察机关——戏曲电影审查委员会，开始对拟在上海市范围内上映的电影进行审查[5]，并公布了《电影审查细则》，于 1929 年 2 月 1 日起实行。该细则规定，“电影之审查，在本市全部区域内未曾公映之

① 《对于新颁报律之北京报界观》，《申报》1914 年 4 月 7 日。

② 中国第二历史档案馆编：《中华民国史档案资料汇编》(第三辑文化)，江苏古籍出版社 1991 年版，第 433 页。

③ 张克明：《北洋政府查禁书籍、报刊、传单目录》(1912 年 7 月—1928 年 3 月)，《天津社会科学》1982 年第 5 期、第 6 期。

④ 上海市公安局编：《上海特别市公安局业务纪要》(十六年八月至十七年七月)，1928 年版，第 46、81 页。

⑤ 《戏曲电影将受审查》，《申报》1928 年 8 月 9 日第 15 版。

前行之”，否则“一律拒绝其审查并禁止其公映”；“电影经本会审定后，其影片之内容及字幕一律不得增加或更改”，如确“有增加或更改之必要时，必须将其增加或更改之部分申述理由送由本会核准后行之”；“影片之禁例除条例有规定者外，有下列情形者禁止其一部：子，因抢劫财物而表演盗窃方法或掳赎情形有诲盗之行为者。丑，女子裸体之见其乳房者。寅，男女裸体之见其脐以下、大腿以上者。卯，裸体雕刻画像及其他人像于丑寅二款之部位摄有近景者。辰，接吻之片长逾十二尺者或有猥亵之表演者。巳，男女之间表现猥亵诲淫之行为者。午，表演残酷之行为或惨痛剑伤之摄有近景者。未，表演之不合教育原理或违反法令者”。对于“影片之不适宜于某场所者”，如“丑、寅、午、未四款其含有医学或其他科学之性质者”，则“限制其开演之场所”。[①]

1928 年 9 月，国民政府内政部颁布《检察电影片规则》共计 13 条，规定除“关于仪式、竞技及其他时事之记事影片得仅受映演地公安局长之检查”外，“凡电影片无论本国自制或舶来品非依本规则经内政部检查核准后不得映演以供众览”，而只有在检察机关“审核该电影片内容认为与党义国体公安风俗无碍者”才准予上映。[②] 该规则原定于 1929 年 1 月 1 日起施行，但因其时正“当我国交通未臻完全敏捷之际”，集中检查“事实上颇多窒碍”，遂“又以电影事业与社会教育不无关系，乃与教育部会订检查电影片规则”，并于 1929 年 4 月 26 日公布，同年 7 月 1 日施行。该规则除仍然强调“凡电影片无论本国制或外国制非依本规则经检查核准后不得映演”外，明确规定了电影片检查的标准和方法。据其规定，电影片必须按照“不违反党义及国体者，不妨害风化及公安者，不提倡迷信邪说及封建思想者”检查之；而具体检查方式则“在各省由民政厅、教育厅或大学区之大学会同办理，在特

---

① 《电影审查细则》，中国电影资料馆编：《中国无声电影》，中国电影出版社北京 1996 年版，第 136 页。

② 《检查电影片规则》，见上海法学编译社编：《中华民国国民政府法令大全》内政，会文堂新记书局 1931 年版。

别市或各县市由公安局、社会局、教育局会同办理”，并规定“各该地同级党部派员参加指导。”①

此后，上海市教育局、社会局与公安局共同组织电影检查委员会，“以专责成而期迅疾”，并先后颁布了《上海特别市电影检查委员会规则》《上海特别市电影检查委员会检查电影片规则》，对委员会的职责、电影检查的标准、检查时效以及对违禁者的惩罚措施等进行了详细规定。据上述规则，上海市电影检查委员会的职责有六：(1)检查进口及在本市摄制之中外影片；(2)监督外人摄制电影片之行动；(3)视察市内电影片映演事宜；(4)发给检查认可证；(5)取缔不良影片；(6)违章议处事项。电影检查的标准与教、内二部颁布的检查规则相同；“凡电影片经检查核准给照者，以三年为有限期，期满后应另行声请检查”；“凡经本会检查核准映演之电影片，于映演时如发现与原审有出入处，除即予禁止映演外，并呈报市政府咨请内政、教育二部撤销其映演执照”；“本会委员得随时携带检查证至映演之场所检查，并得随时要求映演人呈验影片底本及映演执照”；凡“违反本规则之规定，或于声请书内发现有虚伪记载者，得处制作人或映演人以五十元以下之罚款”。②

1930 年，国民政府行政院正式颁布《电影检查法》，明确规定：“凡电影片，无论本国制或外国制，非依法检查核准后不得映演”，并责成“当地政府主管机关派员到映演电影场所实行”。1932 年，国民政府将此项检查改为电影放映登记制度，规定：“各地教育机关须制就电影片登记表，令各电影院至迟于映演影片之前一日，将影片准演执照向当

---

① 吴研因：《教内两部前电检委会组织概要》，见中国教育电影协会编：《中国电影年鉴》，1934 年版；《检查电影片规则》(二十八年四月二十六日公布)，见上海法学编译社编：《中华民国国民政府法令大全》内政，会文堂新记书局 1931 年版。

② 《上海市政府检报该市电影检查委员会成立经过、工作状况及各项规则呈》，1930 年 2 月 12 日，见中国第二历史档案馆编：《中华民国史档案资料汇编》第 5 辑，第 1 编文化分册(一)，江苏古籍出版社 1994 年版，第 337—343 页。另，对南京国民政府时期上海电影检查委员会的成立、运作等情况的详细研究，参见汪朝光：《检查、控制与导向——上海市电影检查委员会研究》，《近代史研究》2004 年第 6 期

地教育行政机关呈验并报告映演日期，以便登记。”随后，国民政府电影检查委员会进一步规定，“电影制作公司及贸易公司摄制经理电影片者必须办理登记”，对电影实行全行业管理，并把违反“三民”主义列为电影检查的核心内容之一[①]。

诚然，在产业化发展的过程中，一些低级、庸俗的内容在利益的驱动下有所发展，对它们的取缔与限制是政府义不容辞的责任，但这和对产业发展的支持并不矛盾。然而，在上述政策措施中，除了限制外，仍看不到其对新兴产业的任何保护与扶持。即使在实行上述种种限制的过程中，因为民国政府的孱弱，其执行也并不顺利[②]。

对于新闻出版业，南京国民政府的态度仍然是以“禁”和“限”为主，并为此先后颁布了 40 多项相关的法令法规[③]，以致时人发出“文禁如毛”之慨。这些法令法规极大地破坏了新闻信息的准确性与及时性，进而制约了相关企业的发展。

## 三、反帝反封建政治浪潮的影响

在近代中国，救亡图存始终是时代的主题，而反帝反封建的政治浪潮则贯穿始终。在此过程中，文化作为宣传工具，一直是进步人士表达政治意愿的重要手段。这在上海表现得更加鲜明，因为上海的宽松环境为其提供了发展的机会与空间。正因如此，近代以来，上海出现了许多具有革命倾向的进步报刊、剧社以及进步的文化人士。这对近代上海文化产业化发展来说无疑有着积极的意义。它活跃了上海

---

① 唐榕：《中国电影产业化发展研究》，2002 年南开大学博士论文，第 148 页。

② 汪朝光：《检查、控制与导向——上海市电影检查委员会研究》，《近代史研究》2004 年第 6 期。

③ 目前，学术界对于南京国民政府的报刊出版政策方面的研究十分丰富，相关研究可参见王静的《国民党统治前期新闻政策研究》（山东师范大学 2007 年硕士学位论文）、张仁善的《国民党政府〈出版法〉的滥施及其负面效应》（《民国档案》2000 年第 4 期）、马光仁的《旧中国新闻立法概述》（《上海社会科学院学术季刊》1990 年第 3 期）、李霞的《南京国民政府时期新闻法制及其影响》（《江苏警官学院学报》2006 年第 3 期）以及江沛的《南京政府时期舆论管理评析》（《近代史研究》1995 年第 5 期）等。

的文化气氛，繁荣了上海的文化市场。

我们也看到，这些文化企业的产生因为具有了强烈的政治目的，因此在创办之初均没有周密的计划。如以报刊而言，“办报者筹集一定资金设备后，指定出版者、印刷者，择定报馆落脚点，向租界当局注册，报馆即可开始运转”，且这些报刊的“资本多很薄弱，有了一点可供开办的经费后立刻开张”，“一般不图盈利，只求能收回成本，往往经费用尽即停刊”①。

也正因此，近代上海的进步报刊常常是旋起旋灭。这当然是社会进步必须付出的成本。若仅从产业的发展来看，一定时期内的文化产业资源的总量是固定的，因此，这些企业占用了相当一部分资源，而在时开时闭的过程中，这些资源的利用效率有所降低。从某种角度而言，在近代上海，文化产业资源并没有实现最优化的配置。

## 小　结

近代中国是半封建半殖民地的社会，资本主义尽管开始在中国逐渐兴起，但封建思想始终没有退出历史舞台，外来资本主义势力享有着至高无上的地位，与之相对应的则是民国政府落后的思想观念和软弱无力的管理体制，而反帝反封建的民族民主革命浪潮又始终贯穿其间。

在这样的大环境下，尽管外国资本主义势力入侵所带来的外来资本和商品对上海的发展起着示范作用，这里的社会风气已有所松动，新的生产方式已开始成长，但其文化产业的发展仍不能摆脱受其制约的命运。

就本国内部来看，最主要的制约因素来自政府落后的思想观念所

① 张敏：《略论辛亥时期的上海报刊市场》，《史林》2003 年第 2 期。

带来的管理不力以及半殖民地政府的孱弱，它们没有也无力对此新生产业实施保护性以及推动性政策；而封建的思想观念以及反帝反封建的政治浪潮也在不同程度上影响近代上海文化的产业化发展方向。

# 第七章　结　论

## 一、近代上海文化产业化发展的特征

自古以来，文化的商品生产就始终不同程度地存在着，无论西方还是东方均是如此，而其产业化发展却是在人类步入近代社会以后的事情。在西方，这一时间开始于17世纪资产阶级革命以后，发展于18世纪工业革命以后，其动力主要来自市场经济体制的建立以及工业化生产所创造的巨大社会需求。而在中国，这一时间开始于19世纪中叶，发展于20世纪，其动力则主要来自外国资本主义势力入侵所带来的巨大社会变迁。在此过程中，上海因其特殊性而成为中国文化产业化发展最为显著的地方。

综观近代上海文化产业化发展的历程，我们可以发现，其具有以下一些特征：

1. 发展水平较高，部分行业的发展几乎与世界同步

近代上海文化产业化的发展取得了极大的成就，尤其是在娱乐业、电影业和报刊出版业等领域，其鼎盛时期的发展水平已与当时世界上其他发达资本主义国家中的一些大都市文化产业的发展水平非常接近。

就娱乐业来看，近代上海的娱乐样式十分丰富，西方国家这一时期所具有的娱乐样式几乎都可以在这里找到；娱乐业的装备水平很先进，几乎与当时世界技术水平的发展同步，如 20 世纪 30 年代大光明电影院的放映设备已经达到当时美国纽约最著名的电影放映公司的水平，并在远东地区首屈一指；娱乐业的规模也很大，某些行业的发展甚至超过了一些西方国家大都市的发展水平，20 世纪 30 年代上海舞厅业发展远超东京就是一个鲜明的例证。

就电影业来看，近代上海电影故事片制作开始的时间几乎与世界同步。早在 1926 年，其所拍摄的长故事片的年产量已达百部以上，几乎与当时世界上长故事片年产量最高的美国、日本、德国等国家比肩，且电影类型也十分丰富，歌唱片、武侠片、侦探片、言情片、喜剧片、神怪片、恐怖片等均已存在，并一起“形成了中国早期商业电影更为丰富的类型景观”①。

就报刊出版业来看，当时上海已经拥有了许多著名的大企业，如申报、新闻报、生活周刊、良友画报、商务印书馆、中华书局等，它们的报刊和图书的发行、出版量都十分巨大，尤其是商务印书馆，其在鼎盛时期的“规模之大，职工人数之众，不但当时国内出版社不能比并，世界各国也属罕见”②。

2. 国际化程度较高

这主要表现在以下几个方面：

(1)文化资本市场的国际化程度较高。在近代上海，不论是娱乐业、电影业还是报刊出版业，都有大量外来资本的存在。这一方面表明了近代上海文化产业发展过程中所具有的殖民性特征，同时也表明上海的文化产业已纳入国际市场体系。

(2)文化技术市场的国际化程度较高。在近代，西方文化产业领

---

① 李道新：《作为类型的中国早期歌唱片：以 30—40 年代周璇主演的影片为例兼与同期好莱坞歌舞片相比较》，《当代电影》2000 年第 6 期。

② 章锡琛：《漫谈商务印书馆》，见蔡元培等：《1897—1987 商务印书馆九十年：我和商务印书馆》，商务印书馆 1987 年版，第 102—103 页。

域内的若干先进技术装备可以迅速地为上海的文化企业所吸纳，从而保证了上海文化企业装备的先进性。如大光明电影院的放映设备以及商务印书馆的印刷设备的更新就是典型案例。

(3)文化消费市场的国际化水平较高。这在电影放映过程中的表现尤为突出。如作为一种新的娱乐样式，电影在发明后很快传入上海；20世纪二三十年代誉满全球的美国好莱坞八大影片公司都在上海设立了发行机构，美国影片一般在本土放映两星期左右就可以在上海的电影院上映，时间最长的也不过是六个月①。而且，影片的输入量之大也十分惊人，仅1945年至1949年4月间，上海即进口美国各类长、短影片1 896部②。

(4)本土大型企业对国际市场的拓展已经开始。如在近代上海，《申报》等报刊已经销往海外，一些影片(如《孤儿救祖记》等)已远销南洋等地，而商务印书馆则在新加坡、吉隆坡等地设立了分馆。

3. 成就与局限并存

近代上海文化产业化发展取得了十分显著的成就，同时也具有很大的局限性。这些局限性主要表现在以下几个方面：

(1)娱乐市场较为混乱，不健康因素大量存在。如跑马场、跑狗场以及回力球场等场所的娱乐活动多以赌博为内容，而在戏院、舞厅、游乐场等场所则妓女、流氓出入其中，所有这些都降低了它的格调。

(2)娱乐市场仍然以男性为主体，女性市场的开拓还远远不够。据20世纪30年代对上海游乐场消费人群的调查，当时男性曾占80%之多③。近代上海是一个巨大的移民城市，而众多移民中男性又占有明显的数量优势，以致近代上海的男女比例在最高时曾达290∶100，在20世纪二三十年代亦高达140∶100的水平④。这自然是上海男性成为娱乐市场主体的重要原因，却不是唯一的原因。女性娱乐市场开

① 《上海影戏院内幕种种》，《电影周刊》第44期，1939年7月12日。

② 唐榕：《中国电影产业化发展研究》，2002年南开大学博士论文，第182页。

③ 金武周：《上海租界游戏场调查》，上海沪东公社1943年版，第7页。

④ 邹依仁：《旧上海人口变迁的研究》，上海人民出版社1980年版，第123页。

发的有限性与传统的社会风俗以及娱乐市场的混乱有着密切的关系。

(3)投机风气盛行，竞争无序。在近代上海文化产业的发轫过程中，由于各方面的规制尚不健全，产业发展几乎完全由市场来调节，因此投机之风盛行，企业的竞争也处于无序状态，以致许多企业昙花一现，无形中浪费了大量的社会资本。

(4)产业发展不平衡。就空间布局来看，近代上海的众多文化企业大多积聚在以租界为中心的狭小地带，华界数量有限。就行业布局来看，近代上海的文化产业以娱乐业、电影业和报刊出版业的发展最为迅速，旅游业、运动体育业以及广播业等的影响要远逊于此。

4. 具有明显的阶段性特征

近代上海的文化产业发展可大体分为四个阶段：

(1)1850—1911年的起步阶段。在此阶段近代上海文化产业化发展逐渐兴起，经营性戏园、报馆乃至出版机构开始出现并不断增多，但总体规模不大，行业种类有限。

(2)1912—1937年的迅速发展阶段。在此阶段近代上海的文化产业化发展开始加速，尤其在20世纪20年代以后，这种加速更为明显，并最终在20世纪30年代达到顶峰，行业种类的繁多、产品的众多和规模的扩大以及市场占有率的不断攀升是最为重要的表征。

(3)1937—1945年的低迷阶段。在此阶段，由于日本侵华战争的爆发，上海文化产业化发展遭到了沉重的打击，尽管也有个别行业(如舞厅业等)的畸形繁荣，但电影业和报刊出版业均受到了不同程度的摧残，前一阶段其所营造的电影业和报刊出版业的全国中心地位开始丧失。

(4)1945—1949年的恢复阶段。在此阶段近代上海文化产业化发展尽管有所恢复，也取得了一定的成就，但受各种因素的制约，没能恢复到战前的水平。

5. 半殖民地特征显著

其具体表现为外来文化资本的嚣张。近代上海文化产业中外资企业数量众多，某些行业的大企业基本上都是外资企业，如电影院即是如此。近代上海的文化市场上外来文化商品也十分众多,几乎垄断了部分市场,如外国影片的大量进口和放映,其内容甚至有辱华的成分存在其中即为例证。这自然与我国当时的社会现实有关。

近代中国是半殖民地半封建的社会,在外来资本主义势力面前民国政府过于软弱。如我国近代的各级政府几乎都无力对租界内的文化产业进行有效的管理和规制,这虽然在某种程度上有利于文化产业的发展,但也有一定的负面影响,即过于放任外来资本的横行。而且,由于政府软弱,无力阻止外来文化商品大量涌入,以保护我们的市场。

## 二、近代上海文化产业化发展的启示

马克思在论述商品的属性时指出:“一切劳动,从一方面看,是人类劳动力在生理学意义上的耗费;作为相同或抽象的人类劳动,它形成商品价值。一切劳动,从另一个方面看,是人类劳动力在特殊的一定目的的形式上的耗费;作为具体的有用劳动,它产生使用价值。”[①]据此,文化作为人类的劳动产品之一,与人类的其他劳动产品一样,也具有使用价值,具有商品属性,是不可争议的事实。从此种意义上看,文化产业化发展也就成为人类历史发展的必然。

从近代上海文化产业化发展的过程中,我们可以得到以下启示:

1. 文化产业发展需要一个稳定的、开放的环境

近代上海文化产业化发展的根本原因在于这里的租界为其提供了一个较为稳定、宽松和自由的环境,使其获得了发展的诸多有利因素,如人口因素、人才因素等;而后来近代上海文化产业化发展的低迷亦正是由于日本侵华战争的爆发,打破了原有的环境,以致人口、人才等有利因素相继流失,设施毁坏,机构搬迁所造成的。抗战胜利后,由于内战的危机以及国民政府对言论自由的限制,上海文化产业化发展的环境没能得到完全恢复,其发展也就不如战前显著。

---

① 马克思:《资本论》第1卷,人民出版社1975年版,第60页。

2. 一定数量的文化专门人才的积聚是文化产业化发展的重要保证

文化产业是生产精神产品的部门，它的技术性更高，专业性更强，因此对于专门人才的需要，相较于其他产业部门而言，更为迫切。也正是上述因素决定了单体文化企业对于这种文化专门人才的需要量要远大于一般企业对于自身行业人才的需要量。因此，一个地区要实现文化产业的发展，必须以积聚一定数量的文化专门人才为前提。近代上海文化产业化发展的一个重要原因，正是源于晚清以来大批文化专门人才在上海的积聚。

3. 文化产业发展需要政府的干预和调节

政府具有对产业发展进行指导并对市场进行调节的功能，这已为众多经济学家所认同。如此，不仅可以减少行业转换资本的巨额浪费，而且还可以使企业发展获得政府在政策上的扶持，从而有利于自身发展。近代上海文化产业发展过程中无序竞争的存在以及外来资本和外来商品大量输入为其发展带来的诸多制约，都再次向我们昭示了这一重要原理。不但如此，作为有别于一般工业的特殊产业，文化产业不仅有经济功能，而且还具有意识形态功能、教育审美功能、文化传播功能，因此需要政府对之进行有效管理，使之健康发展，而这种管理必须符合时代发展的潮流。

4. 文化产业发展与经济和技术发展相辅相成

文化产业的发展与社会的经济发展水平以及技术发展水平密切相关。根据罗斯托的经济增长阶段理论，人类经济发展应先后经历传统社会阶段、为起飞创造前提条件的阶段、起飞阶段、成熟阶段、高额消费阶段和追求生活质量阶段六个阶段。文化消费是提高人们生活质量的一种形式，因此它的产业化生产应该出现在人类经济发展到一定阶段以后，而技术的进步又是文化产业化发展的重要推动力量。近代上海文化产业化发展的规模由小到大，行业、产量由少到多，均与城市经济的发展以及世界技术水平的进步程度密切相关。而其一旦发展起来，则又会对城市经济发展起到巨大的促进作用。因此，对于一个国家乃至地方来说，应抓住机遇，适时促成文化产业的形成和产业等级的提升，使之为自身经济的发展做出应有的贡献。

5. 文化产业可实现跨越式超常规发展

近代上海文化产业化发展取得了令人瞩目的成就，其发展水平几乎可以和西方国家的一流城市相媲美。这和几乎与其同时开始的近代上海工业化的发展情况有所不同。尽管近代上海的工业化发展也取得了很大的成就，但与西方国家相比尚有很大的差距。其主要表现即为技术水平的落后和行业发展的有限性。如近代上海工业基本以轻工业为主，重工业中具备一定规模的行业仅造船、机器和电力三个部门，其他一些关键性的工业部门仍处于基本上空白或完全空白的状态[①]。

这说明，文化的产业化发展有着自己独特的、有别于普通工业的产业化发展进程，它可以通过运作形式和经验的快速移植而迅速发展起来，从而形成跨越本国经济和技术发展水平的跨越式超常规发展。

由上可知，近代上海文化产业化发展不仅特征明显，而且给我们带来了诸多的启示。深入剖析近代上海文化产业化的发展历程，把握其发展的特征及其所带来的启示，无疑会对今天上海乃至我国文化产业的进一步发展有着重要的借鉴意义。

---

① 张仲礼:《近代上海城市研究》，上海人民出版社 1990 年版，第 332 页。

# 征引文献

## 一、档案


1. 上海市档案馆馆藏档案:S319-02-00007。

2. 上海市档案馆馆藏档案:S320-01-00003。

3. 上海市档案馆馆藏档案:S320-04-00004。

4. 上海市档案馆馆藏档案:S320-04-00005。

5. 上海市档案馆馆藏档案:S319-01-000120。

6. 上海市档案馆馆藏档案:U1-4-0002407。

7. 上海市档案馆馆藏档案:S321-04-00001。

8. 上海市档案馆:《日本帝国主义侵略上海罪行史料汇编》(上编),上海人民出版社 1997 年版。

9.《我国电影检查行政之沿革》,国民党中央宣传部档案,南京中国第二历史档案馆馆藏档案:七一八- 967。

10. 中国第二历史档案馆编:《中华民国史档案资料汇编》第 5 辑第 1 编文化分册(一),江苏古籍出版社 1994 年版。

11. 张克明:《北洋政府查禁书籍、报刊、传单目录》(1912 年 7 月—1928 年 3 月),《天津社会科学》1982 年第 5 期、第 6 期。

## 二、普通文献资料

1. 谭熙鸿:《全国主要都市工业调查初步报告提要》,中华书局1948年版。

2. 上海市政府统计处编:《上海市统计总报告》(1937年)。

3. 上海地方协会编:《上海市统计》,上海商务印书馆1931年版。

4. 上海市公安局编:《上海特别市公安局业务纪要》(1927年8月至1928年7月),1928年版。

5. 巫宝三:《中国国民所得》(上册),中华书局1947年版。

6. 王韬:《瀛壖杂志》,上海古籍出版社1989年版。

7. 金武周:《上海租界游戏场调查》,上海沪东公社1943年版。

8. 王韬:《淞滨琐话》,岳麓书社1987年版。

9. 黄式权:《淞南梦影录》,上海古籍出版社1989年版。

10. 黄懋才:《沪游胜记》,《铁香室丛刻续集》第六种。

11. 郑逸梅:《上海通》(新编),1940年版。

12. 潘光旦:《中国伶人血缘之研究》,上海商务印书馆1941年版。

13. 孙玉声:《报海前尘录》。

14. 哀梨老人:《乐府新声》,上海国华书局印行。

15. 周世勋:《上海市大观》,上海华美图书公司1933年版。

16. 屠诗聘:《上海市大观》,上海中国图书馆志公司1948年版。

17.《上海指南》,1928年版。

18. 剑青:《上海向导》,上海经纬书局1937年版。

19. 徐柯:《清稗类钞》,中华书局1986年版。

20. 朱双云编:《观剧心理》《新剧史・杂俎》,上海新剧小说社1914年版。

21.《舞星艳影》,大华艺术社1928年版。

22. 徐载平、徐瑞芳:《清末四十年申报史料》,新华出版社1988年版。

23. 张静庐:《中国近代出版史料初编》,上杂出版社1953年版。

24. 齐如山:《京剧谈往录三编》,北京出版社1990年版。

25. 梅绍武、屠珍等编:《梅兰芳全集》第 1 卷,河北教育出版社 2000 年版。

26. 孔令仁等:《中国老字号》第 10 卷,高等教育出版社 1998 年版。

27. 上海通社:《上海研究续集》,上海中华书局 1939 年版。

28. 上海博物馆图书资料室:《上海碑刻资料选辑》,上海人民出版社 1980 年版。

29. 中国电影资料馆编:《中国无声电影史》,中国电影出版社 1996 年版。

30. 上海市档案馆:《20 世纪上海文史资料文库》,上海书店出版社 1999 年版。

31. 上海市文史馆、上海市人民政府参事室文史资料工作委员会编:《上海地方史资料》,上海社会科学院出版社 1986 年版。

32. 中国戏曲志上海卷编辑部编:《上海戏曲史料荟萃》1986 年第 1 期。

33. 上海政协文史资料委员会编:《戏曲精英》(上),上海人民出版社 1989 年版。

34. 三爱(陈独秀):《论戏曲》,《党史资料》丛刊 1980 年第 6 期。

35. 布拉斯基:《布拉斯基自述》,《中国时报》1995 年 6 月 4 日。

36. 齐如山:《齐如山回忆录》,中国戏剧出版社 1992 年版。

37. 孙耨尘述、许廑文编:《坤伶艳史》,上海宏文图书馆 1922 年版。

38. 杨村人:《近代中国艺术发展史》(戏剧卷),上海良友图书印刷公司 1936 年版。

39. 胡晓明:《近代上海戏曲系年初编》,上海教育出版社 2003 年版。

40. 中共上海市委党史资料征集委员会编:《"一二·九"以后上海救国会史料》,上海社会科学院出版社 1997 年版。

41. 郑逸梅:《上海掌故》,上海文化出版社 1982 年版。

42. 伪上海市政研究会:《上海租界内中国出版界的实况》,载《出版史料》1985 年第 4 期。

43. 宋原放:《中国近代出版大事记》,载《出版史料》1991 年第 1 期。

44. 中共上海市委宣传部:《加速发展上海文化产业调研报告》,2004 年 10 月。

45. 上海市经济委员会、上海市科学技术情报研究所:《2005—2006 世界服务业重点行业发展动态》,上海市科学技术文献出版社 2005 年版。

## 三、地方志

1. 嘉庆《上海县志》。

2. 应宝时修、俞樾纂:《上海县志》,同治十一年刊本。

3.《月浦志》。

4.《上海昆剧志》编辑部:《上海昆剧志》,上海文化出版社 1998 年版。

5. 张庚:《中国戏曲志・上海卷》,中国 ISBN 中心 1996 年版。

6. 吴贻弓:《上海电影志》,上海社会科学院出版社 1999 年版。

7. 编委会:《上海出版志》,上海社会科学院出版社 1999 年版。

8. 编委会:《上海文化艺术志》,上海社会科学院出版社 1999 年版。

## 四、报刊、年鉴

1.《电声》。

2.《申报》。

3.《晨报》。

4.《晶报》。

5.《密勒氏评论周报》。

6.《女声》。

7.《良友》。

8.《明星》。

9.《娱乐》。

10.《电影》。

11.《新上海》。

12.《飞影阁画报》。

13.《电影周刊》。

14.《鞠部丛刊》。

15.《戏剧月刊》。

16.《梨园公报》。

17.《戏剧丛报》。

18.《电影新闻》。

19.《公共租界工部局年报》。

20.《上海市年鉴》(1935)。

21.《上海市年鉴》(1937)。

22. 程树仁编:《中华影业年鉴》,中华影业年鉴社 1927 年版。

23. 中国教育电影协会年鉴编撰委员会:《中国电影年鉴》,中正书局 1934 年版

24. 编委会:《2000 年上海文化年鉴》,上海文化出版社 2001 年版。

**五、著作、论文集**

1. 马克思:《资本论》第 1 卷,人民出版社 1975 年版。

2. 熊月之等:《上海——一座现代化都市的编年史》,上海人民出版社 2007 年版。

3. 黄苇:《上海开埠初期对外贸易研究》,上海人民出版社 1979 年版。

4. 丁日初:《上海近代经济史》第 1 卷,上海人民出版社 1994 年版。

5. 张仲礼:《近代上海城市研究》,上海人民出版社1991年版。

6. 熊月之等:《上海通史》第6卷,上海人民出版社1999年版。

7. 熊月之等:《上海通史》第10卷,上海人民出版社1999年版。

8. 陈伯海:《上海文化通史》(下),上海文艺出版社2001年版。

9. 李长莉:《晚清上海社会的变迁——生活与伦理的近代化》,天津人民出版社2002年版。

10. 高福进:《洋娱乐的流入:近代上海的文化娱乐业》,上海人民出版社2003年版。

11. 戈公振:《中国报学史》,三联书店1955年版。

12. 胡远杰:《福州路文化街》,文汇出版社2001年版。

13. 顾炳权编著:《上海风俗古迹考》,华东师大出版社1993年版。

14. 马光仁:《上海新闻史》,复旦大学出版社1996年版。

15. 北京市艺术研究所、上海艺术研究所编著:《中国京剧史》(上卷),中国戏剧出版社1990年版。

16. 北京市艺术研究所、上海艺术研究所编著:《中国京剧史》(中卷),中国戏剧出版社1990年版。

17. 上海社科院经济研究所:《上海永安公司的产生、发展和改造》,上海人民出版社1981年版。

18. 马军:《1948年:上海舞潮案》,上海古籍出版社2005年版。

19. 楼嘉军:《上海城市娱乐研究(1930—1939)》,华东师范大学博士论文2004年。

20. 叶树平、郑祖安:《百年上海滩》,上海画报社1990年版。

21. 蔡元培等:《1897—1987商务印书馆九十年:我和商务印书馆》,商务印书馆1987年版。

22. 邹依仁:《旧上海人口变迁的研究》,上海人民出版社1980年版。

23. 嵊县文化局编:《早期越剧发展史》,浙江人民出版社1983年版。

24. 忻平等:《民国社会大观》,福建人民出版社1991年版。

25.[美]李欧梵:《上海摩登——一种新都市文化在中国》,北京大学出版社2001年版。

26. 刘建辉:《魔都上海——日本知识人的"近代"体验》,上海古籍出版社2003年版。

27. 编委会:《上海革命文化大事记》(1937—1949),上海翻译出版公司1991年版。

28. 汤伟康:《上海万象》,上海翻译出版公司1989年版。

29. 方明伦等:《海派文化纵横谈》,上海大学出版社2004年版。

30. 张伟:《沪渎旧影》,上海辞书出版社2002年版。

31. 史和等编:《中国近代报刊名录》,福建人民出版社1991年版。

32. 张秀民:《中国印刷史》,上海人民出版社1989年版。

33. 陈玉申:《晚清报业史》,山东画报出版社2003年版。

34. 程季华:《中国电影发展史》第1卷,中国电影出版社1981年版。

35.[法]乔治·萨杜尔:《世界电影史》,徐昭、胡承伟译,中国电影出版社1982年版。

36. 唐榕:《中国电影产业化发展研究》,南开大学2002年博士论文。

37. 李向民:《中国文化产业史》,湖南文艺出版社2006年版。

38. 周俊旗:《民国天津社会生活史》,天津社会科学院出版社2004年版。

39. 徐铸成:《炸弹与水果》,香港三联书店1983年版。

40. 刘玉珠、柳士法:《文化市场学》,上海文艺出版社2004年版。

41. 蔡尚伟等:《文化产业导论》,复旦大学出版社2006年版。

42. 欧阳友权:《文化产业通论》,湖南人民出版社2006年版。

43.[美]泰奥多·阿多诺:《文化工业的再思考》第1辑,天津社会科学院出版社2000年版。

44.[美]马丁·杰伊:《法兰克福学派史》,广东人民出版社1998年版。

## 六、论文

1. 方平:《戏园与清末上海公共空间的拓展》,《华东师范大学学报》(哲学社会科学版)2006 年第 2 期。

2. 许敏:《晚清上海的戏园与娱乐生活》,《史林》1998 年第 3 期。

3. 黄樾:《文化产业研究中的“上海经验”》,同济新闻网 2005－03－28 。

4. 熊月之:《略论晚清上海新型文化人的产生与汇聚》,《近代史研究》1997 年第 4 期。

5. 樊卫国:《近代上海的奢侈消费》,《探索与争鸣》1994 年第 12 期。

6. 汤敏:《租界晚清上海戏曲的变革》,《档案与史学》1996 年第 4 期。

7. 徐百益:《“申”“新”广告之争》,《中国广告》1998 年第 3 期。

8. 胡俊修:《从〈申报〉广告看近世上海社会生活的变迁》,《历史档案》2003 年第 4 期。

9. 汪幼海:《〈字林西报〉与近代上海新闻事业》,《史林》2006 年第 1 期。

10. 蓝凡:《风云际会的近代上海戏剧舞台》,《社会科学》2000 年第 2 期。

11. 蓝凡:《清代中叶前后上海的地方戏曲》,《华东师范大学学报》(哲学社会科学版),1981 年第 5 期。

12. 蓝凡:《旧上海的舞厅》,《民国春秋》1988 年第 1 期。

13. 徐剑雄:《昙花一现的春桂戏园》,《世纪》2007 年第 1 期。

14. 宋钻友:《粤剧在旧上海的演出》,《史林》1994 年第 1 期。

15. 陈永祥:《从“男女合演”的论争看清末民初上海社会观念的变迁》,《广东社会科学》2005 年第 6 期。

16. 郑君里:《现代中国电影史略》,《电影创作》1989 年第 2 期。

17. 汪朝光:《检查、控制与导向——上海市电影检查委员会研究》,《近代史研究》2004 年第 6 期。

18. 叶宇:《作为镜鉴:从 20 世纪 40 年代〈申报〉广告看好莱坞与中国电影的关系》,《上海大学学报》(社会科学版)2006 年第 5 期。

19. 姜玢:《20 世纪 30 年代上海电影院与社会文化》,《学术月刊》2002 年第 11 期。

20. 陈青生:《"孤岛"时期的上海电影》,《电影艺术》1981 年第 8 期。

21. 张敏:《略论辛亥时期的上海报刊市场》,《史林》2003 年第 2 期。

22. 周武:《论民国初年文化市场与上海出版业的互动》,《史林》2004 年第 6 期。

23. 罗苏文:《论近代戏曲和都市居民》,《上海研究论丛》第九辑。

24. 孙林:《商务印书馆被毁实录》,《湖北档案》2007 年第 7 期。

25. 涂晓华:《上海沦陷时期〈女声〉杂志的历史考察》,《中国现代文学研究丛刊》2005 年第 3 期。

26. 朱敏彦:《"孤岛"时期的上海抗日进步报刊》,《抗日战争研究》1993 年第 2 期。